Neue Lernkultur in Organisationen

Frauen sind mittlerweile wichtige Adressatinnen und vielfach Agentinnen organisatorischer Veränderungen in Unternehmen und Nonprofit-Organisationen geworden. Die Herausgeberinnen leiten daraus die Notwendigkeit einer neuen Lernkultur ab, die von Frauen und Männern gemeinsam zu gestalten ist. Die Beiträge des Buches erörtern darauf ausgerichtete innovative Ansätze und Entwicklungen aus der Praxis der Organisationsberatung, Personalentwicklung und Supervision. Sie beruhen auf der Auswertung von Erfahrungen der Autor/-innen aus vorwiegend mit Frauen veranstalteten Beratungsprojekten und Seminaren in Unternehmen, sozialen Einrichtungen und im Gesundheitsdienst.

Ariane Bentner, Dr. phil., und *Susanne J. Petersen* sind Diplom-Pädagoginnen und in der Personalentwicklung und Organisationsberatung für den sozialen Sektor und für Wirtschaftsunternehmen tätig. Ariane Bentner ist zudem wissenschaftliche Mitarbeiterin am Pädagogischen Institut der Universität Mainz und vertritt dort die Schwerpunkte Sozialmanagement und Konfliktmanagement. Susanne J. Petersen arbeitet als freie Beraterin und leitet u.a. Projekte zur beruflichen Neuorientierung und Positionierung von Frauen in der Wirtschaft und in der öffentlichen Verwaltung.

Ariane Bentner, Susanne J. Petersen (Hg.)

Neue Lernkultur in Organisationen

Personalentwicklung und Organisationsberatung mit Frauen

Campus Verlag
Frankfurt/New York

Die Deutsche Bibliothek – CIP-Einheitsaufnahme

Neue Lernkultur in Organisationen: Personalentwicklung und Organisationsberatung mit Frauen / Ariane Bentner; Susanne J. Petersen (Hg.). – Frankfurt/Main; New York: Campus Verlag, 1996
ISBN 3-593-35495-0
NE: Bentner, Ariane [Hrsg.]

Umschlaggestaltung: Atelier Warminski, Büdingen
Druck und Bindung: KM-Druck, Groß-Umstadt
Gedruckt auf säurefreiem und chlorfrei gebleichtem Papier.
Printed in Germany

Wir danken....

... einigen Menschen, die viel dazu beigetragen haben, daß unser Buch so geworden ist, wie es ist. Dr. Wolfgang Looss war ein interessierter und kritischer Begleiter während des Entstehungsprozesses dieses Buches. Er hat uns dazu ermutigt, dieses Projekt zu machen. Dafür gebührt ihm unser Dank. Julia Sipreck hat alle Manuskripte mit "verschärftem" Blick und viel Geduld Korrektur gelesen und inhaltliche und formale Fallstricke immer wieder entschärft. Sie hat uns durch beharrliches Nachfragen an entscheidenden Stellen auf Inkonsistenzen und blinde Flecken aufmerksam gemacht. Auch ihr möchten wir sehr herzlich danken. Schließlich bedanken wir uns bei unserer Lektorin vom Campus-Verlag, Frau Dr. Ute Gräber-Seissinger, die alle Beiträge kritisch redigiert und uns wertvolle Hinweise und gute Ideen zur Veränderung gegeben hat. Natürlich sei an dieser Stelle auch unseren Autorinnen und Autoren dafür gedankt, daß sie sich an unserem Buch mit viel Engagement beteiligt haben und sich von uns den einen oder anderen Eingriff in ihr Manuskript haben zumuten lassen.
Ein ganz besonderer Dank gebührt Gerhard Kuntze, der das Layout besorgt hat, die Kontakte zum Verlag gehalten hat und sich auch in der heißen Phase durch nichts hat aus der Ruhe bringen lassen.

Im Oktober 1995 Dr. Ariane Bentner, Susanne J. Petersen

Inhalt

Wolfgang Looss

Vorwort

Die Arbeit mit Menschen in Organisationen wird zu einem erheblichen Teil von Frauen geleistet. In den Leitungsfunktionen der pädagogischen, helfenden und psychosozialen Institutionen, in den Personal- und Bildungsabteilungen von Firmen, Verwaltungen und als externe Freiberuflerinnen im unübersichtlichen Gewusel des Trainings- und Beratungsmarktes, finden Frauen offenbar Arbeitsgebiete mit ganz speziellen Eigenschaften: Entfremdung scheint dort gerade noch aushaltbar, die Chance auf Einfluß und Gestaltung wenigstens ansatzweise gegeben. Da Selbstreflexion hier als Tugend gilt und schon methodisch ein unverzichtbarer Bestandteil dieser Arbeit ist, gibt es eine zusätzliche Chance zwischen Männern und Frauen, sich über die Stolpersteine und Aussichten wechselseitigen Verstehens und Kooperierens selbst aufzuklären. Dies geschieht auch vor Ort: In der praktischen Kooperation, in den Lernsituationen, in den vielfältigen Konzeptionen von Programmen und Projekten geraten Männer und Frauen professionell aneinander.

Mit dieser Sammlung von ausgearbeiteten Reflexionen und Praxisberichten gehen die Herausgeberinnen und Autor/-inn/en nun über das Tagesgeschäft hinaus und eröffnen die Möglichkeit, Unterschiede zunächst in entfalteter Form wahrzunehmen und aufzugreifen. Sie machen erstmals mit Gründlichkeit und methodischer Sorgfalt sichtbar, was eine "weibliche" Herangehensweise in unserem Metier denn wohl sein könnte. Die Trainings- und Beratungsfrauen finden sich ja in einer höchst komplexen Profession wieder, wo wir noch intensiver als anderswo auf die Schwierigkeiten verwiesen sind, unsere jeweiligen - auch geschlechtsspezifischen - Wirklichkeitskonstruktionen in ihrer Unterschiedlichkeit zu vermitteln. Auch die Geschlechter sind füreinander "operational geschlossene Systeme": Ich kann als Mann in meiner Arbeit die weiblichen Kolleginnen lediglich "von außen" beobachten und vice versa. Auf welche Weise es tatsächlich "anders" ist, als Frau zu trainieren und zu beraten, weiß ich nach vielen und langen Gesprächen mit Kolleginnen immer noch nicht. Und die ganz eigenständigen Projekte "für Frauen" bleiben mir schon wegen meines Geschlechtes zwangsläufig als Erfahrungsfeld unzugänglich.

Das hier vorgelegte Buch führt damit ein Stück weiter bei der Auslotung von allerlei Unterschieden, eröffnet neue Diskussionsebenen, ermöglicht Vergleich und Abgleich. Dabei scheint mir eine Erfahrung berichtenswert: Zunächst einmal bin ich als Leser verwiesen auf eine neue, ganz ungewohnte Naivität: Ich kann die hier mitgeteilten Erfahrungen in ihrer Andersartigkeit nicht beurteilen, sie nur aufnehmen, noch nicht einordnen. Das ist eine etwas unbequeme, aber wohl notwendige und nützliche Ausgangsposition für einen erfahrenen Praktiker, der sich selbst eher als gekonnt operierenden Einordner und Analytiker kennt. Mein Blick auf unser Metier wird nun erst einmal ein anderer, denn ich fange zwangsläufig wieder an zu staunen. Die in diesem Buch versammelten Beiträge sind bei aller Unterschiedlichkeit aufregend, empörend und amüsant.

Ganz jenseits des Geschlechterthemas gestatte ich mir deshalb eine zweite, höchst egoistische Rezeption dieses Buches: Die Beiträge verbreitern einmal mehr wegen ihrer Fülle an durchgearbeitetem Material unsere Arbeits- und Wissensbasis im Feld der Personalentwicklung und Organisationsberatung. Als Organisationsberater bin ich professionell froh über jedes Stück sorgfältig dargestellte Praxis in unserem noch so unscharf definierten Arbeitsgebiet. Wir benötigen solch gut geschriebenes handfestes Anschauungsmaterial aus dem wirklichen Leben: Zum Vorzeigen und Anregen, zum Lernen und Lehren, zum professionellen Diskurs, zur Klärung dessen, was wir handwerklich für sinnvoll halten, und schließlich zur schrittweisen Ausformung unserer Disziplin.
Die vorliegende Sammlung bereichert unseren diesbezüglichen Fundus erheblich, einfach weil gute Arbeit beschrieben wird. Was in der vielfältigen Praxis der Autor/-inn/en an Trainings- und Beratungsprojekten möglich war, wie und warum dieses und jenes an Entwicklungsarbeit von Lernkulturen woanders auch sinnvoll und nützlich wäre; hier findet sich eine Fülle von durchgearbeitetem Material: Den Kolleg/-inn/en in Training und Beratung zur Anregung und Information, den Anwender/-innen/n in den Organisationen zur Anschauung und Ermutigung.

Darmstadt, im Juli 1995 Wolfgang Looss

Ariane Bentner, Susanne J. Petersen

Einleitung

Personalentwicklung und Organisationsberatung mit Frauen - gibt es das überhaupt? Mit dieser Frage begannen wir die Arbeit an diesem Buch. Denn weder im Bereich betrieblicher Personalpolitik noch im weiten Feld der Organisationsberatung spielen Frauen bisher eine große Rolle, sei es als Beraterin oder als Teilnehmerin einer entsprechenden Personal- oder Organisationsentwicklungsmaßnahme. Die betriebliche Personalpolitik der deutschen Unternehmenslandschaft nimmt Frauen bisher nur am Rande zur Kenntnis. Organisationsentwicklung und -beratung als Konzept geplanten Wandels sind hierzulande noch recht junge Arbeitsfelder, in denen fast ausschließlich männliche Berater tätig sind.

Unsere eigene Erfahrung als Trainerinnen und Organisationsberaterinnen ist demgegenüber geprägt von der Arbeit mit Frauen auf vielen Ebenen in Unternehmen, staatlichen Institutionen und sozialen Organisationen. Aus diesen Bereichen werden wir angefragt und beauftragt, Weiterbildungen, Trainings, Supervisionen und Organisationsentwicklungsmaßnahmen durchzuführen, häufig, aber nicht immer mit reinen Frauengruppen. Mit Frauen arbeiten wir überwiegend dort, wo sie einen quantitativ bedeutsamen Faktor darstellen: Nämlich im sozialen Bereich, im Gesundheitsdienst und im Bildungssektor sowie in klein- und mittelständischen Unternehmen. Frauen sind mittlerweile wichtige Adressatinnen und vielfach Agentinnen organisatorischer Veränderung in Institutionen und Unternehmen geworden, die als solche häufig nicht wahrgenommen werden.

Vor kurzem faßte der Soziologe Ulrich Beck die derzeitige Lage der Nation mit folgenden Worten zusammen: "Ein Wort: Vakuum. Wir leben in einem Denk-Vakuum, einem Sprach-Vakuum, einem Macht-Vakuum, einem Politik-Vakuum. Hinter dem ganzen Stimmengewirr und Aktivitätsschaum breitet sich eine riesengroße Ratlosigkeit und Handlungslähmung aus. Es gibt so unendlich viel zu tun, also lassen wir es liegen." (Die Tageszeitung v. 19.12.1994) Diese Einschätzung dürfte nicht nur auf die politische Stimmung im Lande zutreffen, sie kennzeichnet auch die Stimmung in der Gesellschaft, insbesondere in Unternehmen, Verwaltungen, Gewerkschaften, Kirchen und Wohlfahrtsverbänden. Gemeint ist, daß die Modernisierung nicht recht voranschreiten will, daß das Nebeneinander von alten und neuen Strukturen derzeit zur Stagnation zu tendieren scheint. Patentrezepte sind nicht mehr in Sicht. Es sieht vielmehr so aus, als würde sich gesellschaftliche Veränderung an der Schwelle zum 21. Jahrhundert als zunehmend mühseliges Geschäft erweisen, das in kleinen Schritten und auf allen Ebenen erarbeitet werden muß. Auch die Gleichstellung der Frauen, ja ihre Partizipation an Machtpositionen überhaupt, kommt derzeit nur schleichend voran, obwohl gerade dieser Prozeß nichts anderes bedeutet als die Umsetzung demokratischer Verfaßtheit. Was fehlt, ist eine neue Lernkultur, die dem rasant fortschreitenden gesellschaftlichen Wandel Rechnung trägt und dabei den Möglichkeiten und Bedürfnissen von Frauen und Männern in den Organisationen ebenso gerecht wird wie den Herausforderungen, die dieser Wandel an die Umgestaltung von Aufgaben in Familie und Beruf stellt.

Eine solche Lernkultur ist nicht durch Schönreden herbeizuführen. Sie muß vielmehr experimentell erprobt und immer wieder modifiziert werden. Daß es bereits innovative Ansätze und Entwicklungen gibt, können wir mit den hier zusammengestellten Beiträgen zeigen. In diesem Buch werden verschiedene Facetten einer solchen Lernkultur aus unterschiedlichen Branchen und Arbeitskontexten vorgestellt. Dabei wenden wir den Blick auf solche Entwicklungs- und Veränderungsprozesse in Organisationen, bei denen Frauen nicht am Rande, sondern im Mittelpunkt stehen. Diese Arbeit in ihrer Vielschichtigkeit sichtbar zu machen, zu dokumentieren und zu analysieren, ist Ziel unseres Buches. Das Spektrum der folgenden Beiträge umfaßt Konzepte und Erfahrungen aus klein- und mittelständischen Betrieben, Großunternehmen, staatlichen Institutionen, autonomen Frauenprojekten, Wohlfahrtsverbänden und dem Gesundheitsdienst (Krankenhaus/ambulante Pflege). Mit dieser Zusammenschau wollen wir zeigen, daß mehr Berührungspunkte, Begegnungen und Auseinandersetzungen zwischen Wirtschaftsunternehmen und sozialen Institutionen sinnvoll und nötig sind, um die zukünftigen Herausforderungen in Profit- und Nonprofit-Organisationen zu bewältigen. Das gilt in gewissem Maße auch für die anstehenden Auseinandersetzungen zwischen Frauen und Männern bezüglich einer weiblichen und/oder männlichen Organisationskultur. Denn persönliche Entwicklungen und Entwicklungen in Organisationen können nicht ohne die Einbeziehung der Geschlechterfrage - und das heißt konkret: nicht ohne die Beteiligung von Frauen - stattfinden.

Dazu haben wir als Autor/-innen Frauen und Männer gewinnen können, die als Trainer/-innen, Personalentwickler/-innen, Organisationsberater/-innen, Supervisor/-innen, Wissenschaftler/-innen und Unternehmer/-innen im In- und Ausland tätig sind und die bereit waren, Einblicke in ihre Arbeit und Forschung zu gewähren und die eigene Arbeit auf diese Weise zu reflektieren. Dabei geht es - auch methodisch - durchaus um heterogene und mehrdimensionale Perspektiven, die die einzelnen Autor/-innen bei der Gestaltung von Personal- und Organisationsentwicklungsprozessen entwickeln und einsetzen.

Diese Entwicklungen begreifen wir als Lernprozesse, deren methodische und inhaltliche Grenzen in der Praxis immer mehr verschwimmen. So gehen beispielsweise Personalentwicklung, Weiterbildung, Organisationsberatung und Supervision gegenwärtig so stark ineinander über, daß die "oft gemachte Trennung zwischen Beratung und Training" sich zukünftig in der Praxisberatung auflösen wird (Schmid 1993:23; vgl. Thiel 1994:200). Aber es verschwimmen auch zunehmend die Grenzen zwischen feministischen Positionen und der konkreten Bildungs- und Beratungspraxis mit Frauen (und Männern), zumindest dort, wo Trainer/-innen und Berater/-innen sensibel sind für Geschlechterfragen und -verhältnisse.

Zu den Beiträgen dieses Buches

Im ersten Kapitel geht es um verschiedene, durchaus heterogene Aspekte und Perspektiven der *Personalentwicklung mit Frauen*. Im einleitenden Artikel der Herausgeberinnen *Ariane Bentner und Susanne J. Petersen: Zwischen Unsichtbarkeit und Teilhabe. Frauen in der Personal- und Organisationsentwicklung* wird zunächst geklärt, welche Praxen der Personalentwicklung und innerbetrieblichen Weiterbildung in Unternehmen verbreitet sind. Wir stellen Konzepte der Personalentwicklung (PE) und Organisationsberatung vor und untersuchen auf der Basis empirischer Erhebungen und eigener Erfahrungen die Beteiligung von Frauen in beiden Arbeitsfeldern. Das Ergebnis unserer Analyse verdeutlicht, daß Frauen bisher weder in der betrieblichen PE noch in der Organisationsentwicklung (OE) als "Teilhaberinnen" fungieren, da beide Felder überwiegend männlich dominiert sind. Ein Abriß der autonomen Frauenbildungsarbeit ab den siebziger Jahren zeigt, daß Frauen allerdings in dieser ureigenen Domäne Herrinnen im eigenen, wenngleich etwas abgeschieden gelegenen Hause sind. Die Frage ist, inwieweit sich heute schon Verflüssigungsprozesse zwischen der frauenbewegten Bildungsarbeit und betrieblicher Personal- und Organisationsentwicklung abzeichnen, die wir für die Zukunft für unerläßlich halten.

Die folgenden drei Beiträge beschäftigen sich mit Personalentwicklung in Wirtschaftsunternehmen. Im Beitrag von *Eva Maria Roer,* die 1991 zur Unternehmerin des Jahres gewählt wurde, geht es um *Frauenförderung als Aufgabe betrieblicher Personalentwicklung im eigenen Unternehmen.* Die Autorin beschäftigt in ihrer Firma DT Bad Kissingen überwiegend Frauen. *Roer* verdeutlicht am Beispiel ihrer eigenen Geschichte als Firmengründerin, daß die systematische Förderung von Frauen geplant und gewollt war und widerlegt damit gängige Vorurteile vom "Gebärrisiko" der Frau. Daß Frauenförderung und wirtschaftlicher Erfolg keine Gegensätze sind, zeigt sich nicht zuletzt darin, daß das Unternehmen von Frau *Roer* nach anfänglichen Krisen innerhalb weniger Jahre zur Marktführerin im Dentalhandel aufgestiegen ist. Die Unternehmensphilosophie der DT Bad Kissingen fördert Kreativität und maximale Gestaltungsfreiräume bei allen Mitarbeiter/-inne/n. Die Autorin stellt ihre betriebliche Weiterbildungspraxis, Mitbestimmungsmodelle und flexible Konzepte der Arbeitszeitgestaltung vor und zeigt, wie durch eine innovative Personalpolitik mehr Zufriedenheit in Beruf und Familie für beide Geschlechter möglich wird.

Auch im Beitrag von *Birgit Meyer-Höflich: Der Zwischenbetriebliche Verbund e.V. - externe Dienstleistungen zur Personalentwicklung und -förderung in Klein- und Mittelbetrieben* geht es um Innovationen in mittelständischen Unternehmen. Die Autorin stellt mit dem Zwischenbetrieblichen Verbund (ZV) ein Modellprojekt im Landkreis Mainz-Bingen vor, in dem sich 45 Unternehmen zusammengetan haben, die über keine eigenen Personalabteilungen verfügen. *Meyer-Höflich*, die als Geschäftsführerin dieses Projekt maßgeblich mit aufgebaut hat, beschreibt das Konzept des ZV und illustriert das Angebot zur Personalentwicklung und Weiterbildung, das dieser seinen Mitgliedern offeriert. Im Zentrum der Arbeit steht auch hier die explizite Förderung weiblicher Arbeitskräfte - vor, während und nach der Familienphase. Dieses Modell könnte auch klein- und mittelständische Betriebe in anderen Regionen zum "Nachmachen" inspirieren.

Um Personalentwicklung in einem Großkonzern geht es im Aufsatz von *Kirsten Nazarkiewicz: "Sind jetzt noch Fragen zum Inder?" Interkulturelles Lernen und Personalentwicklung bei Stewardessen der Deutschen Lufthansa.* Die Autorin analysiert die Möglichkeiten und Grenzen eines innerbetrieblichen Weiterbildungsangebotes für Stewardessen, das auf die Initiative der Betroffenen selbst zurückgeht und nicht von der Geschäftsleitung initiiert wurde. Exemplarische Interaktionssequenzen aus der Weiterbildung zur Interkulturellen Kommunikation werden vorgestellt und mit Hilfe der Konversationsanalyse als qualitativer Methode interpretiert. Die Ergebnisse zeigen eindrücklich, daß zum Verständnis und dem beruflichen Umgang mit Menschen aus anderen Kulturen eine auf kognitive "Aufklärung" ausgerichtete Weiterbildung nicht zielführend ist. *Nazarkiewicz* zeigt verschiedene konstruktive Auswege und Lösungsmöglichkeiten zur Gestaltung interkultureller Seminare auf, die auch für Trainer/-innen und Personalverantwortliche aus anderen Bereichen wichtige Anregungen liefern können.

Um weibliche Führungskräfte, die in ihren Unternehmen aus verschiedenen Gründen keine adäquaten Weiterbildungsangebote vorfinden, geht es im folgenden Beitrag von *Ariane Bentner: Frauen lernen führen - aber wo und wie? Überlegungen zur Gestaltung offener Führungstrainings für Frauen.* Zunächst analysiert die Autorin die Situation dieser heterogenen Zielgruppe aus verschiedenen Perspektiven. An die Ergebnisse schließen sich konzeptionelle, methodische und frauenspezifische Überlegungen zur Gestaltung entsprechender Führungstrainings an. Eigene Erfahrungen *Bentners* aus mehreren Führungsseminaren für Frauen, die sie an der Volkshochschule Frankfurt/M. durchgeführt hat, fließen mit ein. Die Vorteile, aber auch die Grenzen offener Seminare für weibliche Führungskräfte werden abschließend diskutiert.

Daran schließt sich mit dem Beitrag von *Ariane Bentner und Pia Gerber: Von der Fürsorgerin zur Sozialmanagerin. Ein Praxisbeispiel* ein Bericht aus der Weiterbildung mit Frauen aus sozialen Berufen an. Die Autorinnen beschreiben ein von ihnen durchgeführtes Seminar zur Qualifizierung weiblichen Führungsnachwuchses. Es wird deutlich, auf welche Weise und mit welchen Methoden in einer Weiterbildung mit Frauen gearbeitet werden kann, wenn die Teilnehmerinnen sowohl als Subjekte, als auch als Interagierende mit Kolleg/-innen, Klient/-innen und Vorgesetzen sowie als Akteurinnen in der Institution angeprochen werden. Gleichzeitig arbeiten die Autorinnen heraus, wie sich mit diesem Ansatz die Grenzen zwischen Personalentwicklung, Weiterbildung und Organisationsberatung allmählich auflösen.

Im letzten Beitrag dieses Kapitels geht *Pia Gerber* der Frage nach: *Wann ist Weiterbildung mit Frauen feministisch?* Sie reflektiert vor dem Hintergrund der neueren Frauenbewegung, was feministische Weiterbildung heute für die Praxis bedeuten könnte. *Gerber* arbeitet die zentralen Begriffe dazu auf und analysiert, welche Merkmale für feministische Bildungsprozesse typisch sind.

Das zweite Kapitel dieses Buches mit dem Titel *Supervision* fällt leider etwas knapp aus. Dies hat seinen Grund darin, daß wir als Herausgeberinnen den inhaltlichen Schwerpunkt der Beiträge lange Zeit auf Personalentwicklung - und Organisationsberatung legten und dabei die Supervision als Verbindungsglied zu einer innovativen Lernkultur etwas aus dem Blick verloren. Dies bedauern wir, denn hier gäbe es sehr viel mehr Aspekte zu beleuchten, als dies in zwei Beiträgen möglich ist. So haben wir uns auf die folgenden Aufsätze beschränkt, die allerdings sehr dezidiert ausgewählte Probleme aus der Supervisionspraxis fokussieren.

Die Supervisorin *Ursula Michel* beschreibt in *Zur Teamdynamik von Frauenteams in unterschiedlichen Arbeitsfeldern* am Beispiel zweier Fälle aus der Pflege und der autonomen Beratungsarbeit, wie die Organisationskultur ihre Frauen prägt und die Geschlechtszugehörigkeit überlagern kann.

Mit den Risiken und Nebenwirkungen von Supervision als vermeintlichem "Allheilmittel" gegen vielerlei Krankheiten im institutionellen Kontext beschäftigt sich aus systemischer Sicht *Jochen Schweitzer* in seinem Beitrag *Teamsupervision - Opium für das Volk?* Der Autor analysiert zunächst einige strukturelle Probleme und Defizite im Gesundheitsbereich, vor allem im Krankenhaus. Hier sind auch die meisten seiner Fallbeispiele angesiedelt. Vor dem Hintergrund seiner Erfahrungen als Supervisor zeigt *Schweitzer* einige Funktionen und Dysfunktionen der Supervision aus der Sicht von Mitarbeiter/-inne/n, Vorgesetzten und nicht zuletzt Supervisor/-inn/en auf, die sicher nicht unwidersprochen bleiben werden und zur Diskussion anregen sollen.

Die Beiträge des dritten Kapitels *Frauen in der Organisationsberatung* handeln von verschiedenen Sichtweisen und Standpunkten, die Frauen als Beraterinnen einnehmen können. Alle Autorinnen thematisieren unterschiedliche Schwerpunkte ihrer Beratungsarbeit mit Organisationen. So beschäftigt sich der erste Aufsatz von *Gertrud Germann: Der Krieg ist der Vater aller Dinge oder: Die Auseinandersetzung zwischen weiblicher und männlicher Kultur als Anstoß zur Unternehmensentwicklung* mit den Unterschieden zwischen Männern und Frauen im Kontext der Organisationsentwicklung. *Germann* zeigt zunächst einige Unvereinbarkeiten zwischen den Geschlechtern auf und plädiert für die Anerkennung von Differenz auch in der betrieblichen Alltagspraxis. Wie ein zukünftiges Miteinander der Geschlechter aussehen könnte und wie dieses zur Entwicklung der Unternehmen beitragen könnte, steht im Zentrum ihrer Überlegungen. Dabei geht es auch um die Entwicklung einer neuen unternehmerischen Lernkultur.

Martha P. Kaufmann beschreibt in *Leiterin Haushilfe wird Beruf - eine "typisch weibliche" Aufgabe entwickelt sich vom Ehrenamt zur professionellen Funktion* exemplarisch den Verlauf eines OE-Prozesses, den sie im Auftrag der Schweizer Fachorganisation Pro Senectute als Organisationsberaterin begleitet hat. Inhaltlich geht es dabei um die Professonalisierung der ambulanten Krankenpflege, die in der Schweiz schon weiter fortgeschritten ist als hierzulande. Der Beitrag veranschaulicht, wie erfolgreiche OE in der Praxis aussehen kann und welche Ergebnisse und strukturellen Veränderungen dabei am Ende zur Zufriedenheit aller Beteiligten herauskommen können.

Susanne J. Petersen setzt sich in *Beratungsseminare: Entwicklung neuer Lernkultur in Organisationen* kritisch mit der betrieblichen Weiterbildungspraxis auseinander. Sie zeigt detailliert auf, daß Lernprozesse in Organisationen andere Konzepte als die der traditionellen Weiterbildung voraussetzen. *Petersen* stellt mit ihrem Konzept der Beratungsseminare ein Arbeitssetting vor, in dem die Bezüge zwischen organisationsrelevanten Lernprozessen und Anwendungsbezug im Vordergrund stehen. Beratungsseminare bilden eine Schnittstelle zwischen PE und OE, welche die Lernkultur in Organisationen entscheidend voranbringen und unterstützen kann.

Für den letzten Beitrag dieses Buches hat *Ariane Bentner* die Organisationsberaterin *Sabine Stadelmann* über ihre Arbeit befragt. In dem Interview mit dem Titel *"Man wählt den Beruf ja nicht umsonst." Aus der Praxis einer Organisationsberaterin zwischen zwei Welten* berichtet *Stadelmann* über ihre "Grenzgänge" als Beraterin zwischen Industrie und sozialen Organisationen. Erfahrungen als Frau im Umgang mit "mächtigen Männern" in Beratungssituationen sowie Erkenntnisse über Geschlechterverhältnisse in

Wirtschaft, Verwaltung und im Krankenhaus werden anschaulich geschildert. *Sabine Stadelmann* resümiert anhand ihrer eigenen Karriere die Möglichkeiten und Grenzen der Beratungstätigkeit für Frauen und berichtet, wie sie den schwierigen Spagat zwischen Beruf und Familie zu vereinbaren gelernt hat.

Literatur

Beck, Ulrich (1994), *Nicht-mehr und Noch-nicht. Es fehlt auch die Sprache für eine neue Reformpolitik.* In: Die Tageszeitung vom 19.12.1994

Schmid, Bernd (1993), *Menschen, Rollen und Systeme. Professionsentwicklung aus systemischer Sicht.* In: Zeitschrift für Organisationsentwicklung, Nr. 4/93 S. 18-26

Thiel, Heinz-Ulrich (1994), *Professionalisierung und kollegiale Supervision - Begründung und Praxis ihrer Kombination.* In: Pühl, Harald (Hg.): Handbuch der Supervision 2. Berlin, S. 199-121

1. Personalentwicklung mit Frauen

Ariane Bentner/Susanne J. Petersen

Zwischen Unsichtbarkeit und Teilhabe. Frauen in der Personal- und Organisationsentwicklung

In diesem Beitrag richten wir unseren Blick auf die Situation von Frauen in der betrieblichen Personalpolitik und Personalentwicklung, auf ihre Partizipation an Organisationsentwicklungskonzepten und -prozessen. Dabei soll die Beteiligung von Frauen an, aber auch ihr Ausschluß aus den entsprechenden Arbeitsfeldern auf der Basis empirischer Untersuchungen kritisch analysiert werden. Zunächst werden wir die Arbeitsfelder der Personalentwicklung und Organisationsberatung einzeln skizzieren und prüfen, inwieweit Frauen dort als "Teilhaberinnen" gelten können. Abschließend stellen wir die wichtigsten Topoi und Entwicklungen der Frauenbildungsarbeit im Kontext der neuen Frauenbewegung vor, die zwar als ureigenste Domäne der Frauen gelten kann, aber bis heute tendenziell ein Schattendasein fristet. Uns interessiert hier, inwiefern frauenbewegte Bildungsarbeit ihre Nische verlassen hat und welche Verflüssigungsprozesse zwischen Personalentwicklung, Organisationsberatung und autonomer Frauenbildung sich für die Zukunft abzeichnen.

1. Personalentwicklung (PE)

Der Begriff Personalentwicklung, im folgenden PE abgekürzt, taucht in deutschen Nachschlagewerken erst in den späten sechziger Jahren als Stichwort auf. In den folgenden Jahren wurden wegweisende Publikationen zu diesem Thema veröffentlicht, wobei insbesondere in den achtziger Jahren die Basisliteratur zur PE in Deutschland entstanden ist.

Der heutige Sprachgebrauch setzt PE häufig mit betrieblicher Weiterbildung gleich. Diese Synonymisierung der Begriffe liegt nicht zuletzt darin begründet, daß bis Anfang der siebziger Jahre die Anwendungsfelder der PE überwiegend auf betriebliche Bildungsmaßnahmen beschränkt blieben (vgl. Hackstein/Nüßgens/Uphus 1972). Erst in den achtziger Jahren kommen in der PE Aspekte der Orientierung an den Bedürfnissen der Mitarbeiter/-innen sowie Möglichkeiten ihrer individuellen Entwicklung im Unternehmen in den Blick (Mentzel 1980; Thielenhaus 1981; Strube 1980).

Unter dem Begriff Personalentwicklung faßt die Betriebswirtschaftslehre eine durchaus heterogene Ansammlung von Definitionen und Strömungen, die Neuberger (1994:3) pointiert so zusammenfaßt: "PE wird personalisiert (*individuelle* Qualifikationen!), sie wird aufs Technische reduziert und instrumentalisiert, sie wird harmonisiert: die Widersprüche, Probleme und Konfliktfelder werden eliminiert." (Herv. i.O.) Unter diesen Widersprüchen bleibt bis heute derjenige zwischen Kapital und Arbeit am wenigsten geklärt, nämlich die Tatsache, daß Unternehmen Mitarbeiter beschäftigen, weil sie ein klares Verwertungsinteresse an deren Arbeitskraft zur Erreichung ihrer unternehmerischen Ziele haben. So nüchtern betrachtet wäre PE "die Umformung des unter Verwertungsabsicht zusammengefaßten Arbeitsvermögens." (Neuberger ebd.) Während die aus der Tradition der humanistischen Psychologie kommenden Ansätze gerne den Menschen im Mittelpunkt des Unternehmens sehen, lautet das Credo der Ökonomie: "Der Mensch ist Mittel. Punkt." (Neuberger 1994:9)

Die damit angedeuteten Widersprüche spiegeln somit die unterschiedlichen theoretischen und methodischen Ansätze im weiten Feld der PE wieder. In der Praxis dominieren noch überwiegend behavioristische Konzepte, die im betrieblichen Kontext darauf ausgerichtet sind, das Verhalten von Mitarbeiter/-innen gezielt zu beeinflussen und sie als "Planungsgröße" zu kalkulieren, die bloß mit zusätzlichen Kompetenzen und Qualifikationen angereichert werden muß, um für das Unternehmen einsetzbar zu sein. Insbesondere in deutschen Großbetrieben wird häufig nicht danach gefragt, welche Entwicklungsprozesse für die Mitarbeiterin und den Mitarbeiter überhaupt erwünscht, sinnvoll und möglich sind. Vielmehr wird dort der Mitarbeiter noch als "beliebig entwickelbar" angesehen (Staehle 1991:810).

Auf der anderen Seite gedeihen in der PE-Praxis vielfältige Formen persönlichkeitsbildender Angebote, in denen das "Selbst" stark akzentuiert wird, wenn es schon nicht im Mittelpunkt stehen kann. Dabei geht es idealtypisch um die "geplante Entwicklung des Personals" sowie "generell die Schaffung von persönlichkeitsfördernden Arbeitsstrukturen und -prozessen." (Staehle 1991:804 f.) Diese humanistischen Konzepte dokumentieren sich in der Praxis in einer Angebotspalette von Themen wie Selbstfindung, Selbstreflexion und Selbstkontrolle, aber auch in interaktionistisch ausgerichteten Seminaren und Workshops.

PE ist im betrieblichen Kontext eingebettet in das Personalwesen, dessen übergeordnete Funktion in der Regelung des Eintritts in das Unternehmen, des internen Einsatzes und des Austritts aus dem Unternehmen besteht. Dementsprechend unterteilt sich das betriebliche Personalwesen in die Bereiche Personalbedarfsermittlung, Personalbeschaffung, Personalentwicklung, Personaleinsatz, Personalerhaltung und Personalfreisetzung. Die drei klassische Anwendungsfelder der Personalentwicklung in Unternehmen sind die betriebliche Weiterbildung, die Karriereplanung sowie die Strukturierung der Arbeit. Im Zentrum dieser Anwendungsfelder stehen in der Praxis Weiterbildung, Laufbahn- und Karriereplanung, Versetzung, Beförderung, Sinnvermittlung, Aufgabenbereicherung (Job-enrichment/Job-enlargement) und Teamarbeit.

Wir werden im folgenden unsere Aufmerksamkeit besonders auf die betriebliche Weiterbildung als Anwendungsfeld der Personalentwicklung richten und prüfen, inwiefern Frauen dort einbezogen werden.

1.1 Anlässe für betriebliche Weiterbildungsmaßnahmen

Insgesamt ist der Bedarf an betrieblicher Weiterbildung in den letzten zwanzig Jahren ungeheuer angestiegen. Die Entwicklung dieses Bedarfs wurde mitbedingt durch einen technologischen Wandel, der mit der Einführung von Mikroprozessoren eine dritte industrielle Revolution ausgelöst hat (Warnecke 1993). In der Folge haben sich computergestützte Technologien in fast allen Bereichen der Arbeitswelt durchgesetzt. Dies betrifft die Arbeit in Büro und Verwaltung, wo heute über 60% PC-Arbeitsplätze bestehen, die zu einem großen Teil Frauenarbeitsplätze sind.

In der Produktion erfolgte mit der Einführung von Computer Intergrated Manufacturing (CIM) in den achtziger Jahren eine völlige Umgestaltung der Arbeitsplätze. Die Einführung neuer Technologien machte eine gezielte Qualifizierung des nicht von Rationalisierung freigesetzten, meist gut ausgebildeten Personals nötig.

Computertechnologien unterliegen einem ungeheuer schnellen Wandel, der ein ständiges Um- und Neulernen erforderlich macht. Die Analogie von der "Halbwertszeit" des Wissens verdeutlicht die Schnelligkeit, mit der heute einmal Erlerntes sich auflöst und verfällt. Damit erhält die berufliche Qualifikation, d.h die Anpassung der persönlichen und beruflichen Fähigkeiten, Fertigkeiten und Kenntnisse an die sich rasant ändernden Erfordernisse des Arbeitsmarktes einen anderen Stellenwert als je zuvor. Berufliche Weiterbildung ist damit zu einem lebenslangen Prozeß geworden, in den Frauen aufgrund ihrer verstärkten Erwerbstätigkeit ebenso einbezogen sind wie Männer, denn die "Gesetze der Ökonomie zwingen zu einer Angleichung der Geschlechter." (Bock 1993:23)

Dieser technologische Wandel manifestiert sich nicht zuletzt in der Verteilung der finanziellen Aufwendungen für betriebliche Weiterbildung in deutschen Unternehmen: 1986 wurden 60% dieser Ausgaben in technische bzw. EDV-Schulungen investiert (Staehle 1991:816).

Fast die Hälfte aller Weiterbildungsmaßnahmen wird unter dem Begriff Personalentwicklung von den Unternehmen selbst durchgeführt (Kade 1991:85). Dabei sind es überwiegend die Großunternehmen mit eigenen Personalabteilungen, die interne Weiterbildung durchführen, während mittelständische Unternehmen aufgrund knapper Finanzmittel kaum eigene innerbetriebliche Angebote offerieren können. Nach einer Schätzung des Instituts der Deutschen Wirtschaft investieren deutsche Unternehmen jährlich 30 Mrd. DM in die Weiterbildung ihres Personals. Allerdings investieren auch die Teilnehmenden selbst erhebliche finanzielle Mittel in ihre berufliche Weiterbildung: 1992 wurden insgesamt 10 Mrd. DM von Privatpersonen für Weiterbildungsmaßnahmen aufgebracht. Im Durchschnitt bezahlte eine Westdeutsche 1.427,- DM, ein Ostdeutscher sogar 1.928,- DM p.a. aus eigener Tasche für Weiterbildung. Dabei waren Eigenbeträge für Aufstiegsfortbildungen bis zu 20.000 DM p.a. keine Ausnahme (Informationen Bildung und Wissenschaft, 12/94:151).

1.2 Frauen in der Personalpolitik von Wirtschaftsunternehmen

Noch nie zuvor hatte außerhäusliche Erwerbstätigkeit für Frauen in (West-) Deutschland einen so hohen Stellenwert wie heute: Die Zahl berufstätiger Frauen liegt mit derzeit 58% höher als je zuvor, immer mehr Frauen kehren nach einer familienbedingten Erwerbsunterbrechung in den Beruf zurück, mehr Frauen denn je machen sich selbständig. Gleichzeitig wurden Frauen in der jüngeren Vergangenheit in den Jahren vor der wirtschaftlichen Rezession im Zuge des demographisch bedingten Bevölkerungsrückgangs - zumindest theoretisch - von Wirtschaftsunternehmen als attraktives Arbeits- und insbesondere Führungskräftepotential "entdeckt", wenn auch nicht entsprechend gefördert (vgl. Schiersmann/Bentner/Geissler 1994; Engelbrech/Kraft 1992). Diese Aufmerksamkeit für das weibliche Potential scheint derzeit im Zuge des "backlash" eher rückläufig zu sein.

"Zwar werden die meisten Unternehmen noch immer von Männern geleitet, rein männliche Veranstaltungen sind sie aber in der Regel nicht mehr. Frauen stellen in Wirtschaftsorganisationen heute unbestritten eine wichtige Population dar." (Gerhard/Osterloh/Schmid 1991: 29)

Die zunehmende Repräsentanz von Frauen auf dem Arbeitsmarkt hat sich allerdings bisher kaum konstruktiv in der Personalpolitik der Wirtschaftsunternehmen niedergeschlagen. Dies zeigen sowohl Untersuchungen zum Stand der Frauenförderung in Deutschland als auch erste Sichtungen von Personallehrbüchern durch Frauenforscherinnen. Hier zeigt sich, daß "der Arbeitnehmer" dort noch immer als geschlechtliches Neutrum männlicher Prägung dominiert, während Frauen überwiegend gar nicht vorkommen. Wenn sie erwähnt werden, dann vielfach in negativ konnotierten, stereotypen Situationen und in hierarchisch untergeordneter Postion sowie als soziale Minderheit oder als besonders schutzbedürftige "Sondergruppe" (Gerhard/Osterloh/Schmid 1991:31-41).

Diese Marginalisierung von Frauen in der betrieblichen Personalpolitik schlägt sich insbesondere im Zugang zu bzw. der Beteiligung an Weiterbildungsmaßnahmen nieder. Genaue Zahlen und übergreifende Statistiken über Umfang, Formen und Adressat/-innen betrieblicher Weiterbildung existieren jedoch bisher nicht, da die Unternehmen nicht zur Veröffentlichung ihrer diesbezüglichen Aktivitäten verpflichtet sind (vgl. Schiersmann 1993:125). Bisher liegen nur wenige empirische Studien zur innerbetrieblichen Weiterbildungssituation in Deutschland vor. Wir beschränken uns daher auf einige Trendaussagen aus verschiedenen Studien zur Weiterbildungssituation von Frauen in Betrieben.

Danach läßt sich konstatieren, daß Frauen in der betrieblichen Weiterbildung insgesamt stark marginalisiert werden. Weiterbildung findet meist als Kurzeinweisung des Personals zur Anpassung an neue Technologien statt (Schiersmann 1993:126). Für gering qualifizerte Frauen und Teilzeitkräfte bestehen kaum Angebote, da die Hauptadressatengruppen in den Unternehmen meist Führungskräfte und die "qualifizierte Stammbelegschaft" sind

(Schiersmann 1993:127; Brumlop/Hornung 1991:21). Überwiegend die "kleine Gruppe qualifizierter bis hochqualifizierter Frauen in Vollzeit-Beschäftigung, in deren Ausbildung die Betriebe erheblich investiert haben", kommt in den Genuß entsprechender Weiterbildungsangebote (Brumlop/ Hornung ebd.).

Aus der Sicht der Mitarbeiterinnen in Betrieben fehlen häufig geeignete innerbetriebliche Angebote, die ihren Bedürfnissen und Lernerfordernissen entsprechen (Bentner 1993; Schiersmann 1993:128).

Weitere Erschwernisse aus der Perspektive nicht nur der Frauen sind die geringe Transparenz der betriebsinternen Ausschreibungen, selektive Auswahlkriterien bei der "Zulassung" zur Teilnahme, die besonders in stark hierarchisch strukturierten Organisationen als Belohnungs- und Bestrafungssystem fungieren. Aus eigener Erfahrung kennen wir die Beschwerden von Seminarteilnehmer/-innen über die Willkür, mit der z.B. Vorgesetzte ihnen die Teilnahme an Weiterbildung versagen. Dies gilt tendenziell auch für männliche Mitarbeiter in Unternehmen.

Problematisch an solchen willkürlichen Selektionsmechanismen in Unternehmen ist neben dem Sanktionscharakter von Weiterbildung auch die umgekehrte Variante. Dabei wird einzelnen Mitarbeiter/-innen die Teilnahme an Weiterbildung als Anpassungs- oder Disziplinierungsmaßnahme zur Übernahme organisationsinterner Werte und Regeln quasi "aufgenötigt". Teilnahmekriterien der einen wie der anderen Art werfen nicht nur Zweifel auf hinsichtlich des gewünschten Weiterbildungserfolges durch das Unternehmen, sondern auch bezüglich der Qualität der Lern- und Arbeitsprozesse selbst.

Eine aufgrund solcher Selektionsmechanismen zustande gekommene Gruppe von Teilnehmer/-innen verfügt über kein gemeinsames Thema oder Lernziel. Bedürfnisse und Lernwünsche divergieren stark, Demotivation und Widerstände sind die Folge. Solcherart in Seminaren erworbenes Wissen erweist sich als wenig anschlußfähig an das Aufgabenspekrtum der Teilnehmenden in der Organisation.

Werfen wir schließlich einen Blick auf das in verschiedenen empirischen Studien erhobene "Weiterbildungsverhalten" von Frauen und Männern. Dieses Weiterbildungsverhalten zwischen den Geschlechtern hat sich in den letzten Jahren insofern fast angeglichen, als vollzeiterwerbstätige Frauen mit höherer schulischer oder beruflicher Qualifikation sich ebenso häufig weiterbilden wie Männer (Schiersmann 1987:160).

Ganz anders sieht jedoch die Situation teilzeitbeschäftigter sowie gering qualifizierter Frauen aus: Weibliche Teilzeitkräfte erhalten "wesentlich seltener" betriebliche Weiterbildungsangebote (Kuwan 1993:18-19), so daß sie darauf angewiesen sind, sich extern bei anderen Anbietern wie Volkshochschulen, Kammern, Stiftungen oder Frauenprojekten beruflich weiterzubilden. Insgesamt sind teilzeitbeschäftigte Frauen mit Kindern und Frauen ohne Berufsausbildung in der Weiterbildung stark benachteiligt (Kuwan 1993:12; Schiersmann 1993:122).

Bei den Motiven zur Teilnahme an beruflicher Weiterbildung zeigt sich wiederum eine weitgehende Anpassung beider Geschlechter an die arbeitsmarktpolitischen Erfordernisse: Frauen und Männer nennen als häufigstes Motiv den Wunsch nach Anpassung ihrer Qualifikation an neue Anforderungen - quantitativ jedoch etwas mehr Männer als Frauen (64%:59%). Ein weiteres wichtiges Motiv ist der Wunsch, die beruflichen Kenntnisse zu erweitern sowie veraltete Kenntnisse aufzufrischen (Kuwan 1993:16).

Deutliche Unterschiede zwischen Frauen und Männern zeigen sich jedoch bezüglich der Aufstiegsmotivation: Nur für 20% der Frauen, aber für 31% der Männer sind berufliche Aufstiegswünsche ein Weiterbildungsmotiv (ebd.). Daraus läßt sich schließen, daß Männer in der Weiterbildung eher ein Instrument für ihre Karriere sehen als Frauen. Dies ist wenig erstaunlich, da Frauen der Zugang zu Führungspositionen nach wie vor sehr erschwert wird und Männer diese Positionen weitgehend monopolisieren.

Bezüglich der betrieblichen Weiterbildungs-Themen und Inhalte zeigen sich ebenfalls geschlechtsspezifische Differenzen: Während Männer mit 32% am häufigsten an fachbezogenen gewerblich-technischen Weiterbildungen teilnahmen, bilden sich Frauen mit jeweils 40% sowohl fachbezogen (im kaufmännischen Bereich) als auch fachübergreifend weiter. Bei den Männern steht die fachübergreifende Weiterbildung mit 31% an zweiter Stelle (Kuwan 1993:74). Fachübergreifende Weiterbildung meint Seminare zu "Querschnittsthemen" wie Kommunikation, Rhetorik, Führung, Management etc.

1.3 Grenzen der betrieblichen Weiterbildungspraxis

In letzter Zeit ist die betriebliche Weiterbildungspraxis verstärkt ins Kreuzfeuer der Kritik geraten. So werden Zweck, Ziel und Nutzen dieser Weiterbildungspraxis in Frage gestellt, ihr wird Wirkungslosigkeit attestiert, es ist die Rede vom blanken Weiterbildungsaktionismus. Besonders deutsche Großunternehmen mit ihrer nach wie vor stark hierarchisch-bürokratischen Strukur gelten als lernunwillige Organisationen, in denen auch das Lernen der Mitarbeiter/-innen eher verhindert als gefördert wird. "Denn Weiterbildung als strategisches Instrument wäre der erste Schritt zu einer Veränderung, die kaum ein Unternehmenslenker will." (Fischer et al. 1994:124) Dies wollen wir anhand unserer Erfahrungen als externe Trainerinnen illustrieren.

Aus unserer Sicht wirken viele innerbetriebliche Weiterbildungskonzepte defizitorientiert. Im Unternehmen offensichtlich gewordene Unzulänglichkeiten und "Schwächen" der Organisation werden häufig zum Anlaß genommen, neue Weiterbildungsinhalte zu definieren, die suggerieren, es handle sich bei diesem Angebot um etwas Neues und Erfolgversprechendes: Dies geschieht u.a. als "Antwort" des Unternehmens auf veränderte Marktbedingungen oder auf Veränderungen im Unternehmen selbst. Von den Mitarbeiter/-innen werden neue Verhaltensweisen gefordert. Dabei wird ein diagnostiziertes Defizit im Unternehmen personalisiert und als Sündenbock-Phänomen auf bestimmte Personengruppen projiziert. Ein Beispiel hierfür wäre die Feststellung, daß in einem Unternehmen neue Strategien, die von der Geschäftsleitung konzipiert wurden, auf der mittleren Führungsebene blockiert werden.

Danach werden die unter diese Gruppe fallenden Personen ins "Trainingslager" geschickt, in der Hoffnung, sie mögen, mit neuen "Eigenschaften" und Techniken ausgestattet, als die Mitarbeiter/-innen zurückkehren, die jetzt benötigt werden. Der Glaube an die erfolgreiche Vermittlung von neuem "Handwerkszeug" (tools), neuen Methoden und Techniken in der Weiterbildung hat in vielen Wirtschaftsunternehmen den Charakter magischen Denkens angenommen. So wird eine schnelle Defizitbehebung suggeriert, man glaubt an eine unkomplizierte, rezeptuale Anwendung versprochener Weiterbildungsinhalte.

Vorhandenes Organisationswissen und bisherige Problemlösungsversuche einzelner werden bei dieser Defizitorientierung systematisch ignoriert, gemachte Erfahrungen werden ausgeblendet. Darüber hinaus vermeidet es die Organisation mit der Fixierung auf Unvermögen und Schwäche, tatsächlich aus ihren Fehlern zu lernen.

Wenn nach der Weiterbildung keine "Besserung" eintritt, wird das Gefühl des Unvermögens bei den Betroffenen möglicherweise noch gesteigert. Durch diese "Weiterbildungs-Flickarbeit" verstärkt sich der Widerstand der Organisationsmitglieder u.U. noch, weil organisationsrelevante Zusammenhänge nicht hinreichend thematisiert und erläutert werden und deshalb von den Mitarbeiter/-innen nicht nachvollzogen werden können.

Den Konzepten traditioneller Personalentwicklung ist gemeinsam, daß sie häufig entweder über alle Maßen theoretisch überfrachtet oder aber dem magischen Glauben an neue "Techniken" und Methoden verhaftet sind. Die Übertragbarkeit des Gelernten auf den betrieblichen Alltag wird dabei zu wenig überprüft. Gruppendynamische Prozesse und Interaktionen sowie Konflikte zwischen einzelnen oder Abteilungen werden zu wenig berücksichtigt. Macht- und Machbarkeitsphantasien werden kultiviert und die Diskrepanz zwischen Weiterbildungsinhalten und der Organisationsrealität vergrößert sich weiter.

2. Organisationsentwicklung (OE)

Organisationsentwicklung (OE) ist ein ursprünglich amerikanisches Konzept, das allerdings maßgeblich von dem deutschen Sozialpsychologen Kurt Lewin nach seiner Emigration in die USA in den vierziger Jahren geprägt wurde. Bis heute sind Begrifflichkeiten und Definitionsversuche von OE sehr heterogen. Ähnlich wie die PE bewegt sich OE im Spannungsfeld zwischen Produktivität und Menschlichkeit, d.h. zwischen dem Streben einer Organisation nach Leistungsfähigkeit und Effizienz sowie der Humanisierung des Arbeitslebens (vgl. Neuberger 1994:239). Die Akzeptanz dieses widersprüchlichen Spannungsfeldes verschiedener Interessenslagen scheint uns als programmatische Klammer um das Tun und Lassen von Berater/-inne/n und ihren Auftraggeber/-inne/n unter dem Stichwort OE besser geeignet als die Versuche seiner Leugnung und Harmonisierung.

Organisationsentwicklung befaßt sich so ganz allgemein mit Veränderungsprozessen in Organisationen, sie läßt sich grobmaschig skizzieren als "... eine Form des geplanten Wandels, bei der unter Verwendung verhaltenswissenschaftlicher Erkenntnisse (meist aus der Kleingruppenforschung) ein organisationsweiter Veränderungsprozeß eingeleitet und unterstützt wird." (Staehle 1991:846-847) Über das Was (soll verändert werden) und Wie (soll dieser Prozeß verlaufen) ist dabei freilich noch nichts gesagt. Empirisch reicht das Spektrum dieser geplanten Veränderungsprozesse von Bestrebungen nach mehr Partizipation der Mitarbeiter/-innen bis hin zu einschneidenden Rationalisierungsmaßnahmen mit Personalentlassungen.

Betrachten wir zunächst die historischen Anfänge der Organisationsentwicklung. Sowohl in England als auch in den USA beschäftigten sich in den vierziger Jahren Psychologen, Psychiater und Sozialwissenschaftler mit gruppendynamischen Prozessen (Training-Groups). Dabei stand die Eruierung und Veränderung von persönlichen Einstellungen im Zentrum der Aufmerksamkeit, nicht zuletzt vor dem Hintergrund der traumatischen Erfahrungen während des Zweiten Weltkrieges. Eher zufällig wurde dabei entdeckt, daß Individuen ihre Einstellungen und Verhaltensweisen u.U. ändern, wenn sie eine Rückmeldung (Feedback) aus der Gruppe oder vom Trainer erhalten.

Solche Erkenntnisse versuchte u.a. Kurt Lewin in den USA auf Organisationen zu übertragen. Ausgangsüberlegung war die Hoffnung, daß Teilnehmer von Trainings-Gruppen ihre in der Gruppe erlernten Fähigkeiten auf ihre Arbeit in Organisationen übertragen könnten, was sich allerdings in dieser Form nicht erfüllt hat (Fatzer 1990:56).

Lewin gründete in den USA 1945 ein Forschungszentrum für Gruppendynamik, in dem er zusammen mit Douglas McGregor und anderen Aktionsforschung zur Lösung von Rassen- und Minoritätskonflikten und zur Demokratiserung des Verhaltens von Lehrern durchführte. Lewins Credo war eine weitestmögliche Demokratisierung von Entscheidungsprozessen durch alle Beteiligten. Aktionsforschung (action research) ist eine Methode, bei der die Trennung von Forscher/-in und Beforschten aufgehoben wird. Organisationsprobleme werden dabei gemeinsam mit den Beteiligten diagnostiziert, analysiert und bearbeitet. Veränderungsprozesse werden bei der Aktionsforschung aufgrund der gemeinsam von Berater/-in und Klientensystem erarbeiteten Problemanalyse initiiert, anstatt einseitig vom Experten/Berater"verordnet" zu werden. Gruppendynamik und Aktionsforschung sind somit wichtige konzeptionelle Wurzeln der OE, die sich in vielen heute praktizierten OE-Ansätzen niederschlagen.

Die eigentliche Begründung von OE (engl. OD, organisational development) erfolgte erst nach Lewins Tod 1947 im Kontext der ersten Versuche seiner Kollegen (Dick Beckhard, Douglas McGregor, Ed Schein, Chris Argyris, Warren Bennis, Robert Blake und Jane Mouton u.a.), ihre bisher gewonnenen sozialpsychologischen Kenntnisse auf Industrieunternehmen anzuwenden. Mit dem neuen Begriff OD "...beschrieben sie die innovativen, von unten kommenden Veränderungsprojekte in Organisationen, welche keiner traditionellen Beratungsart glichen." (Fatzer 1990:58)

Die ersten OE-Experimente in Wirtschaftsunternehmen wurden in den USA Ende der fünfziger Jahre von McGregor und Shepard durchgeführt. McGregor arbeitete 1957 erstmals mit Union Carbide, Shepard im darauffolgenden Jahr mit Esso Standard Oil (French/Bell 1977:34). Eine zentrale Erkenntnis dieser ersten Versuche war, daß OE ohne die aktive Beteiligung und Einbeziehung der Führungsebene in ein solches Projekt nicht möglich ist.

OE gelangte nach dem Zweiten Weltkrieg im Zuge des durch den Marshall-Plan finanzierten Wissenschaftstranfers nach Deutschland. Amerikanische Trainer führten in Deutschland in den fünfziger und sechziger Jahren erste gruppendynamische Trainings mit Lehrern durch, "deren Erziehungsstil von einem eher autoritären zu einem eher demokratischen verändert werden sollte." (Staehle 1991:850) Ganz im Sinne Lewins zielten die ersten OE-Versuche hierzulande auf eine Veränderung der individuellen Einstellungen, Werte und Normen im Sinne der Emanzipation und Humanisierung der Arbeitswelt. Die Veränderung organisatorischer Strukturen stand in den Anfangsjahren eher im Hintergrund. Die Gruppendynamik fand in Deutschland bis heute allerdings nicht die gleiche positive Resonanz wie in USA.

Erst in den siebziger und achtziger Jahren rückte in Deutschland die oft als Quadratur des Kreises kritisierte Zielvorstellung der Verbindung von mehr Humanität mit größerer Effizienz in Organisationen ins Zentrum der OE-Konzepte.

2.1 Paradigmen und methodische Konzeptionen der OE

Eine Theorie der Organisationsentwicklung existiert bisher nicht. Eine plausible Erklärung hierfür bietet Neuberger (1994:241), der der OE durchaus kritisch gegenübersteht: "Das Verändern im Rahmen der OE ist in einem hohen Maße pragmatisch, konkret und arbeitsplatzbezogen, bleibt also nicht auf abstrakte Kenntnisse, Werthaltungen, Einstellungen, Bereitschaften etc. beschränkt."

OE bedient sich vielmehr interdisziplinärer Anleihen aus den Sozialwissenschaften. Auch methodisch läßt sich heute eine starke Diversifizierung der OE-Ansätze beobachten. Hier verflüssigen sich einerseits die Grenzen zwischen den Beratungsformen wie Unternehmensberatung, Supervision, Training und Organisationsberatung. Andererseits verschwimmen auch die Grenzen zwischen verschiedenen Methoden aus der Gruppendynamik, Erwachsenenbildung, Psychotherapie und Managementlehre.

Dennoch lassen sich durchaus prägnante Unterschiede zwischen OE-Konzepten und anderen Beratungsformen und -konzepten ausmachen. Diese manifestieren sich z.B. in der Gestaltung des sog. Arbeits-Settings. Fatzer (1990:83) hat dies für die Abgrenzung zwischen Psychotherapie und Organisationsberatung verdeutlicht. Damit sind die folgenden zentralen Unterschiede gemeint:

Während sich ein Klient üblicherweise seinen Therapeuten selbst aussucht und wählt, werden Organisationsberater/-innen umgekehrt von i.d.R. einflußreichen Mitgliedern einer Organisation gesucht und engagiert. Die eigentliche beraterische Arbeit findet bei der OE immer auf dem "Terrain" der Organisation statt, die den Berater beauftragt hat. Therapie hingegen findet in der Praxis, auf dem Terrain des Therapeuten statt. Unterschiede bestehen auch hinsichtlich der Anlässe und Aushandlungsprozesse: Motive für das Aufsuchen einer Therapeutin sind i.d.R. private, persönliche Gründe, wie das Leiden des Klienten an bestimmten Beeinträchtigungen und Störungen. Der Klient hat also ein Problem, das ihn veranlaßt, Therapie nachzufragen, auch wenn ihm der Inhalt seines Problems nicht ganz klar sein mag. In der OE ist dagegen oft unklar, welches das genaue Problem ist und wer von den Beteiligten davon wie betroffen ist.

Der Therapeut wirkt eher im Verborgenen, ist nicht öffentlich sichtbar. Die Anlässe für OE sind dagegen beruflicher Natur und zumindest innerhalb der Organisation öffentlich bekannt. Organisationsberater stehen damit bei ihrer Arbeit im "Rampenlicht" der Organisation, sie müssen sich dort beweisen und werden von mehreren Personen eingeschätzt und bewertet. In der OE ist aufgrund der höheren Komplexität, die eine Organisation von Einzelpersonen unterscheidet, oft auch unklar, wer was von der Beratung will.

Eine detaillierte Übersicht über die Theorie und Praxis verschiedener, heute angewandter OE-Konzepte gibt Schreyögg (1994:16 ff.). Als methodische Grundparadigmen von OE lassen sich grob prozeßorientierte von systemischen unterscheiden.

Prozeßorientierte Ansätze beziehen sich stark auf die amerikanische OE-Tradition nach Lewin und bezeichnen insbesondere eine Haltung, die die Beraterin einnimmt. Der Gruppenprozeß steht im Mittelpunkt der Aufmerksamkeit des Beraters während der gemeinsamen Arbeit an einem Problem. Wichtigste Grundannahme ist dabei, daß nicht nur das Ergebnis des Beratungsprozesses zählt, sondern daß die am Prozeß Beteiligten lernen, zu lernen mit dem Ziel, kompetenter mit zukünftigen Herausforderungen und Problemen umgehen zu können (Neuberger 1994:241).

Die Prozeßberatung, die von Ed Schein Ende der sechziger Jahre konzipiert wurde, versteht sich als Hilfe zur Selbsthilfe im weitesten Sinne. Die Beraterin moderiert dabei Arbeitsprozesse, die dem Klientensystem bei der Lösung seiner Probleme helfen können. Gemeinsam mit den Beteiligten wird eine Diagnose des zu lösenden Problems erstellt. Die Beraterin tritt nicht als Expertin auf, die Lösungen maßschneidert, sondern als Prozeßberaterin, die das Klientensystem bei der Analyse und Lösung seiner Probleme unterstützt. Die Notwendigkeit, "Betroffene zu Beteiligten" zu machen, ergibt sich nach diesem Konzept aus der systemischen Annahme, wonach

> "(...) Probleme in Organisationen komplex sind, und ... die zur Diagnose notwendigen Informationen so vielfältig sind, daß eine korrekte Diagnose nur erreicht werden kann, wenn der Klient voll im diagnostischen Prozeß involviert ist..... Der PB [Prozeßberater, d. A.] nimmt weiter an, daß ein vollständiges Verstehen des Problems nicht möglich ist, bis verdeckte und unbewußte Aspekte ebenfalls beleuchtet werden können. Dies ist zentral bei einer *Analyse der Organisationskultur*, die ein nur Außenstehender gar nicht entziffern kann." (Fatzer 1992:119)

In der Beratungsarbeit selbst soll daher der Anteil an Expertenberatung möglichst klein gehalten werden, da man davon ausgeht, daß Expertenwissen in einer Organisation in ausreichendem Maße vorhanden ist.

Diese Annahme dürfte die wichtigste Besonderheit der OE im Vergleich zur klassischen Unternehmensberatung darstellen. Obwohl einzelne Vorgehensweisen der OE durchaus der Unternehmensberatung verwandt sind (z.B. die Erstellung einer Diagnose, Ist-Soll-Vergleich u.v.m.), lassen sich beide idealtypisch in Form und Inhalt abgrenzen. Inhaltlich beschäftigt sich die klassische Unternehmensberatung vorrangig mit rein betriebswirtschaftlichen Fragen und Rationalisierungsproblemen. Daneben besteht ein nicht unerheblicher Teil dieser Beratungsleistungen in Rechts- und Steuerberatung sowie zunehmend in EDV-Beratung (Franke 1993:8 ff.). Der wichtigste Unterschied von der Form, also vom Vorgehen her, besteht jedoch darin, daß die traditionelle Unternehmensberatung nicht gemeinsam mit dem Auftraggeber Lösungen für Probleme entwickelt, sondern diese selbst vorschlägt. Um die Umsetzung der Lösungen kümmert sie sich jedoch i.d.R. nicht. Die traditionelle Unternehmensberatung ist üblicherweise dann abgeschlossen, wenn der Berater seine Lösungsangebote unterbreitet hat. Mittlerweile werden allerdings auch von einigen Unternehmensberatern zunehmend OE-Ansätze in die Expertenberatung zu integrieren versucht, da sich in den letzten Jahren die Erkenntnis verdichtet, daß "Kostenanalysen, Reorganisationen, neue Strategien und neuerdings auch `Business Reengineering` - so überzeugend sie auf dem Papier auch aussehen - in der Unternehmenswirklichkeit anderen Kräften ausgesetzt sind, die ihren Erfolg zunichte machen können." (Scott-Morgan/Little 1995:11)

Systemische OE-Ansätze haben in den letzten Jahren einen regelrechten Boom zu verzeichnen (z.B. Wimmer 1992; Simon et al. 1992; Maas/Schüller/Strasmann 1992; Geißler 1994; Willke 1994). Sie haben ihre Wurzeln u.a. in der Kybernetik, der Systemtheorie, dem Konstruktivismus und der systemischen Familientherapie.

Eine systemische Grundannahme in der OE ist die Selbstorganisation/Selbstreferenz von Systemen. Danach tritt die Beraterin anders als in der Prozeßberatung eher als Beobachterin auf, die mit der Organisation in Interaktion über ihre Beobachtungen tritt. Es werden keine Veränderungsszenarios konzipiert, sondern man geht vielmehr davon aus, daß die Organisation sich "von selbst" verändert, wenn es (z.B. ausgelöst durch Krisen) für ihren Fortbestand nötig ist. Jedes System verfügt aus dieser Perspektive über die Fähigkeit zur Veränderung, die eine permenante Bereitschaft der Organisationsmitglieder zum Lernen nach sich zieht. Selbstreferenz oder Selbstbezogenheit eines Systems betont die Annahme, daß lebende Systeme durch einen ständigen Informationsaustausch mit ihrer Umwelt Veränderungsprozessen unterliegen. Veränderungen können nur vom System selbst vollzogen werden, da sie auch eine Veränderung der Selbstreferenz beinhalten.

Das methodische Repertoire der systemischen Beratung ist sehr elaboriert, was nicht zuletzt auf die Professionalisierung der familientherapeutischen Interventionen zurückzuführen sein dürfte. Insbesondere die in der Familientherapie entwickelte Gesprächsführung, das zirkuläre Fragen, stellt den methodischen Kern der systemischen Beratungsansätze dar. Zirkuläres

Fragen knüpft an die Selbstreferenz sozialer Systeme an. Dabei wird von der Beraterin versucht, "... der wechselseitigen Bedingtheit von Verhalten gerecht zu werden und durch eine spezifische Auswahl von Fragen und Befragten den epistemologischen Fallen der Selbstbezüglichkeit zu entgehen." (Simon 1993:273) In der Organisationsberatung besteht die Gefahr, daß systemtische Berater/-innen der Komplexität eines Unternehmens nicht gerecht werden, wenn sie zu stark ihrer Tradition, der Arbeit mit Familien und klinischen Fällen, verpflichtet bleiben.

2.2 Organisationsentwicklungsprojekte mit Frauen - Fehlanzeige?

Es ist sicher kein Zufall, daß sich in der deutschsprachigen Literatur zur OE kaum Beiträge über Beratungsprojekte mit Frauen finden. Eine Durchsicht der wichtigsten, in den letzten Jahren erschienen Sammelbände zum Thema Organisationsentwicklung (Fatzer 1990 und 1993; Wimmer 1992; Maas/ Schüller/Strasmann1992) fördert zwar je Band eine oder zwei Autorinnen zutage, jedoch keine Titel, die Hinweise auf Geschlechterfragen in den Beiträgen oder gar auf Beratungsprojekte mit Frauen liefern. Lediglich in der Management-Publikation von Simon et al. (1992) findet sich ein (sehr lesenswertes) Kapitel über Geschlechterrollen im Management.

Berichte zum Thema OE mit Frauen finden sich dagegen in Publikationen aus dem Spektrum der Frauenprojekte. Unter dem Titel "Konflikte bewältigen. Supervision und Organisationsentwicklung in Frauenprojekten" beschreibt Gisela Clausen (in Koppert 1993) charakteristische Probleme bei der Beratung verschiedener Frauenteams aus dem Kontext der Frauenbewegung. Marie Sichtermann und Brigitte Siegel (in Rieger 1993) versuchen mit "Das Chaos ist weiblich. Organisationsentwicklung in Frauenprojekten", den Projektfrauen eine solche Beratung schmackhaft zu machen, um das vermeintlich weibliche Chaos in ihren Organisationen zu ordnen. Ähnliche Publikationen finden sich auch in der Supervisionsliteratur, insbesondere in Fachzeitschriften, wo die Geschlechterthematik insgesamt etwas mehr Aufmerksamkeit zu erregen scheint als in der OE (vgl. Forum Supervision 5/95; Bauer/Gröning 1995).

Erste empirische Befunde zur Beteiligung von Frauen an Prozessen der strukturellen Veränderung von Organisationen stammen aus einer Befragung kommunaler Frauenbeauftragter zum Thema Verwaltungsreform im öffentlichen Dienst (hierzu und zum folgenden Cornelißen/Wrangell 1995:39 ff.). Das Institut Frau und Gesellschaft wertete 117 Fragebögen aus, die den Teilnehmerinnen der Bundeskonferenz der Kommunalen Frauenbeauftragten 1994 vorgelegt worden waren. Die Ergebnisse sind aufgrund der kleinen Stichprobe zwar nicht repräsentantiv, sie weisen aber für die Beteiligung von Frauen an der Verwaltungsreform wichtige Tendenzen auf. Danach zeigte sich, daß strukturelle Veränderungen im öffentlichen Dienst im Sinne einer Verwaltungsreform bisher eher in Großstädten als in Gemeinden stattfinden. Über 60% der befragten Frauenbeauftragten gaben an, daß in ihrer Behörde die Reform erst im Diskussions- oder Planungsstadium stecke. In 26% der Verwaltungen, in denen die Frauenbeauftragten arbeiteten, wurde eine Verwaltungsreform schon teilweise durchgeführt. In allen Fällen ging die Initiative dazu von der Verwaltungsspitze aus. Geplant und durchgeführt wurde die Reform meistens von einer verwaltungsinternen Expertengruppe (bei 51% der Befragten), etwas seltener (44% der Befragten) von einer Steuerungsgruppe, die sich aus internen und externen Beratern und Experten zusammensetzte. Auffällig ist, daß Frauen überhaupt und Frauenbeauftragte insbesondere in diesen Planungs- und Steuerungsgruppen absolut unterrepräsentiert sind. Vielmehr setzen sich die meisten dieser Gruppen aus Männern zusammen. Auch die Beteiligung der Frauenbeauftragten an der Diskussion, Planung oder Umsetzung der Verwaltungsstrukturreform läßt sehr zu wünschen übrig: Nur 15% der Befragten wurden zu allen Fragen der Reform informiert und angehört, so daß sie entsprechenden Einfluß nehmen konnten. Ein Viertel der Frauenbeauftragten wurde über die geplante Reform weder informiert noch gehört.

"Nur in den Fällen (12 Prozent), in denen mehrere Gremien mit der Verwaltungsstrukturreform befaßt sind und diese Gremien unterschiedliche Zusammensetzungen haben, könnte es sein, daß es auch Gruppen gibt, in denen beide Geschlechter paritätisch vertreten sind oder gar die Frauen einmal dominieren. Doch dies dürfte eher die Ausnahme sein. Die Verwaltungsstrukturreform liegt also bisher ganz weitgehend in Männerhand." (Cornelißen/ Wrangell 1995:45)

Diese ersten Befunde sind von ihren Ausschlußmechanismen gegenüber Frauen sicher nicht nur verwaltungsspezifisch zu interpretieren. Sie dürften in ähnlicher Form auch auf die geringe Partizipation von Frauen an OE-Prozessen in Industrieunternehmen zutreffen. Beobachtungen und Erfahrungen hierzu liefert auch der Beitrag von Sabine Stadelmann in diesem Band.

Eine fundierte Dokumentation, Thematisierung und Analyse der Organisationsberatungsarbeit mit weiblichen Beteiligten, Adressatinnen und Beraterinnen steckt somit gerade außerhalb des Spektrums der Frauenprojekte erst in den Kinderschuhen.

3. Autonomie in der Gegenwelt? Feministische Bildungsarbeit

Abschließend werfen wir einen Blick auf das Feld, in dem Frauen seit über 20 Jahren Herrinnen im eigenen - wenn auch bescheiden ausgestatteten - Hause sind. Es geht um die feminsitische Bildungsarbeit mit Frauen im Rahmen der autonomen Bildungsprojekte, wie sie im Zuge der 68er Bewegung entstanden sind. Von Anfang an waren Frauen hier Veranstalterinnen, Adressatinnen und Teilnehmerinnen, also im wahrsten Sinne des Wortes Teilhaberinnen ihrer eigenen Lernprozesse. Heute ist es stiller geworden um die feministische Bildungsarbeit und es ist fraglich, ob die frauenbewegten Projekte sich im Aufbruch befinden, ihre selbstgeschaffene Nische in der "Gegenwelt" zur Wirtschaft zu verlassen, oder ob sie an Bedeutung zunehmend verlieren werden.

3.1 Ein Blick zurück zu den Anfängen: Diskriminierung aufdecken

Ausgangspunkt feministischer Bildungsarbeit bildete in den siebziger Jahren die Erkenntnis, daß alle Frauen gesellschaftlich benachteiligt sind. Diese Benachteiligung galt es auf allen Ebenen sichtbar zu machen. Der Slogan "Das Private ist politisch" wurde zum Programm der Frauenbewegung. Feministische Bildung zielte dabei auf eine vermehrte gesellschaftliche Teilhabe von Frauen, die inhaltlich mit den Begriffen Betroffenheit, Ganzheitlichkeit und Parteilichkeit konnotiert war. Dieses begriffliche Instrumentarium beinhaltete verkürzt die These, daß alle Frauen gleichermaßen von Unterdrückung, Gewalt und Diskriminierung durch Männer betroffen sind (hierzu und zum folgenden Derichs-Kunstmann 1993:112 f.). Die Formen feministischer Bildungsarbeit waren stark selbsterfahrungsorientiert. Gesprächskreise nur für Frauen waren neben reinen Selbsterfahrungsgruppen die ersten Orte, wo Frauen ohne männlichen Einfluß ihre Lebenssituation reflektierten und analysierten. Das Ziel war mehr Autonomie und Selbstbestimmung über den eigenen Körper, den Lebens- und Arbeitszusammenhang

(Gieseke 1989:12). Anknüpfungspunkte für persönliche Veränderungsprozesse von Frauen bildete das eigene Erfahren und Erleben, das als Lernkonzept die Trennung von kognitivem und emotionalem Wissen aufzuheben versuchte (Bock 1993:34). Die Einübung neuer Verhaltensstrategien mit Hilfe erfahrungsorientierter Lernkonzepte hatte Trainingscharakter. Die zeitliche und inhaltliche Parallele dieser Lernformen zur Entwicklung der Gruppendynamik und Organisationsentwicklung in USA und Deutschland in den siebziger Jahren ist sicher nicht zufällig.

Ein z.T. bis heute aktuelles Spezifikum der Frauenbewegung, aber auch anderer Organisationen aus dem Kontext der neuen sozialen Bewegungen, kristallisierte sich damals heraus: Die rigorose Ablehnung von Leitung und Führung. So arbeiteten die meisten Selbsterfahrungsgruppen damals ohne (An-)leitung. Leitung wurde gleichgesetzt mit Macht, Autorität und Expertentum, wogegen die Frauen sich wehrten und unter deren männlicher Spielart sie täglich zu leiden hatten. Statt dessen setzten sie auf das Konzept, im Sinne der Selbstbestimmung zu Expertinnen ihres eigenen Lebens zu werden (Gieseke 1989:16). Die Ablehnung professioneller Leitung ist bis heute für die aus den neuen sozialen Bewegungen hervorgegangenen Nonprofit-Organisationen im sozialen und politischen Bereich charakteristisch (vgl. Brückner/Holler 1990; Patak/Simsa 1993).

3.2 Diskriminierung bekämpfen

In den achtziger Jahren zielte die Frauenbildung neben der Reflexion geschlechtsspezifischer Benachteiligung darauf ab, daß Frauen lernen, wie sie sich gegen diese Zumutungen und Diskriminierungen in Familie und Beruf wehren können. Ziel war die Gleichberechtigung und Gleichstellung von Frauen mit Männern (Bock 1993:29). Dabei gewann das Vermitteln eines entsprechenden "Handwerkszeugs" als Training zur Selbstbehauptung und Durchsetzung eigener Interessen an Bedeutung. Nach dem Konzept von der Betroffenheit über die Distanz zur Aktion gewann die Gestaltung von Handlungsstrategien an Bedeutung. Feministische Bildungsarbeit setzte auf eine Stärkung des weiblichen Selbstbewußtseins, den Abbau von Hierarchien, den eigenen Expertinnenstatus jeder Frau sowie das Prinzip der Parteilichkeit. Parteilichkeit hieß, sich aus der eigenen Betroffenheit heraus für die andere einzusetzen und gemeinsam gegen geschlechtsspezifische Diskriminierung (politisch) anzugehen (Gieseke 1989:12).

Konzeptionell und in Abgrenzung zu den Frauen zugeschriebenen Defiziten wollte die feministische Frauenbildungsarbeit an den Ressourcen und vorhandenen Potentialen der Frauen ansetzen (ebenfalls eine Parallele zur Organisationsentwicklung), sie forderte die Anerkennung der in der Familienarbeit geforderten und erworbenen Kompetenzen.

Weiterbildung sollte sich der Zeitstruktur der Frauen unterordnen und nicht umgekehrt. Daher wurden im feministischen Bildungskontext Seminare in Teilzeitform gefordert und eingerichtet sowie Kinderbetreuung angeboten. Die Konzepte waren integrativ, inhaltlich wurden Elemente der politischen Bildung mit solchen der beruflichen Bildung und Persönlichkeitsentwicklung kombiniert (vgl. Derichs-Kunstmann 1993:115).

3.3 Differenzieren

In den neunziger Jahren setzt u.a. im Zuge des durch Carol Gilligans Buch "Die andere Stimme" (deutsch 1984) initiierten Diskurses um Gleichheit und Differenz eine bis heute andauernde Reflexion und Thematisierung der Geschlechterverhältnisse (nicht nur) in der Bildungsarbeit mit Frauen ein, jedoch mit unterschiedlichem Hintergrund und veränderter Zielsetzung. Dabei geht es vor allem um die Anerkennung von Unterschiedlichkeit zwischen den Geschlechtern, insbesondere um Gleichwertigkeit im egalitären Sinne bei gleichzeitiger Akzeptanz der Verschiedenheit zwischen den Geschlechtern. Damit verknüpft ist eine Aufwertung und positive Konnotierung des Weiblichen (Prengel 1990; Bock 1993:29).

Während in früheren Jahren ein ideologischer Impetus geradezu charakteristisch für die politische, gewerkschaftliche und autonome Frauenbildungsarbeit war, scheint sich dieser im Zuge des gesellschaftlichen Wandels der Postmoderne aufzulösen bzw. zunehmender Verflüssigung zu unterliegen. Jedenfalls scheinen aus der autonomen feministischen Bildungsarbeit gegenwärtig keine "dezidierten politischen oder theoretisch-ideologischen Zielvorstellungen" mehr spürbar zu sein (Schiersmann 1993:38).

Das im Zuge der neuen Frauenbewegung entstandene Bewußtsein kollektiver Gleichheit von Frauen scheint sich allmählich aufzulösen. Die "alten" Topoi der autonomen Frauenbewegung, aus der sich ab den siebziger Jahren neben den Frauenhäusern auch eine autonome Frauenbildungsarbeit entwickelt hat - Betroffenheit, Parteilichkeit und Ganzheitlichkeit - scheinen an Gültigkeit und ideologischer Substanz verloren zu haben. Vielmehr werden Zielsetzungen und Inhalte feministisch-politischer Bildungsarbeit zunehmend von gesellschaftlichen Veränderungsprozessen eingeholt und z.T. von anderen Institutionen adaptiert und modifiziert. So wurde z.B. eine Zielsetzung aus früheren Jahren, die Forderung nach Gleichstellung, politisch aufgegriffen und von Frauen - mit Unterstützung durch Männer - teilweise erfolgreich umgesetzt (z.B. Gleichstellungsgesetze für den öffentlichen Dienst in mehreren Bundesländern, Einstellung von Frauenbeauftragten, Frauenbildung als fester Bestandteil der Volkshochschulen). Erste - sehr zaghafte und oft genug halbherzige - Ansätze zur Umsetzung der Gleichstellung finden sich mittlerweile auch in der Personalpolitik einiger weniger deutscher (Groß-) Unternehmen (vgl. Schultz-Gambard et al. 1993).

3.4 Verflüssigungstendenzen

Bisher sind uns keine systematischen Bestandsaufnahmen über die Weiterbildungsangebote der Frauenbildungsprojekte bekannt. Quantitativ dürften Orientierungskurse für Berufsrückkehrerinnen innerhalb und außerhalb der Frauenbildungsprojekte die häufigsten Bildungsmaßnahmen für Frauen darstellen, da sie von der Arbeitsverwaltung gefördert werden (vgl. Kade 1991:37).

In den neunziger Jahren scheint sich eine stärkere Diversifizierung der Bildungsangebote bei gleichzeitiger Konzentration auf Selbsterfahrungs- und Körperarbeit innerhalb der Frauenprojekte herauszukristallisieren. Verflüssigungsprozesse zwischen dem Nischendasein der autonomen Frauenprojekte und neuer Marktorientierung zeichnen sich z B. bei den Bildungsprojekten der zweiten Generation, den Frauencomputerschulen ab, die sich mit Schulungsangeboten und neuen Technologien explizit an Frauen wenden, aber gleichzeitig ohne Subventionen wirtschaften (vgl. Boy 1994:323). Ähnliche Tendenzen zeigen sich bei Bildungseinrichtungen, die Laufbahn- und Karriereberatung für weibliche Führungskräfte anbieten (Liechti 1994:339 ff.). Im Zuge der immer knapper werdenden Finanzmittel scheint sich somit eine Ausrichtung der Frauenbildungsprojekte zu mehr Marktwirtschaftlichkeit anzudeuten. Was die Forderungen und Ansprüche der Projekte nach Ganzheitlichkeit, Parteilichkeit und Betroffenheit betrifft, so läßt sich resümieren, daß zumindest die Ganzheitlichkeit heute - wenn auch in etwas anderer Konnotation - für alle modernen Formen von Denken und Arbeiten weit über die Grenzen der autonomen Projekte hinaus an Popularität gewonnen hat. Dagegen ist Parteilichkeit in den neunziger Jahren der neuen Vokabel der "Political Correctness" gewichen. Betroffenheit aber ist heutzutage nicht mehr "angesagt". Die Inhalte feministischer Bildungsarbeit jedoch sind heute keine alleinige Domäne der Frauenprojekte mehr.

Literatur

Alfermann, Dorothee (1991), *Frauen in der Attributionsforschung: Die fleißige Liese und der kluge Hans*. In: Krell, Gertraude; Osterloh, Margit (Hrsg.): *Personalpolitik aus der Sicht von Frauen. Frauen aus der Sicht von Personalpolitik*. München, Mering, S. 282-300

Bauer, Annemarie; Gröning, Katharina (Hg.) (1995), *Institutionsgeschichten, Institutionsanalysen. Sozialwissenschaftliche Einmischugen in Etagen und Schichten ihrer Regelwerke*. Tübingen

Bentner, Ariane (1994), *Weiterbildung als strategischer Erfolgsfaktor*. In: Rationalisierungskuratorium der Deutschen Wirtschaft (RKW) (Hg.): Aufstieg in Führungspositionen. Perspektiven und Chancen nicht nur für Frauen. (Dokumentation zur RKW-Tagung v. 25.11.93). Eschborn, S. 35-44

Bock, Ulla (1993), *Der lange Weg der Emanzipation - Interpretation zum Verhältnis von Frauenbewegung, Frauenbildung und Frauenforschung*. In: Gieseke, Wiltrud (Hg.): Feministische Bildung - Frauenbildung. Pfaffenweiler, S. 17-40

Boy, Dorothea (1994), *FrauenComputerSchulen. Ein "marktorientiertes Angebot"*. In: Grundlagen der Weiterbildung, 5. Jg, Heft 6/94, S. 323-324

Brückner, Margit; Holler, Simone (1990), *Frauenprojekte und soziale Arbeit. Eine empirische Studie*. Frankfurt

Brumlop, Eva/Hornung, Ursula (1991), *Frauenförderung in der Privatwirtschaft - mehr als ein Regulierungsinstrument betrieblicher Personalpolitik?* In: Zweiwochendienst Frauen und Politik, 5. Jg., Nr. 59

Bundesministerium für Bildung, Wissenschaft, Forschung und Technologie (Hg.) (1994), Informationen Bildung Wissenschaft, 12/94

Cornelißen, Waltraud; Wrangell, Ute von (1995), *Die Verwaltungsstrukturreform aus der Sicht von Frauenbeauftragten*. In: Zeitschrift für Frauenforschung, 13. Jg., Heft 1+2/95, S. 39-51

Derichs-Kunstmann, Karin (1993), *Frauenbildungsarbeit am Ende des Schattendaseins. Zur Weiterentwicklung der neuen Frauenbildungsarbeit in den letzten zehn Jahren*. In: Zeitschrift für Frauenforschung, 11. Jg., Heft 1+2/93, S. 111-132

Engelbrech, Gerhard; Kraft, Hermine (1992), *Die Rückkehr ins Berufsleben. Arbeitsmarktchancen von Frauen - Ergebnisse einer Betriebsbefragung*. Materialien aus der Arbeitsmarkt- und Berufsforschung (MatAB) Nr. 3

Engelbrech, Gerhard; Kraft, Hermine (1992), *Sind Frauen das zukünftige Innovationspotential?* Sonderdruck aus Mitteilungen aus der Arbeitsmarkt- und Berufsforschung (MittAB). 25. Jg.

Fatzer, Gerhard (Hg.) (1990), *Supervision und Beratung. Ein Handbuch.* Köln: Edition Humanistische Psychologie

Fatzer, Gerhard (1993), *Organisationsentwicklung für die Zukunft. Ein Handbuch.* Köln

Fatzer, Gerhard (1992), *Prozeßberatung als Organisationsberatungsansatz der neunziger Jahre.* In: Wimmer, Rudolf (Hg.): Organisationsberatung. Neue Wege und Konzepte. Wiesbaden; S. 113-115

Fischer, Gabriele/Rieker, Jochen/Risch, Susanne (1994), *Ein trauriges Kapitel.* In: Manager Magazin 6/1994, S.170-188

Forum Supervision.(1995), *Schwerpunkt Geschlechterdifferenz.* 3. Jg.; Heft 5/

Franke, Jutta (1993), *Organisationsentwicklung und Organisationsentwicklungsberatung. Eine wirtschaftspädagogische Perspektive.* Köln

French, Wendell L./Bell, Cecil H. (1977), *Zur Geschichte der Organisationsentwickung.* In: Sievers, Burkard (Hg.): Organisationsentwicklung als Problem. Stuttgart

Geißler, Harald (1994), *Grundlagen des Organisationslernens.* Weinheim

Gerhard, Brigit; Osterloh, Margit; Schmid, Rahel (1991), *Wie kommen Frauen in deutschsprachigen Personallehrbüchern vor*? In: Krell, Gertraude; Osterloh, Margit (Hg.): Personalpolitik aus der Sicht von Frauen. Frauen aus der Sicht von Personalpolitik. München, Mering, S. 11-27

Gieseke, Wiltrud (Hg.) (1993), *Feministische Bildung - Frauenbildung.* Pfaffenweiler

Gieseke, Wiltrud (1989), *Arbeitsformen feministischer Zielgruppenarbeit.* Unveröffentlichtes Manuskript, Dezember

Gilligan, Carol (1984), *Die andere Stimme. Lebenskonflikte und Moral der Frau.* München

Hackstein, Rolf/Nüßgens, Karl-Heinz/Uphus, Peter H. (1972), *Personalentwicklung im System Personalwesen.* In: Fortschrittliche Betriebsführung, 21. Jg., Heft 2, S. 85-106

Kade, Sylvia (1991), *Frauenbildung. Eine themenorientierte Dokumentation.* Berichte, Materialien, Planungshilfen, Pädagogische Arbeitsstelle, Deutscher Volkshochschulverband. Frankfurt/M.

Koppert, Claudia (Hg.) (1993), *Glück, Alltag und Desaster. Über die Zusammenarbeit von Frauen.* Berlin

Krell, Gertraude (1991), *Wie wünschenswert ist eine nach Geschlecht differenzierende Personalpolitik? - Ein Diskussionsbeitrag.* In: Krell, Gertraude; Osterloh, Margit (Hrsg.): Personalpolitik aus der Sicht von Frauen. Frauen aus der Sicht von Personalpolitik. München, Mering, S. 49-60

Krell, Gertraude; Osterloh, Margit (Hg.) (1991), *Personalpolitik aus der Sicht von Frauen. Frauen aus der Sicht von Personalpolitik.* München, Mering

Kuwan, Helmut (1993), *Berufliche Weiterbildung von Frauen in Deutschland.* Herausgegeben vom Bundesministerium für Bildung und Wissenschaft (Reihe Bildung-Wissenschaft-Aktuell 15/93). Bonn

Liechti, Ursula (1994), *Marktorientierung und Weiberwirtschaft. Thesen aus frauenspezifischer Sicht.* In: Grundlagen der Weiterbildung, 5. Jg, Heft 6, S.339-340

Maas, Peter/Schüller, Achim/Strasmann, Jochen (1992), *Beratung von Organisationen. Zukunftsperspektiven praktischer und theoretischer Konzepte.* Stuttgart

Mentzel, Wolfgang (1980), Personalentwicklung. *Handbuch für Förderung und Weiterbildung der Mitarbeiter.* Freibung 1980

Neuberger, Oswald (1994), *Personalentwicklung.* Stuttgart

Patak, Michael/Simsa, Ruth (1993), *Paradoxien in Nonprofit-Organisationen.* In: Managerie. Systemisches Denken und Handeln im Management. 2. Jahrbuch. Heidelberg, S. 242-249

Prengel, Annedore (1990), *Gleichheit versus Differenz - eine falsche Alternative im feminsitischen Diskurs.* In: Gerhard, Ute et al. (Hg.): Differenz und Gleichheit. Menschenrechte haben (k) ein Geschlecht. Frankfurt/M., S. 120-135

Pühl, Harald (Hg.) (1994), *Handbuch der Supervision 2.* Berlin

Rieger, Renate (Hg.) (1993), *Der Widerspenstigen Lähmung? Frauenprojekte zwischen Autonomie und Anpassung.* Frankfurt/M./New York

Schiersmann, Christiane (1987), *Berufsbezogene Weiterbildung und weiblicher Lebenszusamenhang. Zur Theorie eines integrierten Weiterbildungskonzepts.* Bielefeld

Schiersmann, Christiane (1993), *Frauenbildung. Konzepte, Erfahrungen, Perspektiven.* Weinheim, München

Schiersmann, Christiane; Geissler, Dorothea; Bentner, Ariane (1994), *Quereinstieg zum Aufstieg.* Abschlußbericht der wissenschaftlichen Begleitung zum Projekt "Frauen in Führungspositionen - ein Modellversuch im Einzelhandel" (Bundesinsitut für Berufsbildung). Heidelberg

Schmid, Bernd (1993), *Menschen, Rollen und Systeme. Professionsentwicklung aus systemischer Sicht.* In: Zeitschrift für Organisationsentwicklung, Nr. 4, S. 18-26

Schreyögg, Astrid (1994), *Wieviele "Brillen" verwenden Berater? Zur Bedeutung der Mehrperspektivität in Supervision und Organisationsberatung.* In: Organisationsberatung Supervision Clinical Management, (OSC) 1.Jg. Heft 1, S. 5-28

Schultz-Gambard, Jürgen/Glunk, Ursula/Guldenschuh, Claudia/Helfert, Gabi (1993), *Maßnahmen deutscher Wirtschaftsunternehmen zur vermehrten Integration von Frauen in den Managementbereich: eine Bestandsaufnahme.* In: Zeitschrift für Frauenforschung, Nr. 4, 11. Jg., S. 17-32

Scott-Morgan, Peter/Little, Arthur D (1995), *Die heimlichen Spielregeln. Die Macht der ungeschriebenen Gesetze im Unternehmen.* 2. Aufl., Frankfurt/M; New York

Sievers, Burkard (Hg.) (1977), *Organisationsentwicklung als Problem.* Stuttgart

Simon, Fritz; CONECTA-Autorengruppe (1992), *Radikale Marktwirtschaft: Verhalten als Ware oder wer handelt, der handelt.* Heidelberg

Simon, Fritz B. (1993), *Unterschiede, die Unterschiede machen. Klinische Epistemologie: Grundlagen einer systemischen Psychiatrie und Psychosomatik.* Frankfurt/M.

Staehle, Wolfgang H. (1991), *Management. Eine verhaltenswissenschaftliche Perspektive.* 6. Aufl., München: Vahlen

Strube, Albrecht (1980), *Mitarbeiterorientierte Personalentwicklungsplanung. Ein Beitrag zur interessenausgleichsorientierten Personalplanung.* München

Thiel, Heinz-Ulrich (1994), *Professionalisierung und kollegiale Supervision - Begründung und Praxis ihrer Kombination.* In: Pühl, Harald (Hg.): Handbuch der Supervision 2. Berlin, S. 199-121

Thielenhaus, Johann Peter (1981), *Strategische Personalentwicklungsplanung - eine Untersuchung zur integrativen Planung von Personalentwicklungs-Konzeptionen für Industrieunternehmen.* Frankfurt/M.

Warnecke, Hans-Jürgen (1993), *Revolution der Unternehmenskultur. Das Fraktale Unternehmen.* Berlin, Heidelberg, New York

Willke, Helmut (1994), *Systemtheorie II: Interventionstheorie. Grundzüge einer Theorie der Intervention in komplexe Systeme.* Stuttgart/Jena

Wimmer, Rudolf (Hg.) (1992), *Organisationsberatung. Neue Wege und Konzepte.* Wiesbaden

Eva-Maria Roer

Personalentwicklung im eigenen Unternehmen

Vorbemerkung der Herausgeberinnen: Der folgende Beitrag ist eine überarbeitete Fassung des Vortrags, den Eva-Maria Roer am 25. November 1993 in Mainz anläßlich der Tagung "Aufstieg in Führungspositionen. Perspektiven und Chancen nicht nur für Frauen" gehalten hat. Der Abdruck erfolgt mit freundlicher Genehmigung der Bundesgeschäftsstelle des Rationalisierungskuratoriums der Deutschen Wirtschaft (RKW) Eschborn.

Eva-Maria Roer wurde 1990 zur von Wirtschaft und Presse "Unternehmerin des Jahres" gewählt, weil sie es geschafft hat, mit ihrem Versandhandel für Zahnlaborbedarf (Firma DT Bad Kissingen) innerhalb kurzer Zeit zur Marktführerin der Branche aufzusteigen. Frau Roer beschäftigt überwiegend Frauen.

Die DT Bad Kissingen ist Deutschlands größter Versender zahntechnischer Produkte mit zunehmend internationaler Ausrichtung. Unser Sortiment umfaßt 15.000 Artikel und deckt den gesamten Dentallabor-Bedarf. Das Unternehmen beschäftigt knapp 100 Mitarbeiter/-innen, davon 75% Frauen.

Gründungsgeschichte

Die Idee zur Firmengründung entwickelte sich aus meiner damaligen Lebenssituation. Nach Abschluß meines Studiums der Volkswirtschaft und mehreren Auslandsaufenthalten hatte ich mich an meiner Doktorarbeit so festgebissen, daß ich keine Lust mehr an ihr hatte. Ich brach die Arbeit ab und heiratete. Zunächst arbeitete ich mit meinen Mann als freiberufliche Personalberaterin. Nach drei Jahren ging ich mit ihm 1977 nach Bad Kissingen, weil er dort eine Stelle als Geschäftsführer eines Dentallabors angenommen hatte. Ich wünschte mir sehnlichst Kinder, mein Mann wollte keine. Immer wieder versuchte ich, ihn von meinem Wunsch zu "überzeugen", ohne Erfolg. Mein ehemaliger Mann war damals Teilhaber einer dentalmedizinischen Großhandlung, die mehr schlecht als recht vor sich hindümpelte.

Ich arbeitete dort zunächst ohne Bezahlung mit. Der desolate Zustand unseres Betriebs begann mich mehr und mehr zu ärgern. Die Idee zur eigenen Unternehmensgründung kam nicht zuletzt durch Marktbeobachtung: Mir war aufgefallen, daß Zahnarztpraxen und Dentallalors bis dahin fast ausschließlich von regional tätigen Großhändlern mit Laborbedarf beliefert wurden, also mit Material, Geräten und Zähnen, eben allem, was man zur Erstellung einer Prothese braucht. Die Großhändler vernachlässigten die Dentallabors, weil diese nur einen Marktanteil von etwa 20% ausmachten, die Arztpraxen hingegen 80%. Hier sah ich eine Nische für meinen Dental-Großhandel, mit dem ich bundesweit operieren wollte.

In den ersten Jahren nach seiner Gründung bestand mein Unternehmen ausschließlich aus Frauen. Frauen eine Chance zu geben, hatte ich mir ab der Firmengründung 1978 auf die Fahne geschrieben. Die DT war damals ein Drei-Frau-Unternehmen, in dem eine Angestellte, eine Auszubildende und ich arbeiteten. Wie wenig die berufliche Gleichberechtigung damals durchgesetzt war, wußte ich aus eigener und fremder Erfahrung. Nach dem Motto: Beginne mit den gewünschten Veränderungen am besten bei Dir selbst, hatte ich zunächst ausschließlich Frauen eingestellt. Ich wollte dazu beitragen, daß tradierte, hinreichend bekannte Vorurteile durch unser Beispiel widerlegt würden.

Die Ausgangssituation war denkbar schlecht, da das gesamte dentale Umfeld männerdominiert war und damit die Ernsthaftigkeit meiner Unternehmensaktivitäten in diesem Frauenbetrieb angezweifelt wurden. Der Weg, den wir zusammen gegangen sind, war wohl steiniger, als wenn wir eine andere, "normalen Vorstellungen" entsprechende Struktur gehabt hätten.

Die ersten Männer haben wir 1984 eingestellt. Dafür gab es mehrere Gründe: Zum einen wünschten wir uns zu diesem Zeitpunkt ganz bewußt auch männliche Mitarbeiter, da wir als reines Frauenteam befürchteten, daß unsere Sichtweise allmählich einseitig und somit dogmatisch würde. Dem wollten wir durch eine Ergänzung der Sichtweise des anderen Geschlechts entgegenwirken. Zum anderen hatte das Unternehmen damals ein schlechtes Image. Lange Jahre weigerten sich die Markenhersteller der Dental-Branche, ihre Produkte über uns vertreiben zu lassen. Wir beschlossen, Außendienstmitarbeiter einzustellen, um unser Image aufzubessern und wie unsere Konkurrenz am Markt präsent zu sein. Da für den Außendienst keine Frau zu finden war, stellte ich vier Männer ein.

Unternehmens- und Führungsphilosophie

Bei der DT gibt es nur zwei Hierarchiestufen. Die Geschäftsleitungsebene besteht aus einem sechsköpfigen Führungsteam, dem ich angehöre. Auf der zweiten Ebene sind alle Mitarbeiter/-innen angesiedelt. Ich betrachte mich als "prima inter pares". Es ist klar, daß ich in Entscheidungsssituationen das letzte Wort brauche, das wissen und akzeptieren alle. Führung heißt für mich, Informationen weiterzugeben, anstatt sie auf traditionelle Weise zurückzuhalten nach dem Motto: Wissen ist Macht. Im Unternehmen weiß jeder, der es wissen möchte, wo wir stehen, wieviel Umsatz wir machen, was wir verdienen. Fachwissen weiterzugeben halte ich für selbstverständlich, denn nicht ich möchte die Klügste sein, sondern ich wäre überglücklich, wenn alle anderen klüger wären als ich. Dann müßte ich viel weniger arbeiten. Ob diese Einstellung weiblich ist oder nicht, kann ich nicht beurteilen. Jedenfalls entspringt sie meinen eigenen Erfahrungen, meiner beruflichen Biographie und dem Weg, den ich gegangen bin. Ich habe mich dabei auf meine Intuition verlassen, obwohl ich weiß, daß meine Art, zu führen, ganz wesentlich von der klassischen Managementlehre abweicht. Ich beschäftige mich zum Beispiel ausgesprochen gern mit den Mitarbeitern und Mitarbeiterinnen. Ich halte sie überhaupt für das Wesentliche in einem Unternehmen und nicht den Gewinn oder die Sache. Und ich verwende sehr viel Zeit für die Mitarbeiter. Man hat mir häufig gesagt, daß ich nicht effizient genug arbeite. Für mich heißt Effizienz, Dinge miteinander zu gestalten.

Flexible Arbeitszeitmodelle

Aus meiner Sicht ist das klassische Modell Vollzeit/Teilzeit längst überholt. Meine These lautet: Junge Menschen, die unabhängig sind, haben noch mehr Freizeit. Warum sollte ich sie hindern, länger zu arbeiten? Unsere Arbeitszeitmodelle sehen so aus, daß sich jede Mitarbeiterin und jeder Mitarbeiter nach den eigenen Prioritäten die Arbeitszeit selbst aussuchen kann. Bei uns gibt es Arbeitzeit-Modelle von fünf bis zehn über 15, 20, 38,5 und sogar 45 Stunden, die alle auf der Basis der 38,5-Stunden-Woche honoriert werden, natürlich auch die Mehrleistungen.

Ich befürworte also individuelle Arbeitszeiten für jede/n. Das kann für

Männer immer noch Vollzeitarbeit bedeuten. Aber vielleicht möchten sie auch mal drei Monate ausscheiden, beispielsweise um zu reisen. Bei Frauen ist es inzwischen so, daß sie ihre Ausbildung machen und dann vollbeschäftigt sind. Wenn sie eine Familie gründen, scheiden sie kurz- oder mittelfristig aus, um später mehr oder weniger intensiv zurückzukehren. Diese Flexibilität möchte ich für beide Geschlechter gelten lassen.

Personalentwicklung und Weiterbildung im Unternehmen

Jeder Mitarbeiter und jede Mitarbeiterin will sich heute im Beruf selbst wiederfinden und sich nach seinen/ihren Möglichkeiten entfalten können. Das Unternehmen muß dafür die Rahmenbedingungen schaffen, damit sich der innere Wachstumsprozeß der einzelnen synchron mit dem Wachstumsprozeß des Ganzen vollziehen kann. Zur Verdeutlichung der Philosophie unserer innerbetrieblichen Weiterbildung und Personalentwicklung verwende ich das Bild einer Spirale:

1. Der Nukleus, der alles in Bewegung setzt, heißt gegenseitiges Vertrauen, durch das ein Wir-Gefühl entsteht. Der Ausgangspunkt ist: Wir wollen miteinander etwas gestalten.
2. Das Wir-wollen-miteinander erhöht die offene Kommunikation aller Beteiligten untereinander sowie nach außen. Die Attraktivität des Unternehmens steigt.
3. Dadurch wächst die Arbeitszufriedenheit der Mitarbeiter/-innen, weil man sich in einem angesehenen Betrieb einfach wohler fühlt.
4. Das persönliche Wohlbefinden wird zur Schubkraft für das Bedürfnis, sich entfalten zu wollen.
5. Die Weichen zu höherer Leistung sind gestellt und der Prozeß des "Empowerment" beginnt zu greifen. Leistungsfähigkeit entfaltet sich zur Leistungsbereitschaft.
6. Das Verantwortungsbewußtsein steigt und damit die Identifikation mit den Aufgaben.
7. Die wachsende Verantwortungsfähigkeit der einzelnen vergrößert den Mut zu Risiko und Wandel. Aus dem Mitarbeiter wird der Intrapreneur, der Mitunternehmer.
8. Wer diese Stufe auf der Spirale erreicht, wird sich zunehmend selbst

organisieren und verwalten wollen. Teams und abteilungsübergreifende Projektgruppen arbeiten selbständig miteinander. Die Führung zieht sich auf die Rolle der Koordinatorin zurück.

9. In dieser Freiheit entwickeln die Mitarbeiter/-innen wachsende Konfliktfähigkeit und Mut zur Kritik, auch zur Selbstkritik. Ideen können sich entfalten, Ziele werden vom Team selbst gesetzt.

10. Im gesamten Prozeß beschleunigt sich die Flexibilität für alle Beteiligten, es wächst die geistige und strukturelle Flexibilität der Organisation insgesamt. Am offenen Ende steht eine dynamische, erfolgreiche Zukunftsorientierung.

Unsere konkrete Weiterbildungspraxis bei der DT sieht so aus, daß wir längere Zeit eine Trainerin fest angestellt hatten, die monatelang regelmäßig alle Mitarbeiter/-innen schulte. Außerdem beschäftigen wir einen externen Verkaufstrainer. Die Bandbreite unserer Seminare ist recht groß. So bieten wir fachliche Weiterbildung zu Themen wie "Exzellenter Kundenservice" und "Reklamationen" etc. an, wo alle Mitarbeiter/-innen geschult werden, die direkt mit unseren Kunden in Kontakt treten. Auf spezielle "DT-Probleme" wird dabei besonders eingegangen. Daneben gibt es auch fachübergreifende Angebote wie "Positives Denken". Ziel aller Weiterbildung ist, den Teilnehmer/-innen positive Öffnungsprozesse zu ermöglichen und die Bedeutung von Kreativität und Innovation in unserer schnellebigen Zeit bewußt zu machen.

Mittlerweile arbeitet unsere Trainerin wieder freiberuflich. Sie wird aber weiterhin in loser Verbindung zu uns stehen und auch weiterhin Schulungen anbieten. So wird sie z.B. im Frühjahr 1995 für alle interessierten Mitarbeiter/-innen Englischkurse für Anfänger und Fortgeschrittene geben. Bisher haben bereits 80% unserer Mitarbeiter Interesse an diesen Englischkursen angemeldet! Die Englischkurse halte ich nicht zuletzt deshalb für wichtig, weil wir diese Sprache sprechen müssen, um auf dem Weltmarkt erfolgreich zu sein. Heute ist nicht mehr die Größe eines Unternehmens der ausschlaggebende Faktor für dessen Erfolg, sondern die Geschwindigkeit, mit dem es einem Unternehmen gelingt, Innovationen zu kreieren. Nicht die Großen fressen die Kleinen, sondern die schnellen Intelligenten fressen alle anderen! "Schnelligenz" ist, worauf es ankommt. Und genau die wollen wir fördern.

Mitbestimmung und Selbstverantwortung

Unsere unternehmerischen Ziele werden auf regelmäßig stattfindenden Betriebsversammlungen besprochen. Dabei bestimmt die Belegschaft der DT ihre Arbeitsanforderungen z.T. selbst. Die Mitarbeiter/-innen übernehmen Verantwortung, sie legen Zeitpunkt und Pensum dessen, was sie erreichen wollen, selbst fest. Die Packerin sagt, wieviel Pakete sie in welchem Zeitraum packen will; die Marketing-Leiterin, bis wann sie welche Markterweiterung erreicht haben will.

Dahinter steht das Konzept, jeder Mitarbeiterin und jedem Mitarbeiter ein Maximum an Entscheidungsfreiheit einzuräumen. Dieses Konzept setzt natürlich ein Individuum voraus, das gerne Verantwortung trägt und sich selbst steuert. Die Mitarbeiter/-innen schätzen die Möglichkeit, Verantwortung zu tragen und unsere offenen Umgangsformen. Andererseits besteht natürlich die Gefahr der Überforderung durch zu große Leistungsorientierung.

Die Mitarbeiter/-innen haben einstimmig beschlossen, daß sie keinen Betriebsrat wollen. Statt dessen gibt es eine Vertrauensperson, die im Konfliktfall zwischen uns vermittelt. Für mich hat die Gewerkschaft natürlich historisch einen hohen Stellenwert, aber wie sie sich heute gebärdet, das ist anachronistisch. Die Gewerkschaft geht immer noch vom Unternehmer als Feind aus. Ich als Unternehmerin sehe jedoch in meinen Mitarbeitern keine Feinde, sondern beschäftige mich damit, wie sie möglichst gut verdienen und alle Freiräume optimal nutzen können. Eine Polarität besteht da nicht mehr.

Frauenförderung

Zur Chancengleichheit beitragen heißt immer, höchst flexibel zu denken und zu handeln. Am Anfang lag unsere Flexibilität eher darin, das Know-How auf mehrere Schultern zu verteilen, um die Arbeitsplätze der Schwangeren schnell zu besetzen. Mit zunehmender Spezialisierung gelingt dieser Weg immer weniger und Mitarbeiter müssen auch von außen gesucht werden. Dabei gilt jedoch weiterhin: Jede Stelle wird zunächst hausintern ausgeschrieben, um interne Qualifizierungswünsche zu befriedigen. Wir praktizieren Job-rotation auf der nach oben offenen Verantwortungsskala.

Mit wachsendem Führungsteam wurde das Thema Teilzeit für Führungskräfte nicht nur diskutiert, sondern auch praktiziert. Führung definiere ich als Personal- und/oder Budgetverantwortung. Meine Überzeugung dazu: Warum kann man diese Teilung nicht auch auf Führungsebenen ausdehnen? Während die Kinder klein sind und das zeitliche Engagement für den Beruf meist begrenzt ist, bietet es sich einfach an, die Aufgaben der Führungskraft zu teilen. Die Entscheidung darüber trifft jede einzelne selbständig, denn sie weiß am besten, was sie in welcher Zeit erledigen kann und welche Aufgaben delegiert werden können.

Je größer die Karriereambitionen einer Frau sind, desto bewußter sieht sie den Qualifizierungsverlust, der durch die berufliche Unterbrechung entsteht, und umso weniger will sie ihn hinnehmen. Unabhängig von den Karrierewünschen sind die Lösungen für die Mütter stets individuell zu suchen und zu finden: Das private Umfeld, die finanziellen Möglichkeiten, die Verfügbarkeit von Kindergärten oder Großeltern sind einige Faktoren, die zu berücksichtigen sind. Um aus der Doppelbelastung eine Doppelchance zu machen, gibt es kein Optimum, sondern nur sorgfältig und mit realistischem Optimismus zu vereinbarende Lösungen.

Eine neue, vielversprechende Möglichkeit, Frauen entgegenzukommen, besteht heute in der Schaffung außerbetrieblicher Arbeitsplätze. Die DT hatte einen solchen Arbeitsplatz bereits 1989 geschaffen, als unsere Chefprogrammiererin ihr erstes Baby bekam. Das war damals ein extrem teures Unterfangen. Heute erlaubt es der Kostenverfall von Computern, qualifizierte Arbeitsplätze zu Hause einzurichten, auch wenn diese nur geringfügig genutzt werden. Vier von fünf meiner Mitarbeiterinnen im Mutterschutz haben bereits ihr Interesse an diesem Modell bekundet. Für sie soll noch in diesem Jahr die Möglichkeit geschaffen werden, Mitbewerberanalysen und Katalogtexte zu Hause zu bearbeiten. Der große Vorteil für Frauen liegt darin, daß sie die Arbeitszeit eigenverantwortlich einteilen können, tagsüber oder nachts, wie es mit der Familie zu vereinbaren ist. Und der soziale Kontakt zum Betrieb bleibt erhalten.

Last but not least heißt Frauenförderung aber auch Männerförderung, weil es darum geht, das Bewußtsein für das jeweilige Rollenverhalten neu zu finden. So hat bei der DT die Ausschreibung zur grenzenlosen Flexibilisierung der Arbeitszeit nicht nur dazu geführt, daß Frauen in unterschiedlicher Weise weiter Teilzeit arbeiten, sondern auch ein hochqualifizierter Mann hat Teilzeit für sich gewählt. Interessant ist in diesem Kontext auch, daß fast 20% der Mitarbeiter/-innen mehr als die Regelarbeitszeit von 38,5 Stunden arbeiten wollen, gegen Bezahlung natürlich.

Fazit: Wir werden alles tun, um Eigenverantwortlichkeit, Sinn und Spaß bei der Arbeit zu fördern, um dadurch nicht nur Frauen zu helfen, sondern die Tür zu einem Paradigmenwechsel aufzustoßen, der nach unserer Überzeugung heißen muß: Es geht um das ganzheitliche Leben, und ein wesentlicher Teil davon ist der Beruf - für beide Geschlechter.

Literatur

Barkhausen, Silvia/Niemann-Geiger, Rita (1994), *Keine Angst vor dünner Luft*. Frankfurt/M., S. 23-40

O.V. (1993), "*Flexible Arbeitszeiten für Mann und Frau ein Leben lang*". Interview mit Eva-Maria Roer. Main-Post v. 27./28.11.1993

Roer, Eva-Maria (1993), "*Geld machen, Mensch bleiben*". Vom Umgang mit Kapital und Mitarbeitern. Manuskript der Sondersendung des Bayerischen Rundfunks v. 6.11.1993, Studio Franken

Birgit Meyer-Höflich

Der Zwischenbetriebliche Verbund e.V. - externe Dienstleistung zur Personalentwicklung und -förderung in Klein- und Mittelbetrieben

Die Herausforderung für die mittelständische Wirtschaft, sich im Landkreis Mainz-Bingen und in der Stadt Mainz überbetrieblich zu organisieren

Der Landkreis Mainz-Bingen und die Stadt Mainz zeichnen sich durch eine ausgewogene Wirtschaftsstruktur aus. Hier waren 1994 133.846 Personen in Industrie, Handel, Handwerk und Landwirtschaft beschäftigt. Dennoch wird auch diese Region von den sich abzeichnenden Wandlungsprozessen in der Wirtschaft und Gesellschaft Deutschlands nicht unbeeinflußt bleiben. Vor dem Hintergrund der demographischen Bevölkerungsentwicklung und des damit verbundenen Geburtenrückgangs ist ein Fach- und Führungskräftemangel, eine Verknappung des beruflichen Nachwuchses und gleichzeitig ein Trend zur Höherqualifizierung zu erwarten. Diese Veränderungen werden zu einem verschärften Wettbewerb um qualifizierte Mitarbeiterinnen und Mitarbeiter führen.

Auch in der Region Mainz-Bingen zeichnen sich solche Tendenzen für verschiedene Branchen bereits ab. Die mittelständische Wirtschaft ist von dieser Entwicklung besonders tangiert: Sie ist stärker von Fluktuation und Fachkräftemangel betroffen als die Großbetriebe, weil entstehende personelle Engpässe schwerer zu überbrücken sind. Sie ist stärker auf flexibel einsetzbare Mitarbeiterinnen und Mitarbeiter angewiesen, weil die Produktion und die Leistungserbringung im Regelfall gegenüber Großbetrieben weniger arbeitsteilig durchgeführt werden können.

Im Landkreis Mainz-Bingen waren 1994 ingesamt 37.893 Personen sozialversicherungspflichtig beschäftigt. Davon waren 16.873 (44,5%) Frauen und 21.020 (55,5%) Männer. Die Stadt Mainz beschäftigte 1994 insgesamt 95.953 Personen. 45.456 (47,4%) davon waren Frauen und 50.497 (52,6%)

Männer. Vor dem Hintergrund der hohen Erwerbsbeteiligung von Frauen sowie den Veränderungen auf dem Arbeitsmarkt mit seinen steigenden Qualifikationsanforderungen stellt sich besonders für klein- und mittelständische Betriebe die Frage, was in der Zeit geschieht, wenn Beschäftigte ihren Erziehungsurlaub in Anspruch nehmen: Wer übernimmt die Aufgaben in den Unternehmen, die auf qualifiziertes Personal angewiesen sind? Wie können Beschäftigte während dieser Zeit beruflich auf dem aktuellen Stand bleiben und ihre familiäre Lebensplanung damit in Einklang bringen? *Die neue Aufgabenstellung ist, zukunftsorientierte und betriebsgerechte Lösungen zu entwickeln und umzusetzen.* Der Zwischenbetriebliche Verbund e.V. (ZV) als neues Personalentwicklungs-Instrument eröffnet Klein- und Mittelbetrieben diese Möglichkeiten.

Der ZV ist ein Zusammenschluß von mittelständischen Unternehmen, in dem sich 45 Betriebe aller Wirtschaftszweige beteiligen (Stand Juli 1995). Es sind überwiegend Betriebe aus dem Einzel- und Großhandel sowie dem Dienstleistungsbereich (20 Mitgliedsunternehmen), gefolgt von zwölf Handwerksbetrieben aus den Bereichen KFZ, Elektro, Zahntechnik und Bäckerei. Daneben engagieren sich Industrie-Unternehmen aus der Chemie- und Druckindustrie sowie sechs freiberufliche Zahnarztpraxen, Rechtsanwaltskanzleien und Steuerberaterbüros. Abbildung 1 gibt einen Überblick über die Verteilung unserer Mitgliedsunternehmen.

Die Verbundbetriebe beschäftigen zwischen zwei und 100 Personen. Die Mehrzahl der Unternehmen im ZV beschäftigt zwischen 20 und 100 Mitarbeiterinnen und Mitarbeiter. Insgesamt arbeiten über 7220 Mitarbeiterinnen und Mitarbeiter in diesen Unternehmen, davon 3410 Frauen. Über 200 Frauen befinden sich davon zur Zeit im gesetzlichen Erziehungsurlaub.

Die Grundidee des ZVs wurde vom Institut für Entwicklungsplanung und Strukturforschung in Hannover entwickelt und 1992 auf Initiative der rheinland-pfälzischen Landesregierung (Ministerium für Kultur, Jugend, Familie und Frauen) als Modellprojekt mit einer Laufzeit von 3,5 Jahren bei der Kreisverwaltung Mainz-Bingen eingerichtet.

Die konzeptionelle Entwicklung und der Aufbau des Verbundes stellten für mich als Pädagogin und Personalentwicklerin mit mehrjähriger Erfahrung im betrieblichen Bildungswesen eine große Herausforderung dar, so daß ich mich auf die vakante Stelle als Geschäftsführerin bewarb, eingestellt wurde und mit den ersten Schritten zur Vorbereitung der Gründung eines Zwischenbetrieblichen Verbundes beginnen konnte. Die Kontaktaufnahme zu Kammern, Arbeitgeberverbänden und anderen Institutionen im Wirtschafts- und Beschäftigungssystem vor Ort diente der Gewinnung von Muliplikatorinnen und Muliplikatoren und war im Rahmen der Akquisition von Betrieben äußerst hilfreich.

Abb.1: Verteilung der 45 Betriebe im Zwischenbetrieblichen Verbund e.V. nach Wirtschaftszweigen

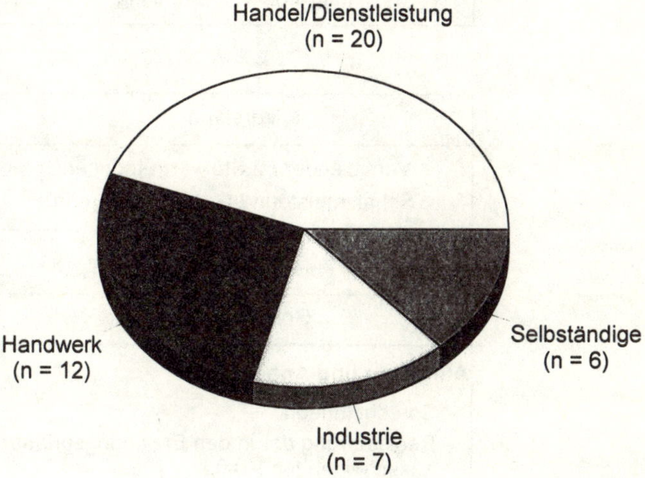

Im Januar 1994 wurde der ZV als bisher einziger Verbund in Rheinland-Pfalz als eingetragener Verein gegründet und als gemeinnützig anerkannt. Finanziert wird die Geschäftsstelle überwiegend aus Landesmitteln; die Kreisverwaltung Mainz-Bingen als Projektträger stellt Räume und Infrastruktur zur Verfügung. Die Mitgliedsunternehmen beteiligen sich ebenfalls an der Finanzierung mit einem jährlichen Mitgliedsbeitrag.

Abbildung 2 gibt einen Überblick über die Struktur unseres Vereins. Es wird deutlich, daß sich einzelne Betriebe zu einem Verbund zusammengeschlossen haben. Das oberste Organ des Vereins bildet die Mitgliederversammlung. Daraus wurde im Rahmen der Konstituierung ein Vorstand gewählt, der aus dem ersten Vorsitzenden, den beiden Stellvertreterinnen, der Schatzmeisterin und der Geschäftsführerin besteht. Als Geschäftsführerin begleite ich die Entscheidungen im Vorstand mit beratender Funktion.

Abb.2: Struktur des Vereins Zwischenbetrieblicher Verbund Mainz-Bingen e.V.

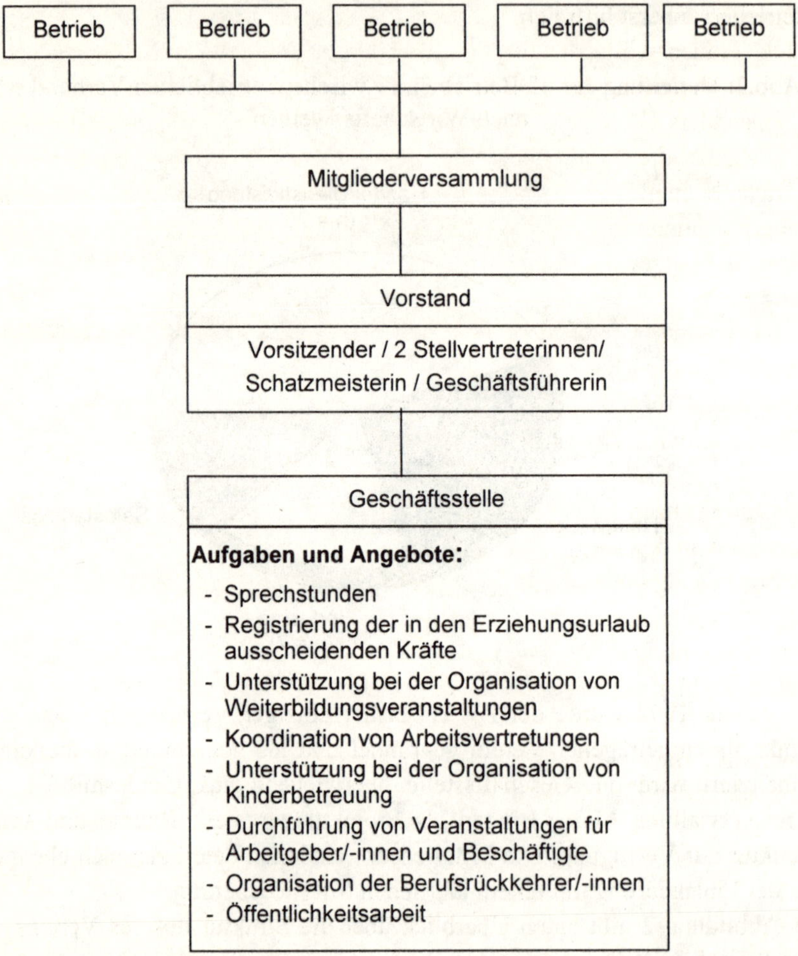

Hauptziel des ZV ist die Stärkung der mittelständischen Wirtschaft und die Entlastung der Betriebe von den personalpolitischen Problemen des gesetzlichen Erziehungsurlaubes. Gleichzeitig soll die Vereinbarkeit von Beruf und Familie (nicht nur für Frauen) erleichtert werden, um neue Perspektiven für die Wirtschaft und die Familien zu entwickeln.

Arbeitsplatzsicherung im Netzwerk Beruf und Famile

Meines Erachtens ist die klassische Familienphase von zehn bis fünfzehn Jahren für beruflich engagierte Frauen schon längst nicht mehr interessant. Viele Frauen wollen nach dem gesetzlichen Erziehungsurlaub von bis zu drei Jahren Dauer wieder an ihren alten Arbeitsplatz zurückkehren.

Besonders Klein- und Mittelbetriebe trifft es empfindlich, wenn Frauen und Männer die Möglichkeit eines mehrjährigen Erziehungsurlaubes in Anspruch nehmen. Sie tun sich schwerer als Großbetriebe, die familienbedingte Unterbrechungszeit zu überbrücken und qualifizierten Ersatz zu finden, denn sie besitzen nicht die personelle und finanzielle Ausstattung wie Großbetriebe.

Die gesetzliche Initiative eines mehrjährigen Erziehungsurlaubes ist zwar für die Familien begrüßenswert, bringt jedoch neben beruflichen Risiken - vorwiegend für Frauen - oft auch betriebswirtschaftliche Probleme in der Personalentwicklungsplanung für die Betriebe. Frauen und Männer, die den gesetzlichen Erziehungsurlaub in Anspruch nehmen, nehmen ihr berufliches Wissen mit nach Hause und haben nach spätestens ein bis zwei Jahren den Anschluß an den Berufsalltag und die betrieblichen Veränderungen verloren.

Zur Lösung dieses Problems können "Erziehungsurlaubende" im Rahmen der Angebote des Zwischenbetrieblichen Verbundes regelmäßig an Fort- und Weiterbildungsveranstaltungen teilnehmen, um beruflich auf dem Laufenden zu bleiben und ihre Qualifikation zu erweitern. Weiterhin können sie in den beteiligten Mitgliedsunternehmen zeitlich begrenzte Praxiseinsätze während Urlaubs-, Krankheits- und Spitzenlastzeiten übernehmen, um den Kontakt zur betrieblichen Praxis zu halten.

Externe Dienstleistungen der Geschäftsstelle des Zwischenbetrieblichen Verbundes

Der ZV hat eine Geschäftsstelle für die beteiligten Mitgliedsunternehmen eingerichtet, die keine eigene Personalentwicklungs- oder Bildungsabteilung besitzen. Wir bieten unseren Mitgliedsunternehmen folgende Dienstleistungen an:

- Information und Beratung von Arbeitgeberinnen und Arbeitgebern sowie Betriebs- und Personalvertretungen vor Ort und im Rahmen von Veranstaltungen.
- Information und Betreuung von Frauen im Erziehungsurlaub, Beschäftigten und Berufsrückkehrerinnen in Beratungsgesprächen und regelmäßigen "Dialogveranstaltungen" mit dem Angebot der begleitenden Kinderbetreuung.
- Konzeption und Organisation von überbetrieblichen und bedarfsgerechten Fort- und Weiterbildungsveranstaltungen mit maßgeschneiderten fachübergreifenden und fachspezifischen Inhalten, mit familienfreundlicher zeitlicher Ausgestaltung und begleitender Kinderbetreuung. Das Weiterbildungsangebot erstreckt sich von Kursen im Bereich *neuer Technologien, kaufmännischen Themen wie z.B. Buchführung und Verkaufsförderung* hin zu spezifischen praxisorientierten Angeboten im Zahntechnikerhandwerk.
- Koordination von Praxiseinsätzen bei betrieblichen Personalengpässen durch den Einsatz von Frauen im Erziehungsurlaub und Berufsrückkehrerinnen, die aus dem Personalpool rekrutiert werden. Bei den "Erziehungsurlaubenden" betragen diese Einsätze in der Regel einige Wochen im Jahr und dienen dem Kontakthalten zur betrieblichen Praxis. Bei Arbeitsvertretungen durch Berufsrückkehrerinnen wird der Einsatz in Kooperation mit der Arbeitsverwaltung koordiniert. Dies stellt für die Frauen eine große Chance zur Wiederaufnahme eines Arbeitsverhältnisses dar.
- Hilfestellung bei der Organisation von Kinderbetreuung während der Weiterbildung, der Vertretungstätigkeit und zur Unterstützung der Berufsrückkehr.
- Inhaltliche Planung und Durchführung von Veranstaltungen und Tagungen zum Thema *Personalentwicklung und -förderung, Flexibilisierung der Arbeitszeiten, betrieblich unterstützte Kinderbetreuung.*
- Initiierung eines dezentralen *Familienservice* in der Region als Lösungsansatz zur betrieblich unterstützten Kinderbetreuung. Der Familienservice, bisher bei einem Mitgliedsbetrieb in Mainz installiert, sucht im Auftrag des Unternehmens für die Kinder seiner Beschäftigten flexible und individuelle Betreuungsmöglichkeiten. Der Service beinhaltet die *Vermittlung von Tagesmüttern, Notmüttern, Hausaufgabenbetreuung* und vieles mehr. Dieses Konzept hilft den Frauen, nach der Geburt ihrer Kinder berufstätig zu bleiben und bietet den Unternehmen den Nutzen, qua-

lifiziertes, motiviertes Personal zu halten. Somit kann die Zufriedenheit am Arbeitsplatz gesteigert werden.

Durch die Teilnahme an Fort- und Weiterbildung und die Aufrechterhaltung des Kontaktes zur betrieblichen Praxis während der familienbedingten Unterbrechungsphase halten Beschäftigte ihre berufliche Qualifikation auf dem neuesten Stand. Insbesondere solchen Frauen, die ihre berufliche Laufbahn durch die Familienphase unterbrechen, kann durch die Inanspruchnahme der Angebote des Zwischenbetrieblichen Verbundes eine dauerhafte berufliche Perspektive geboten werden.

Personalentwicklung und Personalförderung

Mit dem Wandel in der Wirtschaft verändern sich Märkte, Unternehmensstrukturen, Qualitätsstandards und Trends hin zu immer qualifizierteren Dienstleistungen sowie High-Tech-Anwendungen. Die wachsenden Kundenansprüche führen zu hohen Erwartungen an die fachliche, persönliche und methodische Kompetenz der Mitarbeiterinnen und Mitarbeiter. Gleichzeitig findet ein gesellschaftlicher Wandel in der Form statt, daß sich immer mehr Beschäftigte eine Verknüpfung ihrer beruflichen und persönlichen Lebensplanung und der damit verbundenen Interessen von ihrem Arbeitgeber wünschen. Diese Thematik hat der ZV im Rahmen einer regionalen Fachtagung mit über 120 Teilnehmerinnen und Teilnehmern im Juni 1995 aufgegriffen und Infobörsen mit betrieblichen Beispielen der Personalentwicklung und -förderung zur Diskussion gestellt. Der ZV versteht sich hier als Impulsgeber für die Region und berät die Unternehmen bei der Umsetzung dieser Herausforderung.

Für viele kleinere Unternehmen stellt die Weiterbildung der Mitarbeiterinnen und Mitarbeiter als Bestandteil einer vorausschauenden Personalentwicklung und -förderung ein neues unternehmerisches Handlungsfeld dar. Gerade Frauen stellen ein immer bedeutsamer werdendes qualifiziertes Potential dar, das es zu fördern und zu nutzen gilt.

Der ZV unterstützt seine Betriebe bei der Einführung und Umsetzung von Fort- und Weiterbildung, damit diese auch in Zukunft qualifiziertes Personal halten und wettbewerbsfähig bleiben können. Auch andere Beschäftigte erhalten neben den "Erziehungsurlaubenden" die Möglichkeit, sich im Verbund weiterzubilden, um ihre aktuellen und zukünftigen Aufgaben am Arbeitsplatz optimal zu erledigen.

Der Zwischenbetriebliche Verbund rechnet mit Frauen als einer Investition in die Zukunft, wenn der Arbeitsmarkt 2000 weiblicher, qualifizierter und älter wird. *Hier sind neue Kompetenzen und Konzepte gefragt.*

Ein Baustein für eine zukunftsorientierte Unternehmensführung ist die Personalentwicklung und -förderung. Diese sollte systematisch und zielorientiert umgesetzt werden. Die Konzeption soll auf die mittel- und langfristige Entwicklung des Unternehmens abgestellt sein. Qualifizierte Weiterbildung ist aufwendig. Doch wer in Zukunft das Qualitätsniveau halten und damit die Wettbewerbsfähigkeit sichern will, muß der Weiterbildung einen hohen Stellenwert einräumen.

Ausblick

Mit der Institutionalisierung des Zwischenbetrieblichen Verbundes wurde ein neues Instrument geschaffen, um die Interessen von Arbeitgeberinnen und Arbeitgebern sowie Beschäftigten besser aufeinander abzustimmen und die Vereinbarkeit von Beruf und Familie zu erleichtern.

Die weitere Gewinnung von Betrieben zu einer Mitgliedschaft ist noch mit sehr viel Überzeugungsarbeit verbunden, da viele Unternehmen in der rezessiven Phase und den damit verbundenen Auswirkungen wie z.B. Kurzarbeit oder Personalabbau andere unternehmenspolitische Akzente setzen, als in frauen- oder familienfördernde Maßnahmen zu investieren. Auch in Zukunft werden breit angelegte PR- Maßnahmen und eine intensive Öffentlichkeitsarbeit notwendig sein, um die Vorteile für die Beteiligten herauszustellen.

Ein weiterer zukünftiger Aufgabenschwerpunkt ist die verstärkte Motivation von Frauen im Erziehungsurlaub, sich aktiv am Erhalt des eigenen Arbeitsplatzes zu beteiligen und die Angebote des ZV zu nutzen, um nicht arbeitslos zu werden. Hinzu kommt der Einbezug der Erreichbarkeit von Beschäftigten im Erziehungsurlaub in konzeptionelle Überlegungen. Meiner Erfahrung nach sind "Erziehungsurlaubende" gegen Ende dieser Zeit leichter für betriebliche Belange zu gewinnen als in der Anfangsphase, wo sie sich primär Familienaufgaben widmen. Insbesondere Frauen über die möglichen Risiken eines Erziehungsurlaubes aufzukären, ist unumgänglich.

Die gesetzliche Initiative des dreijährigen Erziehungsurlaubes mit einer Rückkehrgarantie in den Herkunftsbetrieb birgt nämlich die Gefahr des Arbeitsplatzverlustes, denn Rückkehrer/-innen haben nur Anspruch auf einen Arbeitsplatz in der zeitlichen Ausgestaltung wie vor der Inanspruchnahme der Erziehungszeit; in der Regel waren das Vollzeitbeschäftigungsverhältnisse. Aufgrund des Mangels an flexiblen Kinderbetreuungseinrichtungen sind aber viele Frauen nach ihrer Familienphase nur in der Lage, im Rahmen von flexiblen Arbeitszeiten erwerbstätig zu sein. Wenn der Herkunftsbetrieb hier kein Angebot in Teilzeitform machen kann, droht die Arbeitslosigkeit. In meiner Schnittstellenfunktion gilt es, den Dialog herzustellen, um akzeptable Lösungen für beide Seiten zu entwickeln.

Im Zwischenbetrieblichen Verbund machen mittlerweile 45 Unternehmen aller Wirtschaftszweige und unterschiedlicher Branchen gemeinsame Sache und verfolgen das Ziel, Rahmenbedingungen zu schaffen, die es ermöglichen, Beruf und Familie besser miteinander zu verknüpfen. Sie unterstützen dabei ein familienorientiertes Unternehmenskonzept. Nicht zuletzt ist ein Unternehmen als Arbeitgeber um so attraktiver, je mehr es die Mitarbeiterinnen und Mitarbeiter mit ihren sozialen Bezügen in das Unternehmen zu integrieren weiß.

Kirsten Nazarkiewicz

"Sind jetzt noch Fragen zum Inder?" - Interkulturelles Lernen und Personalentwicklung bei Stewardessen der Deutschen Lufthansa

Immer häufiger werden in den letzten Jahren Kommunikationstrainings mit interkulturellem Vorzeichen angeboten. Sowohl bei der Polizei als auch in großen Wirtschaftsunternehmen sind sie Ausdruck einer immer internationaler werdenden Arbeitswelt, in denen einzelne Personen ständig komplexe Entscheidungen treffen müssen. Kulturdifferenzen sind als weiterer Faktor zu berücksichtigen, der vor allem beim direkten Kontakt mit Menschen wichtig ist. Auch bei der größten deutschen Fluglinie Lufthansa wird seit Mitte 1993 das Seminar "Interkulturelle Kommunikation" von der internen Schulungsabteilung durchgeführt. Für den zweitägigen Lehrgang wurde mit dem Titel "Sitten und Gebräuche rund um die Welt" in erster Linie bei der Zielgruppe *Stewardessen* geworben, bei jenen Angestellten also, die schon laut Arbeitsplatzbeschreibung mit Passagieren vielfältiger Kulturen zu tun haben. Alle interessierten Mitarbeiterinnen können daran in ihrer Freizeit teilnehmen.

Der folgende Aufsatz untersucht die Kommunikationsstrukturen von zwei zweitägigen Seminaren, die ich auf Tonband aufgezeichnet, verschriftet und analysiert habe. Dabei werden einige systematische Schwierigkeiten der Weiterbildungsmaßnahme offenkundig. Anhand ihrer suche ich nach Lösungen für Verbesserungen der Seminare unter Berücksichtigung des spezifischen Berufskontextes. Die an Kommunikation orientierte Evaluation liefert Erkenntnisse über die Art, wie innerhalb der Seminare über andere Nationen gesprochen wird. Die Ergebnisse können allgemein helfen, systematische Probleme von interkulturellen Kommunikationsseminaren in Zukunft zu vermeiden. Daran anschließend ergeben sich Hinweise zur Verbesserung von Seminarstruktur und -inhalt unter Berücksichtigung der besonderen Berufspraxis der Stewardessen. Betrachtet man diese Ergebnisse im Zusammenhang mit der konkreten Berufsbiographie von Flugbegleiterinnen, stellt sich die Frage nach einem angemessenen Platz für diese Weiterbildungsmaßnahme im Rahmen ihrer beruflichen Qualifikation.

Legt man die Ausbildungs- und Berufssituation von Stewardessen zugrunde, sind solch spezialisierte Veranstaltungen nicht selbstverständlich, sondern eher unüblich und fast luxuriös. Denn Flugbegleiterinnen haben keinen staatlich anerkannten Beruf. Die Fluglinien bestimmen je nach Marktsituation Inhalte und Länge der mehrwöchigen Kurzausbildung. Der Rest des interkulturellen Wissens entsteht im *training on the job*. Umso bedeutsamer also sind systematische Schulungen. Die Ausbilderinnen der internen Schulungsabteilung der Lufthansa gehören selbst dem fliegenden Personal an und kennen die Konflikte, die ihre Kolleginnen mit einer polyethnischen Kundschaft haben, aus eigener Erfahrung. Die Seminarleiterinnen haben das Thema aus eigener Intitiative aufgegriffen und entwickelt. Ohne sie wären auch meine Aufnahmen und Analysen nicht möglich gewesen.

Zunächst gebe ich einen Überblick über *Inhalte und Ziele des Seminars zur Interkulturellen Kommunikation bei der Deutschen Lufthansa* (1). Danach werden die systematischen *Probleme des Seminars zur Interkulturellen Kommunikation* dargestellt (2). Anschließend betrachte ich die spezifischen *Seminarprobleme im Kontext des Dienstleistungsberufes* (3). Daran anschließend suche ich *Auswege*, wie das Seminar modifiziert werden kann (4). Seminarsituation und Berufsaussichten von Flugbegleiterinnen zur Zeit sind Thema der *Ausblicke* (5).

1. Inhalte und Ziele des Seminars zur Interkulturellen Kommunikation

Die meisten Seminare mit dem Lernziel *Interkulturelle Kommunikation* haben in erster Linie Informationscharakter. Personen, die aus beruflichen Gründen im Ausland oder mit Geschäftspartnern, Kollegen und Kunden aus einem anderen Kulturkreis zu tun haben, sollen Hintergründe über Kulturwerte, Geschichte oder Gewohnheiten erfahren. Aber selbst wenn Informationsdefizite und sprachliche Barrieren überwunden sind, ist man sich besonderer Verständnisgrenzen durch unterschiedliche kulturelle Sozialisationen, Vorkenntnisse und Erfahrungen bewußt. Mit ihnen gehen vorgefaßte

Ansichten über andere Kulturen einher. So ist die Auflösung von Vorurteilen, wenn nicht explizites Ziel, so doch bedeutsame unterschwellige Aufgabe und meist ausschlaggebend für die Etablierung der Veranstaltung. *Hauptanliegen der Seminare ist, ethnische Stereotypen als starre, unzureichende Beurteilungsmuster* zu entlarven. Stereotypen gelten definitionsgemäß als feste, negative kollektive Urteile, die andere Menschen als nationale Gruppe abwerten, z.B. "die Inder sind unhöflich". Außerdem geht man davon aus, daß sie verhaltensbehindernd wirken. D.h. wenn Personen auf Franzosen treffen, denen sie "Arroganz" zuschreiben, wird der individuelle Franzose nicht als Ausnahme von, sondern als Bestätigung der Regel wahrgenommen und behandelt. Mit der Erläuterung der Hintergründe soll den Vorurteilen über ungewohnte Verhaltensweisen der Boden entzogen werden.

Dem speziellen Seminarangebot bei der Deutschen Lufthansa ging eine zweieinhalbjährige Planungsphase voraus. Fragebögen wurden an die ausländischen Bodenstationen der Lufthansa geschickt, aus Beschwerdebriefen erhoffte man sich Aufschluß über besondere Schwachstellen bei der Begegnung mit bestimmten Passagiergruppen. Schließlich hat man auch die ausländischen Stewardessen befragt, denn es fliegen Flugbegleiterinnen aus circa dreißig Nationen für die Lufthansa. Ab August 1993 wurden die Seminare ein Jahr lang als Zwei-Tages-Veranstaltung konzipiert. Aus dieser ersten Phase stammen auch meine Tonbandaufnahmen. Aufgrund der geringen Nachfrage änderten die Seminarleiterinnen das Angebot in drei eintägige Seminare. Die ursprünglich zusammen abgehandelten Kulturen wurden in Ein-Tages-Seminare getrennt und beinhalteten dann jeweils die Länderkombinationen Deutschland/islamische Länder, Japan/USA und Indien/ Indonesien. Das Angebot mußte sich an der Nachfrage orientieren, da die Teilnahme freiwillig war. Die Seminare fanden in den Schulungsräumen der Lufthansa statt.

Vorbildung der Stewardessen

Interkulturelle Erfahrung ist eine Einstellungsbedingung für das Kabinenpersonal. Die Bewerberinnen müssen außer Deutsch und Englisch noch mindestens eine weitere Sprache sprechen können, die sie möglichst im Land selbst praktiziert haben sollten. Ein mehrmonatiger Auslands- und Arbeitsaufenthalt ist also erforderlich. Vor Beginn der Tätigkeit der Flugbegleiterinnen im Flugzeug wird den verschiedenen Kulturkreisen in den Grundlehrgängen jeweils ein Unterrichtsblock gewidmet: Frankreich, Großbritannien, Italien, USA, "Islamische Länder" und Israel. Ab 1988 bot die Lufthansa zusätzlich für ein Jahr die landeskundlich ausgerichteten Ein-Tages-Seminare "Japan verstehen" und "Indien verstehen" an. Auch hier war die Teilnahme freiwillig. 1993 erstellte das Unternehmen eine firmeneigene Broschürenreihe "Sitten und Gebräuche rund um die Welt", eine Kombination aus lexikonartigen Reiseführern und Praxistips z.B. für Begrüßungsrituale oder Umgangsfomen. Die Nachschlageheftchen mit Kurzinformationen richteten sich vor allem an das fliegende Personal. Systematisch durchlaufen alle Flugbegleiterinnen nur diesen kurzen Kulturblock innerhalb des Grundlehrgangs. Spezielle interkulturelle Kompetenzen wurde bisher also den eigenen Bemühungen, Erfahrungen oder dem Rat älterer Kolleginnen überlassen. Der Umgang mit den verschiedenen Kulturgruppen stellt einen häufig unterschätzten Belastungsfaktor bei der Passagierbetreuung dar. Nicht selten kommt es beim fliegenden Personal nach bestimmten Flügen zu Schimpftiraden über einzelne Kundengruppen. So werden z.B. im Berufsjargon Inder als "lästige", Südamerikaner als "anspruchsvolle" und Japaner als "pflegeleichte" Passagiertypen bezeichnet.

Das zweifache Bestreben, Wissens- und Verständniserweiterung zu erreichen, ist auch beim Seminar der Lufthansa programmatisch. Allerdings wird das Ziel, Vorurteile beeinflussen zu wollen, versteckt thematisiert. Nur eine Stelle im Curriculum gibt Aufschluß darüber. Gemäß der Dienstleistungsorientierung im Kundenkontakt gilt "Verständnis und Akzeptanz [als] angemessenes Flugbegleiterverhalten an Bord" (Lehrerkonzept des Grundlehrgangs). In der Weiterbildungsabteilung geht man davon aus, daß durch die vielen Erfahrungen an Bord mit "ausgeprägten Vorurteilen zu rechnen ist." (ebd.:3) Sie sollen aufgelöst werden, ohne daß die Äußerungen der Teilnehmerinnen bewertet, also direkt negativ eingeschätzt werden. Alle Verständniserweiterungen erhalten den Deckmantel der "Information". Als pädagogische Strategie gilt daher in den Zusatzseminaren, *daß die Probleme der Interkulturellen Kommunikation im Mißverständnis der Kulturen untereinander bestehen*, welche als persönliche Irritationen erscheinen und ablehnende Gefühle erzeugen. Gegen die angenommenen Stereotypen wurde ein umfangreiches Programm entwickelt, das vor allem Landeskunde, Kommunikationstheorie und die Vermittlung kultureller Werte umfaßt. Am ersten Tag ging es um die Bedeutung von Normen und Werten für eine Kultur, um die Reflexion der eigenen Kultur, um Differenzierungen im Kulturhabitus, Funktionen von Vorurteilen, die Bedeutung nonverbaler Kommunikation sowie die Frage: Was ist Interkulturelle Kommunikation? Am zweiten Tag lag der Schwerpunkt auf fremden Kulturen (Japanische, Arabische Kulturwerte, Indien, Afrika, USA).

Seminarzusammensetzung

Die beiden zweitägigen Lehrgänge, die ich aufgezeichnet habe, wurden jeweils von einer Leiterin geführt. Mindestens acht, höchstens achtzehn Personen sollten teilnehmen. Im Durchschnitt waren die Seminare aber schlechter besucht. Wie bei den beiden aufgezeichneten Seminaren nahmen durchschnittlich sieben Personen teil. Überraschend häufig wurde das Seminar dagegen aus anderen Unternehmensbereichen nachgefragt. Cockpitpersonal, Personen aus administrativen Abteilungen sowie das Bodenpersonal interessierten sich für die Internationalität ihrer Kunden. Letzteres ist wenig verwunderlich. Bis heute stellt die Tatsache, daß die Passagiere aus anderen Kulturen stammen, bei der Ausbildung der Bodenstewardessen trotz ihres ständigen Kontakts mit diesen keinen Unterrichtsgegenstand dar.

Die Seminarteilnehmerinnen selbst stammten nicht alle aus Deutschland, was bei einem internationalen Unternehmen mit weltumspannenden Dienstleistungen zu erwarten ist. Es ist ein besonderes Phänomen, daß Seminare zur Interkulturellen Kommunikation bereits in einer interkulturellen Teilnehmerinnenzusammensetzung stattfinden. Ich möchte hier die Stereotypen jedoch als Ausdruck *intra*kultureller Kommunikation beschreiben und sie als Phänomen *inter*kultureller Kommunikation aussparen.

In den beiden aufgezeichneten Gruppen nahmen jeweils sieben Angestellte der Lufthansa teil. Beim ersten Seminar waren einschließlich der Leiterin (Laura; Namen sind anonymisiert) alle Deutsche. Drei weibliche Flugbegleiterinnen, Carmen, Helga, Yvonne, und ein Flugingenieur, Ingo, gehören zum fliegenden Personal, während zwei Frauen als Bodenangestellte mit Trainingsfunktion (Arnika, Jutta) tätig sind und eine Interessentin aus einer administrativen Abteilung kommt (Frau Ecke). Das zweite Seminar wurde von einer Engländerin geleitet (Leslie). Besucht haben es vier Stewardessen (Barbara, Daniela, Susanne) darunter eine Französin (Valerie), ein Großraumpurser (Peter, Dienstvorgesetzter auf Langstreckenflügen) und ebenfalls ein Angestellter aus einer Verwaltungsabteilung (Herr Rahr).

Didaktik und pädagogische Mittel

Die Seminarleiterinnen hielten Kurzvorträge über wesentliche Unterschiede in Kulturhabitus, Kommunikationstheorie, Informationsverarbeitung und selektiver Wahrnehmung bei nonverbaler Kommunikation. Zu den besprochenen Ländern gab es Rekurse auf Landesgeschichte und gewachsene Wertevorstellungen. Differenzen wie Statusverständnis, geschlechtsspezifisches Verhalten, physischer Kontakt, Augenkontakt, Lautstärke des Sprechens, Begrüßungsrituale, Hierarchien und Gesprächsstile wurden durchgesprochen. Die Leiterinnen wollten bei den Teilnehmerinnen spontane Reaktionen erzeugen und damit ihren zugrundeliegenden, durch die gewohnte Kultur aber unbewußten Wertemaßstab provozieren. Da es vor allem darauf ankam, mit vorhandenen Vorurteilen zu arbeiten, ermutigten die Leiterinnen die Teilnehmerinnen stets zu Stellungnahmen. Wenn die Stewardessen dann Unbehagen bei Signalen, wie Fingerschnippen, Zischlauten oder ungewohnten Intonationen artikulierten, wurden diese als "normale" Verhaltensweisen in den kulturspezifischen Kontext eingebettet. Dazu zeigten die Seminarleiterinnen Dokumentationen und Lehrfilme über diese Kulturen. In Gruppenarbeit wurden als Gegenfolie "typisch deutsche" Eigenschaften erarbeitet und diskutiert. Als weitere Hilfsmittel dienten Statistiken und Arbeitsblätter: Wie stehen die verschiedenen Kulturen zur Macht? Auszüge aus Büchern, in denen Situationseinschätzungen und Urteile von Ausländern z.B. über Deutschland geschildert wurden, dienten ebenfalls zur Relativierung des eigenen Kulturhabitus. Die Leiterinnen gaben Literaturtips und stellten auf einem Büchertisch ihre Quellen vor. Kleinere Vortragspassagen, informationsvermittelnde Gespräche, Filme und Debatten wechselten sich zwanglos ab. Insgesamt gaben jedoch Stoffülle und Programmablauf, bei dem jede Kultur separat verhandelt wurde, dem Seminar einen festen Rahmen.

Seminarmaxime

Die Seminarleiterinnen vermieden stets, negative Gefühle zu erregen und die geäußerten Einstellungen zu bewerten. Der Schwerpunkt lag folgerichtig auf einer themengeleiteten Diskussion mit Informationspassagen, wobei implizit die Verständnisbereitschaft der Teilnehmerinnen erweitert werden sollte. Die Seminarleiterinnen hatten sich vorgenommen, den erhobenen moralischen Zeigefinger zu vermeiden und geäußerte Vorurteile auf Mentalitätsunterschiede möglichst wertfrei abzubilden: "Bei allen Beispielen versuchen wir jedwede Bewertung zu vermeiden" (Leslie). Indem sie Aufmerksamkeit für die Wahrnehmung fremder Sinnzusammenhänge in Gestik, Mimik und Sprache anregten, hofften sie auf tolerantere Individualeinstellungen und Verhaltensweisen. Gleichwohl gab es einen klaren Wertmaßstab, welche Beiträge der Teilnehmenden erwünscht waren. Denn die Leiterinnen äußerten die Vorstellung, daß es um die Dienstleistungseinstellung der Deutschen nicht so gut bestellt sei. Vor allem eine bürokratische Tradition ("Das geht jetzt nicht, weil...") behindere Verständnis und Toleranz und kompromittiere die Gäste. Insbesondere fehle die Bereitschaft, sich bei den Passagieren für ein Problem zu entschuldigen. Wenn es um die Bordpraxis ging, thematisierten sie daher unwillkürlich und indirekt immer auch die Identitäts- und Prestigeprobleme der Dienstleisterinnen. *Das pädagogische Ziel der Seminare war die Überführung von Stereotypen als ungenügende Wertmuster. Damit verbunden ist die Förderung einer flexibleren Dienstleistungsbereitschaft hinsichtlich der internationalen Kundengruppen.*

2. Systematische Probleme des Seminars zur Interkulturellen Kommunikation

Zur Evaluation des Weiterbildungsseminars bei der Deutschen Lufthansa müssen zuerst auf allgemeiner Ebene Probleme analysiert werden, wie sie auch in anderen, ähnlichen Weiterbildungsveranstaltungen zum Thema Interkulturelle Kommunikation bedeutsam werden. Deshalb befaßt sich das folgende Kapitel mit einem Ausschnitt aus den Seminargesprächen, der die Ablaufmuster deutlich zeigt. Sie haften dem Thema quasi automatisch an. In den weiteren Konkretisierungsschritten nähern sich die Analysen immer mehr der realen Seminarsituation und deren Umfeld an. Auf dieser Basis will ich eine Einschätzung vor dem Hintergrund des Berufskontextes treffen.

Stereotypen als moralische Kommunikationsform

Eine Veranstaltung, die sich vorgenommen hat, Vorurteile aufzuklären, muß mit einer Besonderheit kämpfen, die in der *Gesprächsdynamik* liegt (vgl. Nazarkiewicz 1994). In ihren sprachlichen Äußerungsformen sind Vorurteile Attributionen, wie "Franzosen sind arrogant". Die Sprachoberfläche von Eigenschaftszuschreibung nennt man *Stereotypen.* Sie können nicht nur als vorgefaßte negative Individualeinstellungen aufgefaßt werden, sondern gewinnen ihre Geltung im Gespräch als *gemeinsam und lokal hergestellte gruppenspezifische normative Positionen.* Für eine Analyse kollektiv hergestellter Bewertungen ist die *Konversationsanalyse* die geeignete qualitative Methode. Gemäß ihrem Untersuchungsansatz faßt sie jede Äußerung als interaktiv hergestellten Text auf (Bergmann 1994). Einfache Paarsequenzen verdeutlichen das Prinzip am leichtesten. Es ist so zu verstehen, daß jede Äußerung eine Präferenz auf die Folgeäußerung mitführt. Grüßt man einen Menschen, so erwartet man üblicherweise einen Gegengruß. Eine Frage präferiert eine Antwort, Vorwürfe ziehen Rechtfertigungen nach sich. Für die Analyse der Gesprächsdynamik sind deshalb natürliche Daten unerläßlich. Deshalb bezieht sich die Konversationsanalyse ausschließlich auf realitätsgetreue Aufzeichnungen von Originalgesprächen (Bergmann 1985). Außerdem wird davon ausgegangen, daß die Äußerungen einen indexikalen Gehalt haben, sie sind kontextsensitiv. D.h. selbst in der feinen Struktur eines einzigen Satzes sind Hinweise auf den speziellen Rahmen der Interaktion gegeben. Auch ohne entsprechende Informationen können aufgrund der Gestaltung des Gesprächsverlaufs Rückschlüsse über mögliche Kulturspezifika, Hierarchien, Machtverteilungen, Konflikte oder ungeschriebene Vorschriften gezogen werden. So lassen sich sowohl Aussagen über die allgemeine Dynamik hinsichtlich eines sprachlichen Phänomens machen, wie hier den Stereotypen, als auch über ihre spezifische Verwendungsweise in der Subkultur des fliegenden Personals der Lufthansa.

Mit Hilfe der Konversationsanalyse kann gezeigt werden, daß hervorgelockte Stereotypenkommunikation dialogisch wirksamen und beschreibbaren Regeln folgt. Mit dem *Thema Interkulturelle Kommunikation* wird die *spezielle Dynamik einer Stereotypenkommunikation* initiiert, welche bestimmte Ablaufmuster wie Geschichten, ironische Bemerkungen oder Entrüstungen auslöst. Die Seminarleiterinnen hatten sich ja vorgenommen, mit den Teilnehmerinnen wertfrei über Ethnien und ihre Erfahrungen mit diesen zu sprechen. Das Problem einer typischen Stereotypensequenz liegt jedoch darin, daß es *nicht möglich ist, die Urteile neutral zu thematisieren.* Ohne eine "wertende Einschätzung" (Heritage 1974) ist die Ausführung des eigentlichen Seminarthemas nicht möglich. Werden aber Stereotypen angedeutet oder angesprochen, verstricken sich die Teilnehmerinnen wechselseitig in einen moralischen Sog, der unfreiwillig zu einer kollektiven Bestätigung der Urteile führt, die eigentlich aufgeklärt werden sollen. Zusammengenommen demonstriert die folgende Passage einige der typischen Phänomene, die ich abschnittweise erläutern werde:

Beispiel 1: Die Amerikaner sind konformistisch (Besonderheiten *kursiv*)

Leslie: Wir, sag ich mal, wir neigen dazu, Individualismus so zu verstehn, daß der Mensch so reinen hedonistischen Zielen nachgeht, also ich möchte *nur fun* haha ja? Oder ist das nicht so ne Assoziation bei uns, daß Individualismus, ja gut, jemand ist vielleicht auch Außenseiter, er hat - geht irgendwas so eine ganz speziell ja eh so seinen ganz speziellen Interessen nach die er vielleicht noch alleine, macht oder was versteht ihr unter Individualismus

Peter: Ja so individualistisch ist der Amerikaner ja nicht. Ich weiß nicht, wie du da drauf kommst, denn *McDonalds und die ganze die ganzen eh Städte*, ja, in Amerika sind ja nicht individualistisch. Du kommst in: *if you have seen one you have seen them all*, ja?

(...)

Leslie: Ich wollte es aber gerne mehr auf den Menschen bezogen wissen

Daniela: Also Individualismus ist für mich auch nicht was die Amerikaner auszeichnet

Nach einem kürzeren Vortrag über die Geschichte der Entstehung der USA und ihrer Prägung durch calvinistische Ideale versucht die Seminarleiterin, ein Stereotyp abzurufen, das sich auf den "Individualismus der Amerikaner" beziehen soll. Wie stets in diesen Fällen sind Stereotypen weder über direkte Fragen noch über neutrale Sätze oder Definitionsversuche hervorzurufen, und so gestattet sie sich eine vorsichtige *Bewertung*, *"nur fun haha"*, um das Gespräch zu eröffnen. Sie erregt Widerspruch. Peter leitet ein anderes Stereotyp, "der konformistische Amerikaner" ein, typischerweise mit kurzen Schlagwörtern: "McDonalds und die ganzen Städte" und einer standardisierten Formulierung: *"if you have seen one you have seen them all"*. Diese beiden Strategien, sog. *catchwords* und *idiomatische, beinahe kategorische Sätze*, müssen keineswegs gezielt eingesetzt werden. Unwillkürlich deuten sie das Gemeinte an und fordern die Gesprächspartnerinnen auf, sich Bilder oder Szenen vorzustellen. Hier fällt besonders die figürliche Aussagekraft auf, die in minimalen Einwürfen, kaum ganzen Sätzen, die Plastizität des Stereotyps ausdrückt. Leslie glaubt sich noch retten zu können vor der aufkeimenden moralischen Richtung und muß sie doch verfolgen, um im Gespräch zu bleiben. So verweist sie die Teilnehmerinnen selbst darauf, die Menschen zu attribuieren.

An diesen Stellen ist mit einer Geschichte zu rechnen, die auch unverzüglich von Sabine erzählt wird. Die szenischen Ausschmückungen, leichten Übertreibungen und Karikaturen der Personen gehören zum Stilprinzip dieser Rekonstruktionen. Als eigene Erfahrung und somit autorisierte Urteilsquelle legen sie *Stereotypen als Moral von der Geschichte* nahe:

Beispiel 2: Die Amerikaner sind konformistisch (Fortsetzung)

Sabine: Ich würde, eh, ich muß da aber sagen, daß *ich da andere Erfahrung gemacht hab als ich da Au Pair war*. Ich bin da mit dieser Vorstellung hingegangen, ja *America, the land where you can be what you want to be und so*, und daß da wirklich jeder, daß da alles akzeptiert wird, und mer kann dies und das machen. Es ist überhaupt nicht so!
Barbara: Nee die sind dermaßen
Sabine: Also ich bin dahingekommen mit dunkelrot was bei uns vor drei Jahren oder sowas *hat fast jeder bei uns die Haare so n bißchen auberginefarben gefärbt gehabt* also wirklich dunkel. <Gruppe lacht>
Peter: Jeder? Ich nicht!
Sabine: Weil also dunkelhaarige Frauen oder so, hatten es, gut bei dir wärs'n bißchen schwierig. Es würd' etwas anders aussehn.
Sabine: Aber so `n leichten Auberginestich
Leslie: Ja.
Sabine: Und *das war bei uns ganz normal,und es war überhaupt kein Problem*, und auch so Pagenschnitt war in, daß da hinten so zwei drei Zentimeter so hochgeht, also so unterschnitten warn.(...) So kam ich dort hin, wobei die Frau dann also ganz schrecklich entsetzt war und meinte,ich würde aussehn wie n Punk mit purple hair and a shaved neck. That's really impossible! <hohe Stimmlage> Und sie war wirklich froh, daß man dann die Stadt verlassen hat, weil was könnten denn die Nachbarn denken, wenn ich so rumlaufe! Und außerdem hab ich in, und ich sollte mir doch lieber Kleider von ihr ausleihn hahahahaha. (...) Und ich dachte, ja, mhmhm, da kauf ich mir dann 'ne Baseball-Jacke und so Turnschuhe und so. *Das kommt gar nicht in Frage! Ich soll mich ordentlich weiblich kleiden*, weil ich repräsentiere in gewissem Maße die Familie und da hätte ich mich den Normen dieser eh Upper Class da praktisch zu unterstellen und mich da damenhaft zu kleiden. Nix mit Baseball-Jacke und so weiter!

Sabine erzählt eine Geschichte als *Autorisierungsquelle* ihres nicht expliziten Urteils, hier ist es ihre eigene Erfahrung: "Ich muß da aber sagen, daß ich da andere Erfahrung gemacht hab als ich da Au Pair war". Um eine Attribuierung zu belegen, kann auch auf Radiomeldungen, Bücher oder Erfahrungen anderer verwiesen werden. Verschiedene *Kontrastierungstechniken* vergleichen die Nationalitäten und legen bereits implizit Bewertungen nahe. Z.B. werden Erwartungen, "Amerika, the land where you can be what you wanna [want to] be und so", der bitteren Realität, "Es ist überhaupt nicht so!" inhaltlich wie formal gegenübergestellt. Die Erwartung ist in Form einer Hymne mit getragener Stimme in Englisch dargestellt, die Enttäuschung in einer prägnanten apodiktischen Formulierung. Ebenso kontrastiert wird die Tatsache der Normalität einer als Mode heruntergespielten Frisur, "ein bißchen auberginefarben gefärbten, "das war bei uns ganz normal, das war überhaupt kein Problem", mit der übertriebenen Reaktion ihrer amerikanischen Gastgeberin, die sie als "Punk" titulierte. Gesteigert wird die schon angeheizte Stimmung im Seminar, in der sich bereits alle amüsieren, noch durch die beiläufige Erwähnung, daß die ganze Familie fluchtartig ihretwegen die Stadt verlassen habe, und des Angebots, doch die Kleidung der sehr viel älteren Hausfrau anzuziehen. Sabine entwickelt eine geschickte Dynamik. Sie paart in der Rekonstruktion ihre Lockerheit: "Und ich dachte, ja mhmhm da kauf ich mir dann 'ne Baseball-Jacke und so Turnschuhe und so" mit der Empörung der Gastgeberin als *Übertreibung*: "Weil was könnten denn die Nachbarn denken, wenn ich so rumlaufe"; "das kommt gar nicht in Frage!". Damit konstruiert Sabine eine *Disproportionalität*, wie sie in Entrüstungsgeschichten üblich ist (Christmann 1993). Der "leichte Auberginestich" der Haare trifft auf die amerikaniche Gastgeberin, die "ganz schrecklich entsetzt war". Sie gibt die Rede der Amerikanerin in hoher manierierter und affektiver Tonlage wieder: "With purple hair and a shaved neck. That´s really impossible!" Feinheiten wie die haargenaue Beschreibung der Frisur und die zitierten direkten Redewiedergaben sind Techniken, die emotionales Engagement produzieren. *Lebensnahe Schilderungen konkreter Details* vermitteln Authentizität und stellen eine erlebte Gemeinsamkeit während des Erzählens her (Günthner 1993). Dadurch entsteht auch der emotionale Konsens des Urteils und der Gehalt seiner Wertung.

Nach dieser Perspektivierungstechnik ist die Gruppe für eine *gemeinsame Entrüstung* eingestimmt und zelebriert Stereotypen, die nur noch in kurzen Bildern durch den Raum geworfen werden:

Beispiel 3: Die Amerikaner sind konformistisch (Fortsetzung)

Barbara: Man muß ja nur die Frisuren von von den von den *Collegemädchen* sich ankucken *alle mit Dauerwelle* und eh
Daniela: *Da ist alles gleich*
Peter: *Denver Clan die ganzen*
Barbara: *Furchtbar*!
Daniela: Ja, so *Löwenmähne Farah Fawcett Major*.
Barbara: Ja genau genau!
Sabine: Es blieb nur dazu zu sagen daß die Kinder
Barbara: Und die *Hausfrau geht dann mit der kürzeren gelockten Frisur raus* also
Sabine: Stimmt und die Kinder die fragen aber dann ich hatte die Haare also der Pagenschnitt ging ungefähr bis zum Ohr hierher das hatte dann aber noch die Folge daß die Haare aber noch viel zu kurz warn und die Kinder 'Are you a boy or a girl?' <hohe Stimmlage>
<Gruppe lacht>
Sabine: Also *als Frau hat man langes gelocktes Haar zu haben, lang!*
Daniela: *Gefälligst weiblich auszusehn!*

Sabine: Ganz genau
Daniela: *Aber Sportschuhe zum Rock* (...)
Peter: Und im Geschäft ein Jackett: formal! <amerikan. Sprechweise> Von wegen wenn ich in mein früheres Büro so hingehe, einfach, ja? Da würden die mich gar nicht empfangen.
Barbara: Individualismus würd ich da auch nicht sagen

Es ist der Konformismus der Amerikaner, über den sich die Gruppe empört: "Da ist alles gleich." Auf dem *Höhepunkt der Entrüstung* werfen sich die Teilnehmerinnen Stereotypen nur noch in Bildern und Szenen zu: "Löwenmähne Farah Fawcett Major". Es kommt dann zu Stereotypsierungskaskaden: "Collegemächen" "Hausfrau" "im Geschäft formal", bis hin zur amerikanischen Frau "als solcher": "Als Frau hat man langes gelocktes Haar zu haben, lang!" Paraphrasierungen, "gefälligst weiblich auszusehen" oder wechselseitige Ergänzungen der Äußerungen zeigen, daß die emotionale *Synchronizität* erreicht ist, die fortlaufenden Typisierungen zeugen davon. Im Beispiel hier werden sie zusammengefaßt und rückgebunden an die Ausgangsbehauptung von Leslie, Amerikaner seien individualistisch. Ihr wird in dem kollektiv erzeugten Stereotyp widersprochen: "Individualismus würd' ich da auch nicht sagen." Die Seminarleiterin räumt etwas später selbst ein, "daß der Amerikaner doch konformistisch ist" und ist an ihrem Versuch, ein Stereotyp aufzurufen und zu lösen, gescheitert.

1. Problem: Involvierende Moraldynamik

Die Spezifik der Stereotypenkommunikation liegt in ihrer *moralischen Dimension*. Gespräche über und in Stereotypen entwickeln eine Dynamik, die über verschiedene Strategien alle zum gemeinsamen Moralisieren verführen. Es müssen nie alle Techniken und auch nicht in gegebener Reihenfolge vorkommen. Sobald sicher ist, daß ein Urteil ohne Gesichtsverlust auszusprechen ist, die anderen es billigen, ist das Ziel erreicht. Die Kombination, "mit angezogener Bremse Gas zu geben", ist nicht nur ein Grundmerkmal moralischer Kommunikation, sie steht hier im besonderen für den Drang, Stereotypen ebenso zu verschleiern wie sie letztlich doch auszusprechen. Beschönigungen oder auch postive Umbewertungen deuten keine Vorsicht an, das Urteil zurückzuhalten. Sie sind Absicherungsmanöver aufgrund der Expressivität und des Empörungsgehalts von Stereotypen. Die Sprecherinnen ahnen ihr unmoralisches Angebot, Entrüstungen treten deshalb nicht immer direkt, sondern in vielen Modalisierungen, z.B. in Anekdoten auf.

Es ist leicht auszurechnen und an den Daten aufzeigbar, in welchem Dilemma sich die Leiterinnen befinden. Ohne eine Bewertung kommen sie an die Einstellungen und Einschätzungen der Teilnehmerinnen nicht heran. Lassen sie sich auf Urteile ein, bleibt ihnen nur noch die Möglichkeit, mitzumoralisieren oder aus der Kommunikation auszusteigen. Auch Leslie zieht sich sich im angeführten Beispiel erst mal zurück. An anderen Stellen kommt es zu expansiven Moralisierungssequenzen, bei denen dann verschiedene Nationalitäten kontrastiert und im Gesprächsverlauf wie beim Klatsch förmlich "durchgehechelt" werden (Bergmann 1987). In meiner Befragung gaben die Leiterinnen ihr Unbehagen über die Diskussionsrichtungen an, gepaart mit Zweifeln an der Effektivität des Seminars. Allerdings glaubten sie, es läge an der unerschütterlichen Vorurteilshaltung ihrer Kolleginnen. Aus ihrer Praxis heraus ist die Struktur tatsächlich kaum zu erkennen, aber intuitiv spürten sie die *Frakturen im Gespräch.*

Tabuisierung und Diskussionsabbrüche durch die Seminarleiterinnen

Weil die Leiterinnen Stereotypen ansprechen wollen, ohne mitzumoralisieren, kommt es immer wieder zu Ausweichmanövern oder anderen Abbrüchen. Die beiden Seminarleiterinnen gehen ganz verschieden mit dem Phänomen bei der Involvierung in moralische Kommunikation um. Laura, selbst Deutsche, neigt dazu, die kollektive Affektbasis anzusprechen, sie spürt intuitiv, daß Kommunikation nur durch Bewertungen hindurchführt, deren Stoßrichtung sie als "eingeborenes" Mitglied der deutschen Sprachgemeinschaft auch teilt. Aber sie muß aufgrund der pädagogischen Ziele jedesmal auf halbem Wege umkehren. Leslie, Engländerin, pflegt einen indirekten Gesprächsstil und läßt sich, wenn möglich, erst gar nicht auf die moralische Ebene ein, in die sie durch das Thema und durch die anderen zwangsläufig geführt wird. Sie ignoriert negative Gefühle und versucht, abstrakt Verständnis für ungewohnte Kulturwerte zu schaffen. Um überhaupt an die Stereotypen heranzukommen, geraten beide jedoch immer wieder in Versuchung zu moralisieren und entwickeln dann *Vermeidungsstrategien*, um sich aus dem tabuisierten Bereich herauszuwinden. Meist helfen nur rabiate Abbrüche: "Also zu den japanischen Passagieren, da kommen wir morgen nochmals ausführlich, ich hab so das Gefühl, oder *sind da jetzt noch Fragen zum Inder?*" (Leslie).

Beispiel 4: Abbrechen: Die Deutschen sind rücksichtslos

Carmen: morgen gibts vielleicht nix mehr, und eh Hauptsache ich hab und die anderen, das ist erst mal egal. Da denk ich immer meine Güte, was'n Egoismus, und eh das kann doch alles nicht gut gehn. Da ist also überhaupt nix von Disziplin irgendwo zu sehn meiner Mein- (...)

Laura: so ich find's, *ich find's e'n möglichen Denkansatz,* wirklich da auch so dieses eben was zu beobachten, also also diese diese Verbindung zu sehn und *was zu beobachten ist, definitiv ist die Rücksichtnahme auf andere, die läßt natürlich zu wünschen übrig ne?* (...) und ehm zum Beischpiel mit dieser mit dieser diesem Distanz halten also wenn man jetzt sagt (1sec) , ja die Amerikaner Nordamerikaner und wir wir haben das gleiche Distanzempfinden, <schluckt> aber der Nordamerikaner ist trotzdem (1 sec) ehm (0,5) ja der würde sich in de:m Fall auch anders verhalten (3 sec) normalerweise ist rücksichtsvoller, ist rücksichtsvoller

Ingo: diszipliniert

Laura: disziplinierter als in de:m Fall wir (2 sec). Schön! Sacht mal wie schaut`s aus wollen wer Mittagspause machen?

In der Gruppenarbeit über deutsche Kulturwerte hatten die Teilnehmerinnen Deutsche als "diszipliniert" bezeichnet, was sie der anderen Gruppe zu erläutern hatten. Laura initiierte daraufhin, unausgesprochen anderer Meinung, das Stereotyp "die Deutschen sind rücksichtslos", und es entwickelte sich eine Entrüstung, bei der Carmen ihre Erlebnisse im Einkaufszentrum schilderte. Sie empörte sich über die Prügelei um Parkplätze und Einkaufswagen. Angesichts der ausgelösten Schimpfkanone wird Laura vorsichtig. Sie bezeichnet das Beispiel als "möglichen Denkansatz", muß aber, um kooperativ zu bleiben, das Stereotyp mit Unbehagen aussprechen. Wieder wird sie in einen Sog weiterer Typisierungen gezogen. Sie zögert stark, während sie die Deutschen mit den Amerikanern vergleicht, ihre Äußerungen sind gedehnt und enthalten viele Pausen. Schließlich rettet sie sich in die Mittagspause. Die Vertagung auf einen anderen Zeitpunkt oder in ein anderes Thema kommt immer wieder vor, da wird das Beispiel "aufgeschrieben" oder besprochen "wenn wir über die USA sprechen". Nachdem eine Teilnehmerin, die von ihr selbst als Vorurteil über Japaner bezeichnete Tirade losgelassen hat, antwortet Laura: "Gut, das lassen wir auch noch mal so stehn, ich hab`s mitgeschrieben, geh ich auch noch mal drauf, das war wichtig" und die Sprecherin konstatiert: "Bis auf weiteres haha". Ihr ist damit klar, daß es nicht um Landeskunde geht, sondern um ihre Einstellung. Bei einem themengeleiteten Seminarverlauf scheinen die Verschiebungen nicht verwunderlich, schließlich macht es Sinn, die Felder abzugrenzen. Sicher sind diese dysfunktionalen Abbrüche auch eine Folge der Fülle, die sich das Programm vorgenommen hat. Es könnte ein Zufall sein, wiederholten sich diese Abbrüche nicht auffälligerweise dann, wenn das moralische Pflaster zu heiß wird. Erschwerend kommt hinzu, daß der Rahmen, in welchem diskutiert werden kann, nie eindeutig ist. Man kann ihn, wird es brenzlig, schnell wechseln. Es geht um Landeskunde, Kulturwerte, Berufserfahrungen, da besteht immer eine Möglichkeit, auszuweichen. Der Versuch, nur neutrale Äußerungen zuzulassen, verhindert, daß Stereotypen überhaupt zur Sprache kommen. Ein Gruppenkonsens bestätigt die Vorurteile. Somit vermeiden die Leiterinnen unfreiwillig mit dem Problem auch seine Lösung.

2. Problem: Tabuisierung der Moraldimension

Wer die moralisierende Stereotypen-Dynamik nicht mitmachen will, kann die negativen Bewertungen nur *abbrechen, ignorieren, sie umbewerten, den Rahmen wechseln, das Stereotyp liegenlassen oder vertagen.* Eine wirksame Didaktik muß versuchen, die einseitige Berurteilung als subjektive Vorurteilshaltung erreichen und anzusprechen, ohne daß der bestätigende Gruppenkonsens für die Stereotypen entsteht.

3. Seminarprobleme im Kontext des Dienstleistungsberufes

Betrachtet man die umfänglichen Voraussetzungen für die Weiterbildung, die sich durch den Arbeitsalltag der Stewardessen, ihre Erfahrungen und ihr Vorwissen ergeben, fallen bereits äußerliche Defizite ins Auge.

Plazierung: Trotz des beachtlichen Vorlaufs und vielfältiger Ressourcen kann nicht von einer systematischen Planung und Integration der Seminare in die Ausbildung der Flugbegleiterinnen gesprochen werden. Die Lehrgangsleiterinnen, selbst vom fliegenden Personal und mit Zeitverträgen bei der Schulung beschäftigt, haben das Thema aufgegriffen und es unter eigener Regie gegen Widerstände etabliert. Seminarprogramm, Literatur und Ziele haben sie in viel Eigenleistung zusammengestellt. Firmenseitig wenig unterstützt, galt es als Luxusprojekt und geriet so in die Rolle des Stiefkindes. Als halbherziges Ergebnis entstand daraus ein fakultatives Angebot. Einer Veranstaltung, die in der knapp bemessenen Freizeit des fliegenden Personals liegt, kann dieses Schicksal prognostisiert werden.

Leiterinnenrolle: Die Seminarleiterinnen sind in einer schwierigen Situation. Vom Fach, was die Bordpraxis angeht, aber Laien in der Didaktik, haben sie im Seminar eine doppelte Rolle: Sie sind Kolleginnen und Schulungsleiterinnen gleichermaßen. Immer wieder kam, angeregt durch die Teilnehmerinnen, die Sprache auf die Bordpraxis und Erfahrungen mit Passagieren. Die Leiterinnen blieben aber meist bei ihrem abstrakten Lehrstoff, um die Arbeitseinstellung der Kolleginnen nicht bewerten zu müssen. Dadurch gerieten sie in eine paradoxe Situation: Einerseits ging es darum, Vorurteile zu thematisieren, andererseits wurden Bewertungen von Äußerungen vermieden. Die Leiterinnen wichen deshalb Kritik oder Ratschlägen und Belehrungen für die Praxis aus guten Gründen aus und orientierten sich stets an Landeskunde oder Kulturwerten der thematisierten Kulturen.

Inhalte: An Hintergrundwissen mangelt es den Flugbegleiterinnen allerdings kaum. Bei Stewardessen ist durch ihre kurzen, aber häufigen Landesaufenthalte und den Kontakt mit Passagieren dieser Kulturkreise bereits von einem höheren Informations- und Erfahrungsniveau auszugehen. Sie haben nach eigener Aussage Handlungsprobleme in der Praxis mit bestimmten Passagieren, *obwohl* sie deren Motive kennen. Das geben auch ihre Schulungsleiterinnen zu, wenn sie "als Kolleginnen" mit ihnen sprechen, wie Leslie im folgenden Beispiel:

Beispiel 5: Diskriminierende Südamerikaner

Peter: Ich weiß, wenn die so machen<schnippt mit dem Finger> daß also neunzich Prozent aller Flugbegleiter sauer sind.
Leslie: Ja *ja das is norm- normal* 'ne? Oder kch kch!
Barbara: Oah des is' schlimm!
Peter: Oder einfach <wedelt mit einem Papier> 'Reden Se nich rum', so ks ks ks ks, dieses Unwirsche.
Leslie: *Also darauf reagier ich auch sehr empfindlich, da muß ich tief Luft holen, da kann ich mich nicht sofort dem Gast zuwenden und dann,*
Barbara: *Obwohl man's weiß*
Leslie: *Dann kommt man sich wirklich wie ein Lakai vor ne? Mh.*
Peter: Jaja.
Barbara: *Obwohl man's weiß und das vielleicht gar (?vielleicht?) so abwehrt.*
Leslie: Ja! obwohl man's weiß.

Bestimmte Gesten und nonverbale Signale wie das Schnippen mit den Fingern oder der durchdringende Laut "ks ks", um eine Stewardess zu rufen, empfinden die Teilnehmerinnen als degradierend, obwohl sie wissen, daß es zum habituellen Umgang mit Servicepersonal in bestimmten Ländern gehört, Leslie: "Das ist normal." Den Umgangsschwierigkeiten an Bord liegen tiefere Ursachen zugrunde, als solche, die durch landeskundliche Erläuterungen zu beseitigen wären. So ist die berufliche Realität der Flugbegleiterinnen u.a. geprägt vom Widerspruch zwischen Entwertung und Überhöhung. Die eigentliche Arbeit an Bord besteht überwiegend aus Bedienen und Betreuen der Passagiere, was sich in einem niedrigen sozialen Status niederschlägt. Dem steht ein hohes Sozialprestige gegenüber, das sich auf die Freizügigkeit des Lebenswandels, hohe Mobiltiät und im Vergleich zu anderen Frauenberufen gute Verdienstmöglichkeiten von Stewardessen bezieht (vgl. Bentner 1992).

Gegen die reine "Aufklärung" durch Informationen leisten die Teilnehmerinnen aus zwei Gründen Widerstand. Einerseits werden vorurteilshafte Einstellungen nicht einfach aufgrund einer Information aufgegeben, andererseits zeugen sie von manifesten Praxisproblemen.

Widerstand der Teilnehmerinnen

Stereotypen gelten definitionsgemäß als starre Werturteile. Deshalb ist auch bei gelungenen Aufklärungsversuchen mit Widerstand zu rechnen. So fällt auf, daß die Teilnehmerinnen sich zwar den Erklärungen gegenüber aufgeschlossen zeigen, aber an ihren Urteilen dennoch festhalten. Dies ist unter anderem der Tatsache zuzuschreiben, daß Stereotypen nicht durch einen rein kognitiven Verhärtungsprozeß zustande kommen, sondern stark emotionsgeladen sind. Wie schon die Moraldynamik zeigt, sind Vorurteile keineswegs reine Wissensdefizite, sondern tief in der Affektkonstitution verankert, wo sie ihre stabilisierenden Funktionen ausüben (Bergler/Six 1972). Stereotypen sind nicht einfach mit Hintergrundwissen aufzuklären. Ihre Hartnäckigkeit ist groß genug, dieses z.B. als "Beleg" umzufunktionieren:

Beispiel 6: Japaner sind perfektionistisch

Leslie: Ich meine, es war schon ein Phänomen von der Situation des Lehrers aus oder die Serviceabläufe, die ham wir erklärt, war dann in dem Fall wichtich bis ins Detail, jedes, jede Kleinigkeit mußte ich erklären, und am nächsten Tag gingen wir runter in die Attrappe, und *der Service lief besser als es je an Bord gelaufen ist. Perfekt*! Die haben dann in Seeheim [Schulungszentrum der Lufthansa] alles geübt mit Stühlen und so weiter, alles aufeinander abgestimmt und der Service war perfekt. Zunächst einmal war ich manchmal auch irritiert, weil sie auch so viele Details wissen wollen, aber das ist scheinbar ja eh ihr System. Ehm-
Daniela: *Das heißt, daß alles ganz genau geplant werden muß und eigentlich so kein Raum für Flexibilität oder Spontaneität eigentlich keiner bleibt oder Improvisation.*
Leslie: Ja, Perfektionismus ist sicherlich kennzeichnend für Japaner, und da- jetzt möchte ich jetzt noch Mal diesen Begriff so verwenden, der dann ehm ja low context und high context diese beiden Begriffe möcht ich mal erklären (...)

Leslie berichtet aus ihrer Schulungserfahrung mit Japanerinnen, deren Grundlehrgänge sie durchführte. Die japanischen Stewardessen fliegen für die Lufthansa von Tokio aus, damit die meist ausschließlich japanisch sprechenden Gäste eine adäquate Betreuung erfahren. Sie schildert zunächst ihre Irritation bei den detaillierten Fragen der angehenden japanischen Stewardessen, um dann den guten Service der zukünftigen Kolleginnen zu loben: "Der Service lief besser, als es je an Bord gelaufen ist. Perfekt!" Ihrem Versuch, "den Perfektionismus" der Japaner als äußerst effizient umzubewerten, begegnet Daniela mit der rhetorisch geschickten Nachfrage, daß damit wohl die Flexibilität auf der Strecke bleibe, und nötigt Leslie damit die Wiederholung des Stereotyps ab. Die Seminarleiterin nutzt die Gelegenheit, um von der Attribution wegzukommen und führt zwei der Lehrkategorien ein, mit denen auf abstrakter Ebene Kulturen zusammengefaßt werden. "High context"-Kulturen sind stärker als "low context"- Kulturen personen- statt sachorientiert. Mehrere Personen wickeln gleichzeitig eine Handlung ab, z.B. Verkaufsgespäche auf Basaren. Europäische Kulturen zählen zu den "low-context"-Kulturen, sie haben eine lineare Zeitvorstellung mit hintereinanderfolgenden Handlungsabläufen, bei denen Termine als fest gelten usw.

3. Problem: Affektiver Widerstand der Teilnehmerinnen

Veränderung von Stereotypen durch neue Informationen ignoriert ihre affektiven Funktionen und ruft *Widerstand* hervor.

Handlungsprobleme

Ein Gesprächsverlauf, dem die Teilnehmerinnen ebenfalls ausweichen, behandelt ihre Arbeit an Bord. Der standardisierte Serviceablauf nimmt keine Rücksicht auf Ethnien, diese berufspraktische Perpektive wird immer wieder eingeklagt:

Beispiel 7: Ganz spontan

Leslie: Wie geht man am besten mit den Passagieren um, und wo kommt es dann zu Problemen?
Peter: Es kommt dann zum Problem, wenn eh, *wenn es einfach rein praktisch nicht machbar ist.* Also halt mer uns an dem *Handgepäckthema* fest, wenn der nicht das Handgepäckstück da im Gang stehn lassen kann, dann muß mer 'ne Lösung finden. Schoß, Kopf oder
<Lachen der Gruppe>

Peter: hehe alles auf'n Kopf, ja und wenn halt, wenn was weiß ich ´ne Kollegin nicht zurecht kommt und heulend ankommt, weil da zum dritten mal was passiert ist, da muß mer halt sagen, *daß das bei uns anders ist, er das sicherlich nicht bös gemeint hat, und da kommt da das Verständnis. Daß man sacht, eh es geht es geht bei uns leider so nicht, aus dem und dem Grund.*
Leslie: aber
Barbara: *Das ist aber doch kein rein spezifisch afrikanisches Problem würd ich sagen*
Peter: *Nee, ja das sacht ich auch schon vorher*

Während Leslie den direkten Gesprächsstil der Afrikanerinnen aus Togo thematisieren will und nach den Problemen der Interaktion an Bord fragt, übergeht Peter die ethnienspezifische Anbindung und zieht sich auf formalisierte Abläufe und Notwendigkeiten zurück. Handgepäck muß aus Sicherheitsgründen verstaut werden, das gilt für alle Nationalitäten. Wer sich wehrt, bekommt gesagt, "daß das bei uns anders ist". Natürlich weicht Peter dadurch dem Thema aus, *wie* es den Passagieren angemessen mitzuteilen wäre und drückt damit eine weitere Widerstandsform gegen das Lernziel aus. Die praktischen Handlungsprobleme an Bord der Flugzeuge lassen sich die Teilnehmerinnen ungern als interkulturelle Mißverständnisse definieren. Auf der anderen Seite wird deutlich, daß Handlungsprobleme nicht ethnienspezifisch angebunden werden, kommt die Sprache erst auf die Bordpraxis. D.h. die Teilnehmerinnen entrüsten sich in dem Zusammenhang kaum über bestimmte Passagiernationalitäten, sondern über den Zeitdruck, in dem alles gleichzeitig berücksichtigt werden muß. Allenfalls verwenden sie berufstypische Kategorien, wie "die Japaner sind pflegeleicht". Die Typisierungen drücken aus, wie Serviceabläufe und Passagiernationalitäten harmonieren. Da Japaner sich sehr diszipliniert verhalten, sind sie "leichter" zu betreuen, als Südamerikaner, denen viele Extrawünsche nachgesagt werden. Servicetechnisch dienen die Kategorien dazu, einen undifferenzierten Ablauf in individuelle Betreuung umzumünzen. Wer "seine" Passagiere "als Kategorien" kennt, weiß, was sie erwarten.

Beispiel 8: Geschäftsmann oder Tourist

Carmen: Also *der Geschäftsmann*, okey, der will sich jetzt da hin setzen, und der will sein Handelsblatt und seine Welt und seine FAZ haben, und der will was zu essen und zu trinken und von A nach B kommen, so schnell wie möglich. Wenn du aber jetzt viele *Touristen* hast, also die interessiert ja viel mehr, die unterhalten sich auch gern mal mit dir, (...), das ist egal, wenn die jetzt nur mal'n Sandwich kriegen oder nur `ne Cola oder auch gar nicht so viel.

Zu Konflikten mit Passagieren kommt es allerdings dann, wenn sie es "besser wissen müßten". Wenn ein Deutscher sich so verhält, wie es bei einem Südamerikaner noch toleriert worden wäre, gerät eine einfache Situation wie das Wegräumen eines leeren Tabletts zum Identitätskampf. "Dann laß ich es stehn", erklärte eine Flugbegleiterin ihre versteckte Strafaktion.

Wegen der geringen Ausbildung und des ambivalenten Berufsstatus' ist die einzige Sicherheit, auf die sich Flugbegleiterinnen zurückziehen können, ihre Erfahrung und Handlungskompetenz, mit der sie situativ viele Probleme bewältigen. Mit dem Rückzug auf Regeln und Gewohnheiten klagen die Teilnehmerinnen ihre Praxisperspektive ein und verweisen auf ihre Umsetzungsleistungen in der individuellen Passagierbetreuung. Es nützt ihnen nichts, zu "erfahren", daß Handeln in Indien üblich ist, wenn eine Schlange von Passagieren hinter dem einzelnen handelnden indischen Passagier abgefertigt werden will. Die Inder haben Angst vor blauen Augen? Dann muß man eben nur noch braunäugige Stewardessen einstellen oder Kontaktlinsen zur Uniform verteilen! Eine dauernde lachende Überformung des Lehrstoffs zeugt weniger von leichter Stimmung und guter Laune als vielmehr davon, daß die Qualifikationsanforderungen als Belastung aufgefaßt werden. Die Anforderungen reichten schon immer bis in Persönlichkeit und leibliche Sphäre hinein und bringen ein ständiges Gefühl des Ungenügens hervor (vgl. Bentner 1992). Seminare, die an dieser Berufskompetenz rühren - zu der auch Kategorisierungen und natürlich Stereotypen gehören - arbeiten am wundesten Punkt der Berufsidentität.

4. Problem: Arbeitsbündnisproblem und Identitätskämpfe

Zusammen mit der curricularen Unterstellung von Vorurteilen entsteht im Seminar die Tendenz, Schulungsanweisungen als *Angriff gegen die professionelle Integrität* aufzufassen. Sie wird unter Umständen kompromißlos verteidigt.

4. Auswege

Die geschilderten Kommunikations- und Schulungshürden sind überwindbar, wenn man die allgemeinen Regeln der Stereotypenkommunikation beachtet und die Veranstaltungsgespräche in den Kontext der Berufsgruppe einbettet.

Involvierende Moraldynamik

Das zweifellos unumgängliche Problem aller Interkulturellen Seminare ist die Wirksamkeit der moralischen Dynamik im Gespräch. Gleich wie die Schulung aufgebaut ist, keine kann vermeiden, über Kulturen zu sprechen. Ob es nicht doch eine Möglichkeit gibt, einen wertfreien Diskurs über sie zu führen, möchte ich noch nicht beurteilen. Sicher ist, daß Stereotypen trotz ihres hohen Verbreitungsgrades und ihrer Bekanntheit nicht über Fragen, Anspielungen oder neutrale Andeutungen einfach "abzurufen" sind. Dennoch ist eine moralische Involvierung der Lehrgangsleiterinnen durchaus zu vermeiden. An nur zwei Stellen im Tonbandmaterial gelingt es ihnen intuitiv, sich aus der moralischen Schraube zu lösen:

Beispiel 9: Herrische Afrikanerinnen

Laura: *Kennt ihr den Typ Frauen, habt ihr an Bord erlebt, Airbusflieger dabei, mit Afrika?*
(...)
Arnika: so am Boden *hat man manchmal den Eindruck, daß diese Frauen sehr sehr herrisch sind*
Laura: Aha!
Arnika: Also, was sich so am Check-in oder so am Ticketschalter abspielt, das ist so so ganz anderes Bild als hier im Film eben dargeschtellt wurde.
Laura: Aha. *Woran liegt das, daß du sie herrisch, so als herrisch empfunden hast? Stimmt, ich stimm dir zu, als e des is so, sie wirken so.*
Arnika: *Das war irgendwie nja s schwer schwer zu charakterisieren, was sich da so zwischenmenschlich abspielt, also die so hinter den Schaltern sitzen, die werden dann quasi von den afrikanischen Frauen als Untergebene betrachtet ich weiß nicht ob das so trifft aber man hat so das Gefühl,* das ist nicht so daß sie sich so wie in der Vielehe da so unter-
Laura: Ja.
Arnika: also unterordnen, in Gänsefüßchen, da am Schalter, man macht irgendwo. V*ielleicht liegt das aber auch an uns wenn sie jetzt nach Europa kommen*

Wenn Laura direkt nach dem gerade im Film gesehenen "erlebten Typ" Frau fragt, setzt sie offen voraus, daß bereits eine typisierte Vorstellung besteht, mit der das pädagogische Beispiel verglichen wird. Gleichzeitig bezieht sie sich auf die persönliche Berufserfahrung der Teilnehmerinnen und erfaßt damit deren reale Lebenspraxis. Sie signalisiert also auf der Konversationsebene, daß der Weg für ein Stereotyp geöffnet wird. So geraten die Befragten nicht in einen Legitimitätsdruck und dürfen "moralisieren". Lauras Solidarisierung verhindert dies jedoch. Nachdem einige Teilnehmerinnen sagten, sie würden es nicht "so" kennen, kann die Bodenstewardess Arnika ohne Umschweife ihr Erlebnis gemeinsam mit der Urteilsform äußern, sie "hat man manchmal den Eindruck daß diese Frauen sehr sehr herrisch sind". Dies ermöglicht ihr, ihre Gegenerfahrungen zum aufklärerischen Film auszudrükken: "Also was sich so am Check-in, oder so am Ticketschalter abspielt, das ist so so ganz anderes Bild als hier im Film eben dargestellt wurde". Daraufhin solidarisiert sich Laura mit Arnikas Eindruck, indem sie ihr ausdrücklich zustimmt, ohne zu überprüfen oder abzustreiten, daß Afrikanerinnen "wirklich herrisch" sind: "Stimmt, ich stimm dir zu, also e des is sie wirken so". Sie ermöglicht Arnika dadurch eine differenzierte Betrachtungsweise der Situation.

Nun muß das Stereotyp nicht reinszeniert werden. Es löst sich in Arnikas Schilderung kurzfristig auf, sie trennt genau zwischen auf Afrikanerinnen projizierter Erwartung und eigenem Eindruck, der zusätzlich als vorgeprägt reflektiert wird. Laura hatte eigene Irritationen bei der Erfahrung mit afrikanischen Millionärinnen zum Gelächter aller preisgegeben, und so gelingt es dem Gespräch, auf eine Ebene des kulturellen Vergleichs zu kommen. Hier können einsichtig Differenzen oder sogar Parallelen zu deutschen Gewohnheiten gezogen werden: "Muß man mal die Eigenschaften vergleichen, die wir als typisch deutsch empfunden haben, da gibt's doch ne ganze Menge Parallelen". Damit sind die Vorurteile zwar noch lange nicht ausgeräumt, aber es wurde ein Gesprächseinstieg geschaffen, der aus der Stereotypenmoralisierung herausführt.

Auswege: Ich gehe davon aus, daß Stereotypen dann aufgelöst werden können, wenn es gelingt, die darin konservierten Emotionen zur Sprache zu bringen. Dabei dürfen Verständnis für die Teilnehmenden und Urteil nicht zusammenfallen. Die Teilnehmerinnen müssen in der Lage sein, über ihre Gefühle sprechen zu dürfen, ohne daß sie verdächtigt werden, Vorurteile zu haben. Mit Stereotypen werden gerade keine Informationsgehalte kommuniziert - das liegt schon durch ihre allgemeine Bekanntheit auf der Hand -, sondern eine moralische Stoßrichtung gebündelt, die die Interaktionsteilnehmerinnen zu einer *emotionalen Gemeinsamkeit verführt. Bei Stereotypen überwiegen indirekte, auf Expressivität drängende Ausdrucksmanöver.* Gerade in einem pädagogischen Rahmen ist es unmöglich, ungeschminkt zu verurteilen. Also werden die Stereotypen mit viel Vorsicht geäußert, aber sie drängen doch darauf, zugespitzt zu Tage zu treten. Dennoch dürfen die Attribuierungen nicht bestätigt werden. Die *Thematisierung von Stereotypen ist dann möglich, wenn die affektive Solidarisierung mit den Sprechern erfolgt, ohne das Urteil über die ethnische Gruppe zu teilen.*

Hieran schließt sich *das zweite* Problemfeld an: *Vermeidungen und Diskussionsabbrüche der Seminarleiterinnen.* Jenseits der Moraldynamik, denen diese Frakturen zuzuschreiben sind, wirken sich vor allem *Aufbau, Inhalte und Rollenverteilung* aus. Unproduktiv ist eine Vermittlung allgemeiner Einteilungskategorien. Semiwissenschaftliche Typen wie sog. High- und Low-Context-Kulturen sind aus der Sicht affektiver Besetzung von Stereotypen wenig brauchbar, weil sich darin eine japanische Kultur ebenso beschreiben läßt, wie Basarszenen in den Arabischen Emiraten. *Man kann über allgemeine Kategorien schwer ein spezifisches Verständnis schaffen.* Will man Stereotypen auflösen, ist es ineffektiv, eine abstraktere Ebene zu benutzen als die Interakteurinnen selbst. Immer muß berücksichtigt werden, daß Stereotypen in der Entrüstungsdynamik geäußert werden und dabei gleich mehrere Nationalitäten hintereinander auftauchen. Dann ist es außerdem wenig sinnvoll, die Seminare rein landeskundlich zu organisieren. Solange Informationselemente selbst an stereotypisiert vermittelten Kulturen festgemacht werden, besteht kaum eine Chance, die Grenze der Ethnien zu überschreiten. Damit ist auch suggeriert, es läge nur an dem mangelnden Wissen um Zusammenhänge. Man kann ja gerade bei dieser Berufsgruppe von erstaunlich viel und heterogenem interkulturellen Wissen ausgehen. Selbst bei einem thematisch eingeschränkten Programm können zwei Dinge passieren: Bei freiwilligen Veranstaltungen versammeln sich dort die Leute, die ohnehin dieser Ethnie gegenüber wohlwollend aufgeschlossen sind; geht man von Pflichtveranstaltungen aus, ist mit entsprechenden Widerständen trotz Informationsfülle und Hintergrundwissen zu rechnen.

Was Stewardessen außerdem viel stärker interessiert, sind konkrete Umgangsformen. Zunächst ist also von der *Berufspraxis* mit ihren konkreten Handlungsproblemen auszugehen, von dort aus könnte systematisch zu anderen Rahmen, wie Landeskunde, Geschichte oder Politik gewechselt werden - immer in Kooperation mit den Teilnehmenden. Übersehen wird also auch die Abhängigkeit des Seminars vom Umfeld der Interaktionskultur.

Das gilt sowohl für die Flugbegleiterinnen in ihrem Berufsumfeld als auch für die Stellung der Seminarleiterinnen.

Den Zusammenhang zwischen Sachbildung, Inhaltsorientierung und Interaktion, Sach- und Affektbildung in der Erwachsenenbildung hebt Geissler (1986) hervor. Lernen besteht in unbewußten Identifizierungsprozessen, die einen Rückbezug an alltagspraktische Kompetenzen der Teilnehmenden nötig machen. Wenn Erwachsenenbildung aber soziales Handeln ist, dann sind die Teilnehmenden und die Leiterinnen hier in einem Dilemma. Letztere gelten inhaltlich gesehen als vom Unternehmen Lufthansa delegierte "Fachfrauen" und werden auch so angesprochen. Sie führen also ein leiterzentriertes Unterrichtsgespräch. Dadurch stellt sich notgedrungen ein Dominanzverhältnis ein, das sich bei der hier untersuchten Stereotypendynamik in Form einer moralischen Instanz besonders dysfunktional auswirkte.

Ein kollektiver Umgang mit Erfahrungen, Kränkungen oder auch Wissensbeständen wird so systematisch verhindert. Die Seminarleiterinnen sind, wenn sie in der alleinigen pädagogischen Verantwortung bleiben, in einer paradoxen Position. Ihr Spagat ist ohne eine externe professionelle Hilfe, z.B. Supervision, nicht zu schaffen. Wie sie selbst berichteten, spürten sie ei den Schulungen das unbestimmbare Mißlingen als Frust und Streß, obwohl sie gut vorbereitet waren und alle Beteiligten freiwillig teilnahmen.

McCaffery (1986) plädiert für ein *Erfahrungs-Prozeß-Modell* beim interkulturellen Training, weil es sonst ungeplante Nebenwirkungen geben kann. Weder auf pädagogischer noch auf teilnehmender Seite genügt seiner Ansicht nach die gute Absicht. Gerade Interkulturelle Kommunikationstrainings beinhalten eine umfangreiche Kombination aus Erwachsenenbildung, Trainingstechniken, Ausbildungsstilen, festzulegenden Zielorientierungen in Verbindung mit einer Methode, die Inhalte und Umgebung der Teilnehmenden zu berücksichtigen hat. Wissen und Kompetenz zu entwickeln, unterscheidet sich dabei grundlegend von "Informationen geben". Bei einem *"lernerzentrierten" Erfahrungsansatz* (Bennett 1986) geht man von den Fähigkeiten der Anwesenden aus und verbindet die Informationen mit *realistischen Umsetzungsmöglichkeiten.* Mit Fallstudien, Rollenspielen, Simulationen können aktive und passive Erfahrungen gemacht und ein Vergleichsprozeß in Gang gesetzt werden. Eine Reflexion von Schlüssen, Generalisierungen und Prinzipien beginnt. Wahrnehmungs- und Handungsflexiblität wird nur unter Berücksichtigung von Alltagskompetenz, kommunikativen Fähigkeiten bzw. Notwendigkeiten erreicht.

Widerstände der Teilnehmerinnen

Das Programm mißlingt umso mehr, als bei der Kombination von unterstellten Vorurteilen, nicht geäußerten Stellungnahmen und tabuisierter Moral gleichwohl vom Informationsdefizit der Teilnehmerinnen ausgegangen wird und ständig Begründungen, Erklärungen und "Aufklärungen" erfolgen. Wie am Material zu sehen ist, werden die inititiierten und dann abgebrochenen Anprangerungen als latenter Vorwurf empfunden. Die Teilnehmerinnen geraten in eine Verteidigungsposition hinsichtlich ihrer Persönlichkeit und ihrer Berufsidentität. Kein Wunder, daß sie Widerstände entwickeln. Hewstone (1989) erörtert in einer kritischen Diskussion die Untersuchungen zur *Veränderung von Stereotypen durch neue Informationen.* Er betont die Vermittlung der Schemata und Repräsentanzen durch Affekte und Motivationen und kommt zu dem Schluß, daß eine Aufnahme neuer Gesichtspunkte nur gelingt, wenn sie hochmotivierten Empfängern in Verbindung mit den ihnen vertrauten Typen präsentiert wird, ohne daß Befürchtungen oder Ängste der jeweiligen *ingroup* geschürt werden. Zur Sprache kommen müßten Irritationen aus der Praxis, die auftreten, *obwohl* die Kulturhintergründe gewußt werden.

Lösungsmöglichkeiten

Man kann zwischen Informations-, Kultur- oder Interaktionsorientierten Schulungen unterscheiden (Thomas/Hagemann 1992). Sie umfassen Denken, Affekt und Verhalten und sind abhängig von der Art und Intensität, in der die Teilnehmenden mit Personen aus anderen Kulturen zu tun haben (Brenneis 1989). Das beschriebene Lufthansa-Seminar ist diesbezüglich einerseits unterfordernd, andererseits überfordernd. Unterfordert werden die Teilnehmenden, weil die unterschiedlichen "Lernerstufen" (Bennett 1986) nicht berücksichtigt werden. Neulinge sitzen neben "alten Hasen", die sich ungern ihre Kompetenz absprechen lassen. Der Erfahrungs- und Wissensschatz dieser Gruppe ist groß und sollte fruchtbar gemacht werden. In einem Entwicklungsansatz für ein interkulturelles Sensibilisierungstraining geht Bennett von einem mehrstufigen Prozeß aus, bei dem jeder Stufe bestimmte Haltungen entsprechen, in denen Strategien zur Relativierung des Verhaltens weiterentwickelt werden können. Die Berücksichtigung und Integration von Heterogenität beträfe auch Alter, Ausbildungsstruktur, Geschlecht und

Nationalität. Informations- und kulturorientierte Seminare sind bei Zielgruppen sinnvoll, die mit Erstkontakten konfrontiert werden, Hintergründe lernen müssen und den Einfluß der kulturellen Sozialisation noch nicht kennen. Genau auf dieser Schnittstelle lag das Programm. Für eine bereits erfahrene, durch Begegnungen und Aufenthalte vorgeprägte Gruppe, die stets direkten Interaktionskontakt hat, sind Kommunikationsseminare viel spezialisierter zuzuschneiden. Hier können Einheimische als "ressource people" (Thomas/Hagemann) eingesetzt werden.

Handlungsprobleme

Ein weiterer entscheidender Punkt, an dem das Konzept ins Leere läuft, ist die mangelnde Thematisierung der Berufsproblematik der Teilnehmerinnen. Implizit wird stets gleichgesetzt, daß Stereotyen der Alltagssprache sich automatisch verhaltensbehindernd an Bord auswirken müssen. Moralisieren und Festhalten an Stereotypen finden sich jedoch fast ausschließlich im allgemeinen Gespräch. *Kommt das Thema auf Passagiergruppen, verschwinden Moralisierungen zugunsten von pragmatischen Problemen.* Grundsätzlich muß man zwischen der stabilisierenden Funktion von Stereotypen und berufssalltagspraktischer Nützlichkeit von Typisierungen genau unterscheiden. Gerade sie sind außerordentlich wichtig, um eine "Standardbetreuung" in gruppenadäquaten Service zu transformieren.

Zum Teil gingen die Lehrgangsleiterinnen tatsächlich auf die Details interkultureller Kommunikation ein. Hochspezialisierte Erwartungen und Empfindlichkeiten der Passagiere wurden besprochen, wie z.B. Verhaltensweisen, die den Passagier davor bewahren, Nein sagen zu müssen, wie es in einige asiatischen Ländern erforderlich ist. Nur so können Informationen, die nicht allen vertraut sind, akzeptiert werden. Doch statt zu entlasten, wurden hier zusätzliche Belastung wahrgenommen. Die Teilnehmerinnen wehrten sie ab. Konkret gesprochen, die Teilnehmenden überlegten, wie sie die neu erlernten Fähigkeiten im Serviceablauf umsetzen könnten und verweigerten sich schon bei der schieren Vorstellung. Peter: "Das ist ja wirklich auch ein Zeitproblem". Laura: "Ich meine, an Bord können wer des auch nicht bringen.(...). Da sitzen unter Umständen drei verschieden Nationen in einer Reihe, und daß ich wie ein Chamäleon die Farbe wechsel, das schafft man nicht." Das Problem gilt für die gesamten Verfahren. Die Teilnehmerinnen fragen sich, wie sie das neue Wissen bei der Zuwendung zum Passagier umsetzen sollen. Das Thema "Gefühlsarbeit" (Strauss/Shizuko et al. 1980) wird weder bei der Grundausbildung noch in dieser Veranstaltung beleuchtet. Als "Ware Nächstenliebe" (Schmidbauer 1992), die eigene und fremde Gefühle produzieren muß, um eine angenehme Passagierbetreuung zu gewährleisten, ist sie aber auch den Flugbegleiterinnen nicht bewußt. Gefühlsarbeit geht als belastende, aber unterschätzte "Nebentätigkeit" in einem hochstandardisierten Serviceablauf unter. Gerade die Arbeit an und mit den Emotionen macht die Stewardessentätigkeit zu einem typischen Frauenberuf (vgl. Hochschild 1990). Bei der Emotionsarbeit geht es nicht unmittelbar zu. Gefühle erfahren eine Bedeutungsstiftung durch die Akteure, damit Kontextübertragungen und Reproduktion möglich werden. Der Versuch der Anpassung an die im Seminar vermittelten Normen führt zu Widerstand oder Verunsicherung.

Gestalttherapeutische Ansätze der Organisationsentwicklung raten deshalb, *am Widerstand anzusetzen,* der nicht dysfunktional ist, sondern als Kompetenz gedeutet wird (Nevis 1988). Die Blockade gegen pädagogische Zielvorstellungen gilt als "angemessene Selbstregulation" und Aktivierung von Energien. Sie ist kein oppositionelles Verhalten, keine Verweigerung oder mangelnde Bereitschaft, sondern eine sensible Reaktion auf die Bedeutung des Erhalts von Selbstachtung und Autonomie, ein genaues Wissen der ungeschriebenen Gefühls- und Interaktionsgesetze und erkennt Konsequenzen, mit denen die Initiatoren nicht rechnen.

"Diese Sichtweise hat zur Folge, daß der Widerstand des Klienten respektiert und akzeptiert wird, (...) [ihm] (...) zu helfen, seine Bewußtheit von den Kräften zu erhöhen, die eine Bewegung in Richtung auf einen neuen Standpunkt gegenüber einem Problem oder einer entscheidenden Frage fördern oder behindern. (...) Das Ziel des Beraters ist, das System bei der Lösung des Dilemmas zu unterstützen, das dieser Ambivalenz zugrunde liegt. (Nevis 1988:79)

Hier genügt eine defizitorientierte Weiterbildung nicht, zumal sie der Idee von Personalentwicklung selbst widerspricht. Sie gehört in die Kategorie der Projekte, die möglichst nichts verändern sollen. "Bitte nicht stören" schrieb das Manager-Magazin 1/1994 und provozierte mit der Erfahrung von Organisationsberatern, daß die heimliche Anforderung an die betriebliche Weiterbildung trotz 30 Milliarden Mark jährlicher Investitionen sei, möglichst alles beim alten zu lassen. Wenn man mit dieser Weiterbildungsmaßnahme wirklich ernst macht, muß das Seminar mindestens inhaltlich modifiziert werden und bestenfalls in einem Qualifikationskontext offizieller beruflicher Anerkennung stehen.

Ausweg: Ein Ergebnis von Hochschilds (1990) Studie bei der amerikanischen Fluglinie Delta Airlincs ist, daß die Dienstleisterinnen die "Signalfunktion" ihrer Gefühle verlieren. Stewardessen können durch die ständige Mobilisierung positiver Emotionen keine adäquaten Reaktionen mehr entwickeln. Eine verläßliche Selbstwahrnehmung ist durch ständige Veränderung der Rahmenbedingungen (Crewzusammensetzung, Passagiere, Strecke) ohnehin schwer möglich. Hochschild kritisiert, daß in den USA bei der Ausbildung der Flugbegleiterinnen bezüglich dieses elementaren Arbeitsbestandteils unspezifische Regeln zur Selbstmanipulation erteilt werden und bei Auffrischungskursen für erfahrenere Stewardessen einzig die Frage diskutiert wird: Wie werde ich meinen Ärger los? Außerdem würden die allgemeinen Arbeitsbedingungen und -belastungen komplett ausgeblendet und als Tatsachen vorausgesetzt. Jenseits dieser berechtigten Kritik muß man feststellen, daß bei der Ausbildung der Lufthansa "Ärgermanagment" als Thema noch weniger zur Sprache kommt und stattdessen ausschließlich auf Toleranzverständnis gebaut wird. Die verschiedenen Formen des Widerstands können quasi als verdrehtes Zeugnis der von Hochschild vermißten Signalfunktion der Gefühle betrachtet werden. Die Widerstände verweisen auf die mangelnde Anerkennung von Gefühlsarbeit auf institutioneller Ebene der Luftfahrtunternehmen.

Eine realitätsgerechte Umsetzung des Themas Interkulturelle Kommunikation stellt in diesem Berufsfeld noch eine besondere Schwierigkeit dar. Die Wissensbestände müssen für die einzelnen Kulturen detailliert sein und umfassen für die Zielgruppen zu viele Einzelelemente. Meist sind sie nur in Verbindung mit dem Erlernen der jeweiligen Fremdsprache anwendbar. Da oft Englisch als vermittelnde Sprache genommen wird, bewegen sich die Teilnehmerinnen im kulturellen Niemandsland. Deshalb spricht vieles dafür, zunächst eine *Bildungsbedarfsforschung* durchzuführen (Götz/Häfner 1992). Sie beinhaltet die Sichtung von Fachliteratur zur Interkulturellen Kommunikation, Arbeitsprobleme, Qualifikationsdifferenzen, Laufbahnplanung, Mitarbeiterinteressen und Organisationsentwicklung. Nur im Zusammenhang mit einer Personalentwicklung zur Professionalisierung der Berufsgruppe ist eine belastbarere Einzelhaltung möglich. Dies wäre kein Ansatz mehr, der von einer mangelnden Dienstleistungsbereitschaft ausgeht: "Kritische Vorfälle enstehen viel häufiger aus mangelnder Qualifikation der Mitarbeiter oder aus ungünstigen Organisationsstrukturen als aus fehlender Motivation der Betroffenen." (Götz/Häfner 1992:51)

Erst mit einer Akzentuierung auf Persönlichkeitsentwicklung würde das Seminar der Lufthansa in einem neuen übergreifenden Trend stehen, *neue Schlüsselqualifikationen* entwerfen und fördern. Diese Variante wäre am konstruktivsten. Eine Entfaltung der persönlichen Voraussetzungen sorgt für ein besseres Klima, entlastet und erweitert das Spektrum beruflicher Kompetenz. Begreift man *Weiterbildung als Prozeß* und nicht als Akzeptanz neu vermittelter fixierter Positionen, wäre die inhaltliche Modifizierung aber nur Mindestanforderung. Ohne eine Entwicklung des gesamten Ausbildungsgangs des Kabinenpersonals zu einem anerkannten Beruf bleibt die gute Idee eine isolierte Maßnahme und die Strukturbedingungen unterlaufen sie.

5. Ausblicke

Wenn es eine Berufsgruppe gibt, bei der die Begegnung mit anderen Kulturen augenfällig ist, so sind es Stewardessen. Umso selbstverständlicher erscheint es, ein *Seminar zur Interkulturellen Kommunikation* gerade dort institutionalisiert zu finden. Leider sind gegenläufige Tendenzen zu beobachten. Die Weiterbildung war ein vorübergehendes, auf der Eigeninitiative einzelner basierendes Unternehmen, das nach knapp zwei Jahren Laufzeit bis auf weiteres eingestellt wurde. Seitens der Zielgruppe des fliegenden Personals war die Nachfrage zu gering, weil die Weiterbildungsseminare in der knapp bemessenen Ruhe- oder Freizeit lagen. Die Fluguntenehmen liebäugeln ihrerseits unter dem internationalen Konkurrenzdruck eher mit der Reduktion von Service und damit des Servicepersonals und seiner Qualifikation.

Ein Lichtblick am Horizont sind erste Professionalisierungstendenzen. Bei der Lufthansa wird ab Sommer 1996 eine neue Tarifvertragsregelung in Kraft treten (UFO-Report 10:11). Der "Vertrag zur Qualifikation" sieht die Erhöhung der Vergütung vor, wenn die Flugbegleiterinnen "Fördertage" belegen. Sie bestehen aus zwei- bis dreitägigen, in der Freizeit stattfindenden Schulungen in mehreren Stufen. "Prozeßorientierte" Weiterbildung umfaßt Schulungen, die Produktangebote, Arbeitsabläufe oder marktstrategische Themen behandeln. Psychologische Fortbildung bildet einen weiteren Schwerpunkt. Die bereits bestehende Schulung zur Interkulturellen Kommunikation wurde allerdings nicht berücksichtigt, denn bisher gelten interkulturelle Fähigkeiten nicht als servicerelevant. Manche Fluggesellschaften

haben sich des Themas allerdings systematisch angenommen. Die holländische KLM beschäftigt Ethnologen, British Airways hat eigene Anthropologen, drehte Filme über die eigene Organisationskultur und ließ sich von einem Consulting-Unternehmen professionell zu diesem Thema beraten.
Auf grundsätzliche Veränderung läßt die Neuorganisation der gesamten Auswahl- und Ausbildungsstruktur bei der Lufthansa hoffen, wie sie derzeit vom Berufsverband Unabhängige Flugbegleiter Organisation (UFO) angestrebt wird. In der Schweiz und in den USA ist die Berufsanerkennung von Stewardessen bereits durchgesetzt. Eine Professionalisierung der Tätigkeit in der Kabine soll auch hierzulande durch eine *Flugbegleiterlizenz* gewährleistet werden, die Qualifizierungs- und Ausbildungsblöcke aufeinanderschichtet. In diesem Ausbildungsgang hätte ein Seminar zur Interkulturellen Weiterbildung seinen geeigneten Platz.

Literatur

Bennett, M. J. (1986), *A developmental Approach to training for intercultural sensitivity.* In: International Journal of Intercultural Relations. Vol 10, No 2. 1986

Bentner, A. (1992), *"...durch die Welt zu fliegen und ziemlich frei zu sein" Beruf Stewardeß.* Frankfurt.

Bergmann, J. R. (1985), *Flüchtigkeit und methodische Fixierung sozialer Wirklichkeit: Aufzeichnungen als Daten der interpretativen Soziologie.* In: Bonß, W./Hartmann H. (Hg): *Entzauberte Wissenschaft.* Sonderheft 3 der "Sozialen Welt". Göttingen, S. 299-320

Bergmann, J. R. (1987), *Klatsch. Zur Sozialform der diskreten Indiskretion.* Berlin.

Bergmann, J. R. (1994), *Ethnomethodologische Konversationsanalyse.* In: Fritz, G./Hundsnurscher F. (Hg): Handbuch der Dialoganalyse. Tübingen, S. 3-16

Bundesanstalt für Arbeit (Hg) (1985): *Blätter zur Berufskunde, Flugbeglei-ter/Flugbegleiterin (Steward/Stewardeß).* Grundwerk ausbildungs.- und berufskundli-cher Informationen, Nr. 912 b. Dezember 1985., S. 6-11

Christmann, G. (1993), *"Und da hab ich wirklich so einen Zornesausbruch gekriegt..." Moral mit Affekt: Die moralische Entrüstung am Beispiel von Ökologiegruppen.* Arbeitspapiere des Projektes "Formen der kommunikativen Konstruktion von Moral". Konstanz

Deutsche Lufthansa AG. Jakob, A. (Hg) , FRA NK Juli 1992, *Sitten und Gebräuche rund um die Welt.*

Gerhards, J. (1988), *Zur Kommerzialisierung von Gefühlen.* In: Soziale Welt Jg 39 Nr. 1. 1988. S.47-65

Geissler, K. A. (1986), *Pädagogische Interaktion in der Erwachsenenbildung.* In: Wiedenmann/Krapp (Hg): *Pädagogische Psychologie.* München, Weinheim

Götz, K./Häfner, P. (1992), *Didaktische Organisation von Lern- und Lehrprozessen.* Weinheim

Günthner, S. (1993), *Moralische Geschichten. Beispielerzählungen mit Einladung zur moralischen Entrüstung.* Arbeitspapiere des Projektes "Formen der kommunikativen Konstruktion von Moral". Konstanz

Heritage, J. (1974), *Assessing people.* In: Armistead, N. (Hg): Reconstructing Social Psychology. Harmondsworth . S.260-281

Hewstone, M. (1989), *Changing Stereotypes with disconfirming information.* In: Bar-Tal, D./ Graumann, F. u.a. .(Hg): Stereotyping and Prejudice.Changing Conceptions. New York

Hochschild, A. (1990), *Das gekaufte Herz.* Frankfurt 1990

Lehrerkonzept der "Serviceschulung Kabinenpersonal, Grundlehrgang": *Andere Länder, andere Sitten.* Januar 1992

McCaffrey, J.A. (1986), *Independent Effectiveness: A reconsideration of cross-cultural orientation and training.* In: International Journal of Intercultural Relations. Vol 10,

Nazarkiewicz, K. (1994), *Analysen zu moralischen Kommunikation und pädagogischen Intervention bei ethnischen Stereotypen.* unveröff. Diplomarbeit am Fachbereich 3, Justus-Liebig-Universität Gießen

Nevis, E.C.(1988), *Organisationsberatung. Ein gestalttherapeutischer Ansatz.* Köln

Schmidbauer, W. (1992), *Helfen als Beruf. Die Ware Nächstenliebe.* Reinbek/Hamburg

Strauss, A./Shizuko, F./Suczek, B./Wiener, C. (1980), *Gefühlsarbeit. Ein Beitrag zur Arbeits- und Berufssoziologie.* In: Kölner Zeitschrift für Soziologie und Sozialpsychologie 32. Jg, Nr. 12. 1980. S.629-651

Thomas, A./Hagemann, K. (1992), *Training interkultureller Kompetenz.* Bergemann, N./Sourisseaux, A. L. (Hg): Interkulturelles Managment. Heidelberg.

Manager-Magazin 1/94: "Bitte nicht stören"

UFO-Report, Nr. 10. Juni/Juli 1995. Unabhängige Flugbegleiter Organisation e.V. (Hg) : *Der neue LH-Tarifvertrag Kabine.*

UFO-Report, Nr. 11. Aug/Sept. 1995. Unabhängige Flugbegleiter Organisation e.V. (Hg): 2*Berufsbild Flugbegleiter/in*

Ariane Bentner

Frauen lernen führen - aber wo und wie? Konzeptionelle Überlegungen zur Gestaltung offener Führungstrainings für Frauen

Frauen in Führungspositionen - dieses Thema erlebte in den 80er Jahren einen publizistischen Boom. Wir wissen, daß sich dieser Boom bisher nicht proportional zur tatsächlichen Anzahl weiblicher Führungskräfte in Deutschland verhält. Und - um es vorwegzunehmen - diese Publikationsflut steht auch in keiner Relation zu den Weiterbildungsangeboten für diese Zielgruppe.

Mittlerweile ist die Debatte um Frauen in Führungspositionen stiller geworden. Umso wichtiger scheint mir eine inhaltliche Auseinandersetzung mit der Frage nach den Rahmenbedingungen und der konzeptionellen Gestaltung von externen, außerbetrieblichen Seminaren für weibliche Führungskräfte.

Ich möchte daher in diesem Beitrag zeigen, welche Überlegungen bei der Konzeption und Gestaltung offener Führungsseminare oder -trainings für Frauen, wie sie bisher überwiegend von einigen öffentlichen Bildungsinstitutionen angeboten werden, von Veranstaltern und Trainerinnen im Vorfeld einbezogen werden sollten, um nicht an der beruflichen Realität der Teilnehmerinnen vorbeizuarbeiten. Meine Ausgangsüberlegung ist die, daß es mit einem frauenspezifischen Weiterbildungsangebot für weibliche Führungskräfte allein nicht getan ist. Vielmehr müssen bei der Konzeption und Gestaltung von Trainings oder Seminaren für diese Zielgruppe mehrere Dimensionen berücksichtigt werden, was meiner Erfahrung nach bisher eher die Ausnahme als die Regel in der Weiterbildungspraxis darstellt.

Dazu werde ich im ersten Teil zunächst die berufliche Weiterbildungssituation für weibliche Führungskräfte in West-Deutschland betrachten. Im zweiten Teil möchte ich zeigen, welche Dimensionen des Themas Frauen in Führungspositionen aus meiner Sicht konzeptionell mitgedacht werden sollten, wenn ein offenes Weiterbildungsangebot für diese heterogene weibliche Zielgruppe konzipiert wird. Meine These ist, daß subjektorientierte, persönlichkeitsbildende Ansätze *allein* hier ebenso zu kurz greifen wie solche, die ausschließlich auf den weiblichen Lebenszusammenhang und die Problematik der Vereinbarkeit von Familie und Beruf abzielen. Vielmehr muß ein solches Seminar die unterschiedlichen persönlichen und beruflichen Kontexte der Teilnehmerinnen zur Kenntnis nehmen, thematisieren und fokussieren, wenn es für alle Beteiligten fruchtbar werden soll.

Im letzten Teil werde ich skizzieren, welche theoretischen und sozialwissenschaftlichen Überlegungen hinter meiner eigenen Arbeit als Trainerin und Beraterin weiblicher Führungskräfte stecken. Meine Absicht ist nicht, ein fertiges Konzept vorzulegen, sondern vielmehr auf der Basis meiner Erfahrung in der Weiterbildung und Organisationsberatung mit Frauen Kriterien zu entwickeln, nach denen solche offenen Trainings gestaltet werden können.
Denn ein solches Seminar sollte die Teilnehmerinnen auf drei Ebenen ansprechen und sie zugleich mit diesen konfrontieren: Dies ist einmal die Mikroebene, wo jede Frau als Subjekt und Individuum im Zentrum steht. Darüberhinaus gilt es auch Wechselwirkungen des eigenen Tuns in der Kommunikation mit anderen sichtbar zu machen. Dies wäre der Blick auf die Mesoebene als Ebene der Auseinandersetzung der einzelnen Frau als Führungskraft mit ihren Mitarbeiter/-inne/n, Vorgesetzten und der Gruppe. Und schließlich darf als gesellschaftliche und strukturelle Dimension die Makroebene nicht vernachlässigt werden, auf der die jeweilige Institution, in welcher die Führungskraft tätig ist, abgebildet und thematisiert wird.

In meinen Beitrag fließen Erfahrungen aus mehreren Führungsseminaren mit heterogenen weibliche Zielgruppen zusammen, die ich in den letzten Jahren im Auftrag verschiedener, meist öffentlicher Bildungsinstitutionen (v.a.Volkshochschulen) durchgeführt habe.

1. Frauen in Führungspositionen

Frauen sind heute beruflich qualifizierter denn je, und auch wenn sie keine Führungsposition innehaben, so geben sie sich nicht mehr mit allem zufrieden: Gerade qualifizierte Frauen wünschen sich inhaltliche Befriedigung im Beruf und sie wollen eigene Vorstellungen verwirklichen können (Erler et al. 1988). Diese Frauen suchen durchaus den beruflichen Erfolg, der jedoch - anders als dies für das Muster der männlichen "Laufbahnplanung" gilt - nicht in erster Linie mit vertikalem Aufstieg in der Hierarchie, Macht, Geld und Statussymbolen assoziiert wird. Erfolg im Beruf bedeutet für Frauen vielmehr, interessante Aufgaben zu bewältigen, im Unternehmen angeregt und respektiert zu werden, wirtschaftlich unabhängig zu sein sowie Privatleben und Beruf im Gleichgewicht zu halten. Erfolg wird von Frauen eher gleichgesetzt mit Lebensqualität im Beruf, die sich dann einstellt, wenn sie das Gefühl haben, in der Organisation "dazuzugehören", respektiert zu werden und ihre Ideen verwirklichen zu können (Fuhrhop 1993:22). Sicher gibt es mittlerweile auch in einigen Berufsgruppen bei Männern schon aufgrund der strukturellen Veränderungen des Arbeitsmarktes eine zunehmende Tendenz, inhaltliche Sinnstiftung und Zufriedenheit im Beruf dem klassischen Laufbahndenken vorzuziehen. Da Frauen sich jedoch auf dieser Laufbahn bisher eher selten wiederfinden, entwickeln sie andere Prioritäten, die sich von denen männlicher Führungskräfte eher unterscheiden.

Frauen in Führungspositionen, denen der Aufstieg im vertikalen Sinne gelungen ist, stellen nach wie vor eine Minderheit unter den beschäftigten Frauen dar. Ihr Anteil am mittleren Management in der Wirtschaft in den alten Bundesländern erhöhte sich zwischen 1986 und 1991 von 4% auf 5% (Bischoff 1990:20 und 1991:3). Im deutschen Top-Management sind Frauen mit einem Anteil von ca. 2% bekanntlich exotische Randerscheinungen, wir treffen sie etwa so selten an wie "Männer in Teilzeitarbeit oder in Hausmännerfunktionen." (Brumlop 1991:54)

Über die Anzahl weiblicher Führungskräfte im sozialen Bereich liegen meines Wissens bisher keine repräsentativen Untersuchungen vor (Vgl. Ehrhardt-Kramer 1992:21). Damit sind Frauen in Führungspositionen im quantitativen Sinn eine "Randgruppe" in zweifacher Hinsicht: zum einen werden sie mit zunehmendem Aufstieg zu Außenseiterinnen innerhalb des eigenen Geschlechts, denn sie heben sich von anderen Frauen ab, da die meisten anderen Frauen keine Führungskräfte sind. Zum anderen gehören weibliche Führungskräfte plötzlich der Statusgruppe männlicher Führungskräfte an. Darüber erfahren sie eine Statusaufwertung. Diese Situation ist für Frauen historisch vorbildlos und bleibt daher nicht ohne Folgen:

"Ihre Karriere weicht nicht nur von der üblichen Frauenkarriere und einer Festlegung auf den Familienbereich ab, sondern auch von der typischen Karriere von Männern, von denen letzlich nur eine Minderheit eine Führungsposition erreicht. Führungsfrauen befinden sich also in einer Situation `doppelter Devianz`" (Stahr 1993:128)

Mit anderen Worten: Frauen in Führungspositionen sind einerseits privilegiert aufgrund von Status und Geschlecht und werden paradoxerweise genau dadurch zu einer - wenn auch privilegierten "Randgruppe".

Daraus können für Frauen je nach beruflicher Situation unterschiedliche Probleme resultieren, die durchaus mehrdimensional sind: Dies können beispielsweise auf der Mikroebene persönliche Probleme sein wie geringes Selbstwertgefühl und Schwierigkeiten, sich durchzusetzen. Denkbar sind aber auch Fallstricke bei der Selbstorganisation wie die eigenen Grenzen (der Arbeit) nicht zu kennen, Perfektionismus (alles oder gar nichts machen wollen) oder subjektive Beeinträchtigungen durch innere Barrieren und Imperative - ich muß dieses oder jenes tun, ich darf das auf keinen Fall tun. (Vgl. Wagner 1987)

Auf der Mesoebene sind Konflikte mit Mitarbeiter/-inne/n oder Vorgesetzten denkbar sowie Kommunikationsstörungen im Team. Auf der Makroebene schließlich sind strukturelle und organisatorische Probleme vorstellbar wie unklare Vorgaben über die Führungsfunktion, fehlende Mittel und Ressourcen u.a.m. Ich werde auf diese möglichen Probleme weiblicher Führungskräfte noch genauer eingehen.

2. Weiterbildung für Frauen in Führungspositionen

Betrachten wir nun die innerbetriebliche Weiterbildungssituation von Frauen in Führungspositionen in deutschen Unternehmen etwas genauer.

Hierüber kann eine Studie Aufschluß geben, in der die 200 umsatzstärksten westdeutschen Unternehmen nach ihren Fördermaßnahmen für Frauen befragt wurden (hierzu und im folgenden Schultz-Gambard et al. 1993). Die Ergebnisse zeigen, daß nur ein Drittel der befragten Unternehmen überhaupt Frauenförderung betreibt. Entsprechende Maßnahmen wurden ganz überwiegend von der Geschäftsleitungsebene initiiert - also top-down durchgesetzt. In vielen Fällen wurde Frauenförderung aber auch von Betriebsräten, Personalabteilungen und den betroffenen Frauen selbst eingefordert. Die meisten Frauenfördermaßnahmen zielen jedoch primär auf eine bessere Vereinbarkeit von Familie und Beruf (flexible Arbeitszeitregelungen und verlängerter Erziehungsurlaub) und sind eher als Instrumente zur Förderung der Familien zu charakterisieren und zu kritisieren, mit deren Hilfe Frauen vom Arbeitsplatz ferngehalten werden. Dies bestätigt auch eine ähnlich angelegte Studie im Auftrag der Deutschen Forschungsgemeinschaft von Brumlop/Hornung (1991).

Lediglich 10% der von Schultz-Gambard befragten deutschen Unternehmen fördern nach eigenen Angaben *speziell* weibliche Führungskräfte. Geschlechtshomogene Seminare für Frauen werden dabei innerbetrieblich so gut wie gar nicht angeboten. Das bedeutet zunächst nichts anderes, als daß Frauen zumindest von der Teilnahme an Führungsseminaren nicht ausgeschlossen werden. Die Notwendigkeit, interne Führungsseminare nur für Frauen anzubieten, wird von der Mehrheit der befragten Unternehmen jedoch überwiegend nicht gesehen. Dies wird damit begründet, daß Frauen als Führungskräfte im Berufsalltag mit Männern konfrontiert sind. In einer Seminarsituation müsse diese Konfrontation für den Transfer in den Beruf geübt werden.

Eine genauere Betrachtung zeigt, daß lediglich 7,1% der befragten Betriebe *gezielt* Führungstrainings nur für Frauen durchführen. Das heißt, nur eine minimale Anzahl der Seminare in deutschen Unternehmen wird explizit geschlechtshomogen für Frauen angeboten. Wie diese Seminare inhaltlich, methodisch und didaktisch gestaltet werden, darüber liegen mir keine Kenntnisse vor. Auch bleibt offen, ob betriebliche Führungstrainings für Frauen von weiblichen Trainerinnen durchgeführt werden.

Interessant sind hier die Begründungen der Unternehmen für oder gegen solche frauenfördenden Weiterbildungsangebote. So argumentiert die Mehrzahl (82,4%) derjenigen Betriebe, die Frauen fördern, mit einem in den kommenden Jahren zu erwartenden Fach- und Führungskräftemangel, der sie dazu motiviert, vorhandenes Potential ihrer weiblichen Mitarbeiter frühzeitig zu nutzen und zu fördern. Weiterhin wird Frauenförderung begründet mit dem Wertewandel der Gesellschaft, der ein verändertes Rollenverständnis nach sich zieht (62%). Schließlich wird Frauen eine andere Persönlichkeitsstruktur und ein anderer, mitarbeiterorientierter Führungsstil attestiert (17,6%), der die Erhöhung des Frauenanteils in Führungspositionen erfordert. Knapp 20% der Unternehmen fördern Frauen, weil sie Chancengleichheit zwischen den Geschlechtern realisieren möchten. Einige Unternehmen betreiben Frauenförderung ausschließlich zur Imagepflege (Schultz-Gambard et al. 1993:22).

Wenn nach diesen Ergebnissen innerhalb der Unternehmen frauenspezifische Weiterbildung noch weitgehend brachliegt, so wäre zu hoffen, daß externe Anbieter/-innen dieses Vakuum füllen.

Angebote und Inhalte außerbetrieblicher Weiterbildung für Frauen sind jedoch insgesamt sehr unübersichtlich und heterogen. Deshalb beziehe ich mich im folgenden exemplarisch auf eine Auswertung von Weiterbildungsangeboten externer Anbieter für weibliche Führungskräfte in Deutschland, die 1992 von Infratest-Sozialforschung durchgeführt wurde. In der von Infratest vorgelegten Bestandsaufnahme über Weiterbildungsangebote für weibliche Führungskräfte in Deutschland wurden ausschließlich kommerzielle und staatliche Anbieter befragt. Im Ergebnis zeigt sich, daß für die Mehrzahl der Anbieter frauenspezifische Weiterbildungsangebote für weibliche Führungskräfte - ebenso wie für die Unternehmen - kein ernstzunehmendes und wichtiges Thema ist (Infratest Sozialforschung 1992:17). Vielmehr sind es die kleinen, häufig privatwirtschaftlich organisierten Anbieter, die spezielle Programme für diese Zielgruppe konzipiert haben.

So haben 1992 bundesweit etwa 50 Anbieter Weiterbildung für Frauen in Führungspositionen offeriert, davon sind lediglich zehn auf Konzepte für diese Zielgruppe spezialisiert (ebd.:11-12). Dies zeigt, daß das Angebot für Frauen, die sich in und für Führungspositionen qualifizieren wollen, insgesamt sehr klein ist und daß die Frauen auf der Suche nach geeigneten Seminaren u.U. selbst initiativ werden müssen und weite Wege zu gehen haben.

Interessant ist auch ein Blick auf die einzelnen Anbieter: Es sind nicht, wie zu vermuten wäre, überwiegend die Frauenbildungsprojekte aus dem Kontext der Frauenbewegung, die entsprechende Angebote machen, sondern vielmehr staatliche oder halbstaatliche Institutionen wie arbeitgebernahe Verbände, Kammern, Bildungswerke, Rationalisierungskuratorien der Wirtschaft (RKW). Nur sehr wenige Frauenprojekte bieten gezielte Weiterbildung für Führungsfrauen an; sie konzentrieren sich vielmehr auf Karriereberatung, Karriereplanung, Netzwerkarbeit und Orientierungskurse für Wiedereinsteigerinnen (Infratest Sozialforschung 1992:12/20). Somit scheinen weibliche Führungskräfte erstaunlicherweise auch für die Frauenbildungsprojekte bisher keine besonders umworbene Zielgruppe zu sein. Liegt dies u.a. begründet in dem Hadern und den eigenen Schwierigkeiten dieser Projekte mit Führung und Leitung? Jedenfalls sehe ich hier ein zukünftiges professionelles Betätigungsfeld für die Frauenbildungsprojekte, durchaus auch in Kooperation mit Unternehmen und staatlichen Anbietern. Als innovatives Beispiel möchte ich auf einen von mir mitbegleiteten Modellversuch zwischen den OBI-Bau- und Heimwerkermärkten und dem Verein zur beruflichen Förderung von Frauen e.V. Frankfurt verweisen, wo eine solche Kooperation mit Frauen in Führungspositionen erstmals erprobt wurde (vgl. Schiersmann/Geissler/Bentner 1994).

Insgesamt zeigt sich also, daß es sowohl inner- als auch außerbetrieblich bisher nur wenige auf die Zielgruppe der weiblichen Führungskräfte zugeschnittene Weiterbildungsangebote gibt. In einer von Sonja Bischoff durchgeführten Repräsentativerhebung im mittleren Management waren noch 1986 31% der deutschen weiblichen und männlichen Führungskräfte der Ansicht, Weiterbildung habe für ihren Aufstieg eine eher marginale Rolle gespielt. Dies glaubten 1991 nur noch 18% (Bischoff 1991:44). Hier zeichnet sich ein deutlicher Wandel in der Bewertung von Weiterbildung durch Führungskräfte ab. Interessant ist jedoch, daß 1991 in einer Nachfolgebefragung Bischoffs den weiblichen Führungskräften eine fachübergreifende und persönlichkeitsorientierte Weiterbildung weniger wichtig erschien als die fachbezogene. Im Gegensatz dazu "sind es gerade die erfolgreichen Männer, die persönlichkeitsorientierte Weiterbildung besonders hoch schätzen." (Bischoff 1991:95)

Schenken wir diesen Aussagen Glauben, bedeutet das, daß weibliche Führungskräfte im Gegensatz zu ihren männlichen Kollegen aus der Wirtschaft primär daran interessiert sind, sich fachlich weiterzubilden, nicht persönlichkeitsorientiert. Was für Frauen in der Wirtschaft gilt, darf jedoch keinesfalls für alle weiblichen Führungskräfte aus anderen Bereichen generalisiert werden. Es wäre geradezu kurzschlüssig, aus diesen Ergebnissen abzuleiten, alle Frauen in Führungspositionen wären primär an fachlicher, weniger an persönlichkeitsbildender Weiterbildung interessiert.

Nach meiner Erfahrung sind gerade Frauen aus dem Nonprofit-Sektor (z.B. Pflegebereich, Erzieherinnen, Lehrerinnen und Sozialarbeiterinnen etc.) zunehmend interessiert an Führungsseminaren, in denen soziale und kommunikative Kompetenzen, "Führungswissen" und "Führungshandwerkszeug" gleichermaßen vermittelt werden.

Deshalb erscheinen mir dezentrale und externe Angebote, wie sie z.B. Volkshochschulen anbieten, umso begründeter, auch wenn es sich dabei zwangsläufig um offene, an eine heterogene weibliche Zielgruppe gerichtete Trainings handelt, die konzeptionelle Probleme mit sich bringen. Allerdings bieten solche offenen, explizit an Frauen adressierte Management- und Führungsseminare für diese Zielgruppe oft die einzig realistische Alternative: Sie sind meist preisgünstig, sie finden häufig als Wochenendseminar statt und sind aus meiner Erfahrung immer gut besucht.

3. Konzeptionelle Probleme offener Führungstrainings

3.1 Annäherung an die persönlichen und beruflichen Kontexte der Teilnehmerinnen

Ein Kardianalproblem jeder Form von außerbetrieblich durchgeführten und für offene, heterogene Zielgruppen konzipierten Seminaren ist, daß weder Veranstalter/-in noch Trainerin vorher wissen können, welche Personen am Seminar tatsächlich teilnehmen werden. Zwar ist es möglich und auch sinnvoll, vorher eine Zielgruppenanalyse anzufertigen, mit deren Hilfe sich die Seminarleiterin/Trainerin im Vorfeld hypothetisch an die Zielgruppe annähern kann. Die Zielgruppenanalyse speist sich sowohl aus eigenen Vermutungen als auch aus realen Erfahrungen, Informationen und Feldkenntnissen der Trainerin (Knoll 1992:33-34). Sie bleibt aber immer vorläufig, solange wir die tatsächlich am Seminar teilnehmenden Personen nicht kennen und das Angebot nicht auf deren Bedürfnisse und Wünsche zuschneiden können.

Frauen, die sich zu einem Führungsseminar für weibliche Führungskräfte anmelden, dürften sich unter zwei Aspekten angesprochen fühlen: Einmal unter dem Aspekt ihrer Geschlechtszugehörigkeit und zum zweiten unter dem Aspekt ihrer beruflichen Funktion. Die Geschlechtszugehörigkeit und alles, was sich für die Teilnehmerinnen daraus an gemeinsamen und unterschiedlichen Problemen, Hierarchisierungen, Diskriminierungsmechanismen, Mehrfachbelastungen, Balanceakten zwischen Familie und Beruf etc. resultiert, kann ich im Vorfeld zwar theoretisch erfassen und "wissen". Wie sich dieses Spannungsverhältnis jedoch für die Frauen selbst und subjektiv darstellt, erfahre ich erst in der realen Seminarsituation. Daher halte ich wenig davon, Teilnehmerinnen mit meinem Expertinnenwissen über Frauenunterdrückung von vornherein zu "überfallen" oder ihnen meine Sicht der Dinge überzustülpen. Ebensowenig halte ich davon, über die Maßen nur an die persönliche Lebenssituation der Teilnehmerinnen anzuknüpfen, in der Absicht, das Selbstbewußtsein der Frauen stärken zu wollen, wie das häufig in reinen Frauenseminaren unter dem Stichwort "Selbstbehauptung" geschieht. Davon auszugehen, daß Frauen, die sich auf dem Weg in Führungspositionen befinden, oder bereits in leitender Position tätig sind, sich nicht behaupten könnten oder zu wenig Selbstbewußtsein hätten, unterstellt den Teilnehmerinnen ja im Vorfeld ein Defizit, das es im Training/Seminar zu beheben gilt. Hier wäre zu fragen, wer hat ein Interesse daran, weiblichen Führungskräften derartige Schwächen und Defizite zu unterstellen? Auch für die Seminarleiterin mit feministischem Kompaß scheint mir im Vorfeld Vorsicht vor solcherart patriarchalem "Gepäck" (Großmaß/Schmerl 1989) geboten.

Besondere Aufmerksamkeit verdient daneben der zweite Aspekt, nämlich die berufliche Position und Funktion der zu erwartenden Teilnehmerinnen. Wie ich noch zeigen werde, kommen die Teilnehmerinnen offener Führungstrainings aus recht unterschiedlichen Arbeitskontexten, Berufspositionen und Branchen. Für einen Erfahrungsaustausch unter Frauen kann diese Unterschiedlichkeit durchaus positiv und bereichernd sein. Für die konzeptionelle Gestaltung des Trainings ist sie jedoch zunächst einmal problematisch, weil es keinen für alle Teilnehmerinnen gemeinsamen Bezugspunkt gibt. Ein solcher gemeinsamer Bezugspunkt bestünde z.B. dann, wenn alle Teilnehmerinnen in derselben Organisation arbeiten, wenn sie einer bestimmten Berufsgruppe angehören würden (z.B. Pflegedienstleiterinnen, Architektinnen etc.) oder wenn die Frauen ein ähnlich gerichtetes Interesse verbände (z.B. Existenzgründerinnen). Außerdem existieren erfahrungsgemäß unterschiedlich stark ausgeprägte Lernwünsche, Lerngewohnheiten und -bereitschaften der Frauen, die konzeptionell berücksichtigt werden müssen.

Für die Konzeption eines solchen offenen Trainings ist daher im Vorfeld eine Auseinandersetzung mit den möglichen Dimensionen weiblicher Führungstätigkeit dringend erforderlich. Diese Dimensionen beziehen sich auf die Unterschiedlichkeit der Arbeitsfelder, Branchen und Betriebe, in denen die Frauen tätig sind. Denn führen kann je nach Organisation und Organisationskultur etwas ganz Unterschiedliches bedeuten. Ich skizziere im folgenden in Form einer Zielgruppenanalyse (Knoll 1992), wie diese Dimensionen in die Seminarvorbereitung miteinbezogen werden können.

3.2 Beispiel einer Zielgruppenanalyse für ein offenes Führungstraining, durchgeführt an einer hessischen Volkshochschule

Für wen plane ich das Seminar?

Hierbei denke ich im Vorfeld an Frauen, die bereits in leitender Position tätig sind bzw. eine solche anstreben, insbesondere an Frauen aus dem öffentlichen Dienst und dem sozialen Bereich, aber auch an Frauen aus klein-

und mittelständischen Unternehmen; also Adressatinnen, für die traditionell keine (frauenspezifischen) innerbetrieblichen Führungsseminare angeboten werden und für die kommerzielle Managementtrainings finanziell unerschwinglich sind. Dagegen erwarte ich eher keine Managerinnen aus Großunternehmen unter den Teilnehmenden, denn sie könnten Berührungsängste mit dem Veranstalter, einer Volkhochschule haben und fühlen sich möglicherweise durch den niedrigen Seminarpreis (ca. DM 100,-- für ein Wochenendseminar) nicht angesprochen.

Häufig erhalte ich vorab Informationen über die Zielgruppe durch meine Auftraggeber, die jedoch nicht immer mit der Realität übereinstimmen müssen. Ein Beispiel hierfür bildet die Vorinformation, daß sich von der Ausschreibung hauptsächlich Frauen aus sozialen Berufen angesprochen fühlten. Wie wir noch sehen werden, ist das an dieser Volkshochschule nicht der Fall.

Welche Motive könnten die Teilnehmerinnen zur Teilnahme am Training mitbringen?

Ich gehe davon aus, daß zur Teilnahme an einem Führungsseminar nur für Frauen mehrere Motive ausschlaggebend sind: So könnte eine reine Frauengruppe unter der Leitung einer weiblichen Leiterin Schwellenängste abbauen, die möglicherweise bei einem gemischtgeschlechtlichen Seminar bei Frauen bestehen. Ein weiteres Motiv könnte der Wunsch sein, konkretes "Handwerkszeug" für den Führungsalltag zu erwerben, sich Wissen anzueignen und Möglichkeiten kennenzulernen, die Führungsposition als Frau zu gestalten.

Auch die Tatsache, daß die Teilnehmerinnen in der Volkshochschule als einer "neutralen" Institution lernen, kann ein wichtiges Motiv zur Anmeldung darstellen. Hier treffen sie zunächst auf andere, fremde Frauen, was eine gewisse Anonymität gewährleistet, in der eigene Probleme oder Konflikte am Arbeitsplatz leichter ansprechbar sind.

Weitere Motive können aktuelle Konflikte in dieser beruflichen Position sein sowie der Wunsch, im Seminar individuelle Lösungsmöglichkeiten kennenzulernen und zu erproben. Schließlich könnte ein Motiv der Teilnehmerinnen darin bestehen, neue Kontakte zu Frauen in ähnlichen Situationen und beruflichen Positionen aus anderen Institutionen zu knüpfen.

Als Abgleich zu meinen Vermutungen stelle ich im folgenden reale Motive und Erwartungen von Teilnehmerinnen aus drei verschiedenen Führungsseminaren, die ich in den letzten zwei Jahren an der Volkhochschule Frankfurt am Main durchgeführt habe, dar.

Motive und Erwartungen der Teilnehmerinnen an ein Führungstraining

Ich habe bisher folgende Motive von Frauen zur Teilnahme an diesem offenen Führungstraining bei der Volkshochschule Frankfurt kennengelernt: Das erste bezieht sich auf anderweitig fehlende Angebote, die günstige Teilnahmegebühr sowie die Tatsache, daß das Führungstraining explizit für Frauen angeboten wird. Dies schätzen gerade Frauen aus sozialen Berufen in Führungspositionen, die weder über Zugang zu entsprechenden Seminaren noch über ein hohes finanzielles Budget verfügen.

Das zweite Motiv habe ich häufiger bei Frauen gefunden, die in Wirtschaftsunternehmen arbeiten: Diese Teilnehmerinnen haben nicht selten bereits an einem firmeninternen Führungsseminar teilgenommen, das beiden Geschlechtern offenstand. Die Frauen waren meist unzufrieden mit den vermittelten Inhalten, die sie als reines Management-Wissen bezeichneten, oder mit der Didakitk und Methodik der männlichen Trainer, die sie als oft rein kognitive Wissensvermittlung erlebten. Schließlich fühlten sie sich als Frauen nicht ernst genommen und von ihren männlichen Kollegen dominiert.

Die Teilnehmerinnen an den von mir durchgeführten offenen Führungsseminaren formulierten - in unterschiedlicher Gewichtung je nach Arbeitssituation und Kontext der Weiterbildung - überwiegend Lernwünsche zu folgenden Fragestellungen:

- Erfahrungsaustausch mit anderen Frauen in Führungspositionen
- Führen lernen (z.B. Selbstmanagement, Selbstmotivation, führen lernen, Delegation von Aufgaben, eigenen Führungsstil entwickeln, als Frau in der Männerwelt, Unterschied weiblicher/männlicher Führungsstil)
- Umgang mit Mitarbeiter/-innen und Vorgesetzten (z.B. Personalführung, Motivation)
- Konfliktlösungsstrategien (z.B. mit Kritik umgehen, Kritikgespräche führen)
- Distanzieren (z.B. Grenzen ziehen, nein sagen, Distanz herstellen, nicht so emotional reagieren)
- Soziale Kompetenz (z.B. Kommunikationsfähigkeit verbessern)

- Durchsetzungsfähigkeit (z.B. Akzeptanz nach oben und unten, Umgang mit Konkurrenz)

An dieser Palette von Lernwünschen der Teilnehmerinnen zeigt sich folgendes: Gerade Frauen in Männerdomänen oder auf höheren Führungsebenen vermissen im Berufsalltag den Austausch mit anderen Frauen in ähnlicher Position. Daher gewinnt der Erfahrungsaustausch im Führungstraining für sie an Bedeutung. Aber auch der Erfahrungsaustausch der Teilnehmerinnen untereinander über ihre unterschiedlichen Berufsfelder, Branchen, Arbeitsgebiete und Positionen wird in diesen offenen Trainings als spannend erlebt. Wichtig ist das Gefühl, als Frau nicht allein zu sein in einer exponierten Position.

Weiterhin verdeutlichen die Erwartungen der Teilnehmerinnen den klaren Wunsch nach der Vermittlung von führungskräfterelevantem "Wissen" und entsprechendem "Handwerkszeug" gleichermaßen. Die Frauen wollen etwas Konkretes "mitnehmen", wenn sie an ihren Arbeitsplatz zurückkehren, und zwar im Hinblick auf den Umgang mit sich selbst, ihrer Arbeit und anderen.

Soziale und kommunikative Kompetenz als Lernwunsch der Frauen gibt einen Hinweis darauf, daß die Teilnehmerinnen nicht ohne weiteres davon überzeugt zu sein scheinen, daß sie als Frauen bereits von Hause aus über besondere Fähigkeiten und "Eigenschaften" verfügen.

Ähnlich sieht es mit den Konfliktlösungsstrategien und der Mitarbeiterführung aus: Hier besteht offenbar ein Bedarf an entsprechenden kommunikativen Kompetenzen, um entsprechende Situationen im Beruf meistern zu können.

Ein zentrales Problem weiblicher Führungskräfte scheint die Frage der Grenzziehungen zu sein. Distanz wahren, sich abgrenzen, durchsetzen und behaupten sind Kardinalfragen für Frauen.

3.3 Wie schätze ich die Zielgruppe ein?

Wie gesagt vermute ich bei einem offenen Training, daß die Zusammensetzung der Teilnehmerinnen bezüglich ihres beruflichen Hintergrundes, ihrer Aufgaben und Positionen unterschiedlich sein wird. Um zu vermeiden, daß mein Konzept an der persönlichen und beruflichen Realität dieser hetreogenen Zielgruppe vorbeigeht, versuche ich mir vorher zu überlegen, welche

Spezifika und Charakteristika für weibliche Führungskräfte in verschiedenen beruflichen Kontexten relevant sein könnten. Dabei geht es nicht etwa um eine Etikettierung der Zielgruppe a priori, sondern um eine Annäherung an die Rahmenbedingungen im beruflichen Kontext der möglichen Teilnehmerinnen. Diese Annäherung speist sich sowohl aus interdisziplinären sozialwissenschaftlichen (Frauen-) Forschungsergebnissen als auch aus meiner mehrjährigen eigenen Praxis- und Feldkenntnis als Beraterin und Trainerin.

Ich unterscheide die möglichen beruflichen Kontexte der Frauen grundsätzlich in Profit- und Nonprofit-Bereich und differenziere dabei auch zwischen verschiedenen Organisationstypen und Organisationskulturen. Die Kultur einer Organisation definiere ich im ethnomethodologischen Sinne als "vorherrschende Muster von Tätigkeiten, Interaktionen, Normen, Empfindungen [...], Einstellungen, Überzeugungen, Werten und Produkten" (French/Bell 1990:32), die in einer Organisation existieren, und deren wichtigster Teil häufig unausgesprochen bleibt. Gerade das Unausgesprochene, die "geheimen Regeln" (Fischer/Riecker/Risch 1994:170 ff.) in einer Organisation sind zum Verständnis der Situation weiblicher Führungskräfte oft zentral, denn hier werden informell und unter der Hand Entscheidungen getroffen, von denen Frauen durchaus betroffen sein können. Ich denke dabei im Kontext betrieblicher Frauenförderung insbesondere an Personalentscheidungen wie wichtige Stellenbesetzungen, die hier im old-boys-network unter Ausschluß von Frauen vorbereitet werden. Auch wird im Informellen bestimmt, was frau darf, was sie nicht darf, und wo die Grenzen (nicht nur ihres Aufstiegs) in einem Unternehmen liegen.

Organisationskultur kann sich ausprägen und manifestieren über die in der jeweiligen Organisation geteilten Objekte (shared things), die Sprache (shared sayings), die Verhaltensmuster der Mitglieder (shared doings) sowie die Gefühle (shared feelings) (Sathe 1985, zit. n. Staehle 1991:480). Dabei konzentriere ich mich hauptsächlich auf die Frage, was es in der jeweiligen Kultur bedeutet, als Frau zu führen.

Ich möchte das für Frauen aus zwei unterschiedlichen Organisationskulturen idealtypisch skizzieren. Zur exemplarischen Verdeutlichung der Unterschiedlichkeit von Organsiationskulturen stelle ich in Abbildung 1 schematisch die Situation von Frauen im Management (Profit-Organisationen) und Frauen in sozialer Arbeit (Nonprofit-Organisationen) gegenüber, weil diese in mancher Hinsicht als Gegenwelten betrachtet werden können.

Abb.1: Organisationstruktur und -kultur in Profit- und Nonprofit-Organisationen

Merkmalsausprägung	**Wirtschaftsunternehmen**	**Nonprofit-Organisation im sozialen Bereich**
Hauptzweck und -ziel	Anstreben eines Ertrags auf investiertes Kapital Rentabilität und Gewinn	Erbringen spezifischer Leistungen für Mitglieder/ Klienten
Organisationsstrukturen	a) Hierarchie/Bürokratie: z.B. Großunternehmen b) Schlank/dezentral: Klein- und mittelständische Unternehmen *Führung: Paternalistisch bis partnerschaftlich*	a) Hierarchie/Bürokratie: z.B. Kirchen, Wohlfahrtsverbände b) Schlank/dezentral: z.B. soziale Projekte *Führung: Leitung und Team bis autonom-kollektiv*
Dominante Organisationskultur	Traditionell *männliche* Kultur: Männerbund und Seilschaft *Frauen als Fremde*	Traditionell *weibliche* Kultur unter der Leitung/Aufsicht/ Kontrolle von Männern *Frauen als Einheimische*
Typische Normen und Werte	Technologischer Pragmatismus: Glaube an Rationalität, Machbarkeit, Kontrolle, Technologie, Wachstum, Rezepturen *Manager = Alleskönner*	Karitativer bis emanzipatorischer Idealismus: Glaube an soziale Gerechtigkeit, Gleichheitsideologie, Helfen und Dasein für andere *Sozialarbeiterin = Überfrau*
Situation weiblicher Führungskräfte	Frau als Störfaktor der gewohnten Ordnung, als "irrationales" Element im Männerbund *Führen eher positiv besetzt*	Weibliche Beziehungs- und Gefühlsarbeit erwünscht Exponierung von Frauen in Führungsposition unerwünscht *Führen eher negativ besetzt*
Positionierung weiblicher Führungskräfte	Mehrheitlich unten und im mittleren Management, häufig in Assistenzfunktion *Oben nur in Ausnahmefällen*	Mehrheitlich unten an der Basis und auf mittlerer Führungsebene *Oben nur in Ausnahmefällen*
Probleme weiblicher Führungskräfte	Nachgewiesene Lohndiskriminierung Überwiegend klare Aufgabendefinition Abwertung ihrer Fachkompetenz und soziale Abwertung ihrer Person bei Nonkonformität *Vorurteile gegen Frauen in Führungspositonen* *Probleme sind unerwünscht*	Generell niedrige Bezahlung Grenzen zwischen Führungsaufgaben und Basisarbeit verschwimmen Oft informelle und heimliche Machtstrukturen und unprofessionelle Arbeitsteilung (z.B. Ehrenamtliche vs. Hauptamtliche) *Vorurteile gegen Frauen in Führungspositonen* *Probleme werden personalisiert*

Wie diese Übersicht zeigt, existieren zwischen weiblichen Führungskräften im Management und im sozialen Bereich neben einigen Gemeinsamkeiten auch viele Unterschiede. Gemeinsamkeiten liegen beispielsweise in der für Frauen aus beiden Bereichen - jedoch aus unterschiedlichen Gründen - schlechteren Bezahlung:

Während Managerinnen in Deutschland auch bei gleicher Qualifikation und Arbeit durchgängig schlechter bezahlt werden als ihre männlichen Kollegen (Bischoff 1991:4), ist die Bezahlung im sozialen Bereich für beide Geschlechter generell wesentlich niedriger. Frauen erreichen dort sehr schnell die Grenzen des finanziellen "Aufstiegs", der nach dem Bundesangestellten-Tarif oder daran angelehnten Tarifsystemen geregelt und wenig durchlässig ist. Dies gilt insbesondere für die typischen Frauenberufe Erzieherin und Sozialarbeiterin sowie für alle Pflegeberufe.

Ausnahmen bilden Akademikerinnen im öffentlichen Dienst, insbesondere höhere Angestellte und Beamtinnen, deren Bezahlung besser ist und durch Aufstiegsmöglichkeiten auch finanzielle Verbesserungen bietet. Für die Situation von Managerinnen liefert die Befragung weiblicher und männlicher Führungskräfte von Sonja Bischoff (1991:55) wichtige Anhaltspunkte. Befragt nach den Hindernissen, die ihnen beim Aufstieg begegnet sind, zeigen sich deutliche Unterschiede zwischen den Geschlechtern: So nannten 35% der weiblichen Führungskräfte als Haupthindernis Vorurteile gegen Frauen sowie gegen ihr Alter (zu alt, zu jung), während dies nur für 5% der Männer zutraf. Erst an zweiter und dritter Stelle (für 46% der Frauen und 66% der Männer) rangieren für beide Geschlechter gleichermaßen strukturelle und kommunikative Hindernisse wie verkrustete Betriebsstrukturen, Konkurrenz, Positionskämpfe, Widerstand gegen Innovationen und Probleme mit Vorgesetzten und Kollegen. Erst an fünfter Stelle sehen Frauen in der Wirtschaft (12%, Männer 8%) Hindernisse beim Aufstieg durch "persönliche Gründe" wie Vereinbarkeit von Familie und Beruf.

Die wichtigsten Unterschiede zwischen Frauen im Management und in der sozialen Arbeit sehe ich jedoch im Normen- und Wertesystem, das in der jeweiligen Organisationskultur herrscht. So dominiert im Management bisher noch überwiegend der Glaube an das Rationalitätsprinzip, gepaart mit entsprechenden Leistungsansprüchen, die sich im männlichen Selbstbild vom Manager als "Alleskönner" abbilden (Looss 1992:44). Probleme besonders zwischenmenschlicher Art gelten hier als unerwünscht, wenn sie dennoch auftreten, bemüht man sich um möglichst instrumentelle Lösungen.

Zwar sind Frauen als Führungskräfte in dieser Kultur zunächst einmal Fremde; sie bilden als Vertreterinnen des anderen Geschlechts quasi den "irrationalen" Gegenpol in der Management-Kultur. Deshalb werden sie vom Männerbund als eher unberechenbares und loyale Männerseilschaften ernsthaft gefährdendes Element ausgegrenzt bzw. am Rande plaziert (vgl. Veith 1988:100 ff./Antal 1988:160). Aber mit ihrem Eintreten in die Management-Kultur müssen Frauen das Werte- und Normensystem auch übernehmen und einen Prozeß der Akkulturation durchlaufen. Das bedeutet, daß Managerinnen u.U. ganz andere Werte vertreten als Frauen aus dem sozialen Bereich. Während z.B. Führen dort positiv besetzt ist, ist im Wertekanon der sozialen Arbeit bisher eher noch das Gegenteil der Fall (vgl. Hunziker 1992:184 ff.).

Frauen im Bereich der sozialen Arbeit finden sich in einer traditionell heimischen Welt wieder, in der Dasein für andere, Gefühls- und Beziehungsarbeit wichtige Parameter darstellen, während die Werte der profitorientierten (und oft so empfundenen) "Gegenwelt" der Wirtschaft wie Rationalität und Leistungsprinzip eher abgelehnt werden.

Außerdem verfügen Frauen, die in Wirtschaftunternehmen als Führungskräfte arbeiten, häufig bereits durch ein Studium (Betriebs- oder Wirtschaftswissenschaft) oder einschlägige Weiterbildungen über fundiertes Führungs- und Managementwissen. Dies gilt für die meisten Führungskräfte beiderlei Geschlechts im sozialen Bereich und im Öffentlichen Dienst erfahrungsgemäß bisher nicht. (Vgl. hierzu die Sozialmanagement-Debatte der letzten Jahre, exemplarisch Flösser/Otto 1992; Simonis 1994.)

3.4 Woher kommen die Teilnehmerinnen?

Zum Vergleich mit meinen Annahmen aus der o.g. Zielgruppenanalyse stelle ich im folgenden kurz dar, aus welchen beruflichen Kontexten die Seminarteilnehmerinnen der Führungstrainings an der genannten Volkshochschule tatsächlich kommen:

Die Frauen arbeiten etwa zu gleichen Teilen in der Wirtschaft und im öffentlichen Dienst. In jedem Training sind erfahrungsgemäß ein bis zwei Frauen in Übergangssituationen, d.h. arbeitslose Frauen, Berufsrückkehrerinnen oder Frauen in Umschulungsmaßnahmen, die sich auf einen beruflichen Einstieg vorbereiten wollen. Unter den Teilnehmerinnen befinden sich ebenfalls einige Frauen, die sich selbständig machen wollen oder die bereits freiberuflich tätig sind. Die Mehrheit der Führungskräfte ist jedoch angestellt.

Das berufliche Spektrum der Teilnehmerinen ist meist sehr breit: Die Frauen arbeiten als Architektin, Juristin, Lehrerin, Pflegedienstleiterin, Kindergartenleiterin, Altenpflegerin Erwachsenenbildnerin, Prokuristin, Volkswirtin, Bankerin, Bibliothekarin, Wissenschaftlerin etc. meist in "Sandwich-Positionen" auf unteren bis mittleren Führungsebenen und haben unterschiedlich viele Mitarbeiterinnen. Erfahrungsgemäß bestehen jedoch z.T. erhebliche Unterschiede bezüglich der Arbeitssituation der Teilnehmerinnen: Während beispielsweise Frauen in Großunternehmen wie Banken recht gut ausgestattete Positionen mit klaren Aufgabendefinitionen innehaben, verschwimmen für die Leiterin einer sozialen Einrichtung u.U. die Leitungsaufgaben mit der zusätzlich zu leistenden Betreuungsarbeit mit den Klient/-inn/en.

Die Arbeit mit einer solchermaßen heterogenen Zielgruppe erfordert neben viel Toleranz und Fingerspitzengefühl das entsprechende Bewußtsein für die unterschiedliche Situation der Teilnehmerinnen durch die Seminarleiterin. Die aufgeführten Unterschiede zwischen weiblichen Führungskräften aus verschiedenen Organisationskulturen und beruflichen Kontexten bieten ausreichend Diskussions- aber auch Konfliktstoff für ein Führungsseminar.

4. Überlegungen zur Entwicklung eines Konzepts für ein offenes Führungstraining

Im nächsten Schritt möchte ich die Hintergründe darlegen, auf denen meine Arbeit basiert. Ich werde dabei die wichtigsten Aspekte meines Konzeptes skizzieren und beschreiben, aus welchen theoretischen und praktischen Überlegungen sich meine Arbeit mit weiblichen Führungskräften speist und welches Selbstverständnis ich als Weiterbildnerin, Trainerin und Beraterin bei Lernprozessen habe.

"Zunächst heißt Demokratie lernen, daß die Person selber etwas tun muß, anstatt passiv durch ihr auferlegte Kräfte bewegt zu werden. Zweitens heißt Demokratie lernen, bestimmte Vorlieben und Abneigungen (...) zu übernehmen. Drittens bedeutet Demokratie lernen das

Vertrautwerden mit bestimmten Verfahren, wie etwa demjenigen der Gruppenentscheidung." (Lewin 1982:174)

Diese Leitideen des Sozialpsychologen Kurt Lewin (1890-1947), dem Mitbegründer der Organisationsentwicklung, wurden erstmals 1951 in USA veröffentlicht. Sie scheinen mir heute, angesichts der derzeitigen desolaten Situation in Profit- und Nonprofit-Organisationen genauso aktuell wie damals: Weibliche Führungskräfte gestalten ihre Organisation mit - auch wenn ihnen das oft nicht bewußt ist. Mein Konzept ist dieser Leitidee geschuldet und versucht, interdisziplinäre - und sich gelegentlich auch widersprechende - Konzepte fruchtbar zu machen.

Aus dieser Perspektive erscheint es unerläßlich, weibliche Führungskräfte auch mit ihrer Institution als sozialem System vertraut zu machen, um den Blick von personalen auf mögliche strukturelle Probleme zu erweitern. Nicht zuletzt ist eine aktive Beteiligung weiblicher Führungskräfte an institutionellen Veränderungen aus meiner Sicht notwendig und sehr wünschenswert:

"Eine auf Führungsaufgaben bezogene Fortbildung kann daher nicht auf der Ebene der je individuellen Persönlichkeitsentwicklung von Führungskräften (ihre Eigenschaften, Verhaltensweisen und Einstellungen) begrenzt werden, sondern muß ebenfalls interaktionsbezogene Fähigkeiten - zum Beispiel im Hinblick auf Teamorientierung - sowie strategische Komponenten in Bezug auf einen Wandel der eigenen Organisationsstruktur und -Kultur umfassen." (Schiersmann/Thiel 1993:34)

Daher orientiert sich mein Seminar-Konzept strukturell auf der Mikroebene, wo subjektorientiert gearbeitet wird, auf der Mesoebene, wo die Wechselwirkung zwischen Führungskraft und Gruppe thematisiert wird sowie auf der Makroebene, wo die Organisation als Ganze ansatzweise in den Blick genommen wird. Alle drei Ebenen können auf die in der o.g. Evaluation der Volkshochschule von den Teilnehmerinnen aufgeführten Lernwünsche und Erwartungen rückbezogen werden:

In Wünschen nach Selbstmotivation/Selbstorganisation sind subjekt- oder persönlichkeitsorientierte Seminarsequenzen angelegt. Hier geht es darum, was jede einzelne nach ihren Möglichkeiten tun oder lassen kann und will, um eine Veränderung des status quo herbeizuführen.

Lernwünsche wie Umgang mit Mitarbeitern, Vorgesetzten usw. verweisen demgegenüber eher auf die Mesoebene, wo es um Interaktionsprozesse zwischen der einzelnen und ihrer Umgebung geht. Stichworte dazu sind für die konkrete Seminararbeit Kommunikation, Gruppen- und Teamarbeit in Theorie und Praxis.

Themen wie Grenzen ziehen, Distanz einnehmen etc. weisen neben den persönlichkeitsorientierten immer auch auf strukturelle Probleme in einer Organisation. Daher sehe ich hier einen Bezugspunkt, wo der Blick von der einzelnen auf das Ganze gerichtet werden kann. Denn die Art und Weise, wie eine Organisation ihren Mitgliedern Distanz und Rückzug gestattet oder untersagt, sagt auch etwas über die dort praktizierte Arbeitsteilung und Kultur aus. Daher ist aus dieser Sicht nicht nur die Frage, wieviel Distanz darf frau sich persönlich herausnehmen, sondern ebenso: Wer darf sich in dieser Institution wie zurückziehen? Auch das Problem von Nähe und Distanz im Beruf ist ja speziell in Frauenberufen durchaus geschlechtsspezifisch arrangiert.

4.1 Frauenspezifische, persönlichkeitsorientierte und konstruktivistische Aspekte

Aus der Frauenforschung scheint mir die Einbeziehung des Paradigmas vom Geschlecht als sozialer Kategorie zentral zu sein. Damit ist gemeint, daß die Geschlechtszugehörigkeit ebenso wie Zugehörigkeit zu Religion, Schicht und Nationalität ein soziales Erkennungs- und Bewertungsschema darstellt, nach dem gesellschaftliche Chancen zugewiesen werden und über die Macht ausgeübt wird. Die Zugehörigkeit zum weiblichen Geschlecht wird im gesellschaftlichen Handlungshorizont nach diesem Entwurf anders bewertet als die männliche. Das weibliche Geschlecht ist weniger wert als das männliche, was sich in vielfältiger Weise niederschlägt. Frauen sind in der Geschlechterhierarchie zweitrangig. Was sie tun und lassen, ist nicht gleichwertig mit dem, was Männer tun oder lassen (Becker-Schmidt 1989:215-217). Diese Ungleichwertigkeit der Geschlechterverhältnisse schlägt sich nicht nur in der bestehenden Gesellschaftsordnung und der geschlechtshierarchischen Arbeitsteilung nieder, sondern gewinnt ihren Realitätsgehalt ebenso in "Symbolische(n) Ordnungen - imaginierte(n) Vorstellungen und Einbildungen" der einzelnen (ebd.:215). Diese Tatsache gilt es in einer Weiterbildungssituation zunächst zur Kenntnis zu nehmen, mitzudenken und zu thematisieren, ohne allerdings in deterministischer Weise daran festzuhalten oder die Teilnehmerinnen etwa in den "Unterdrückungswettlauf" (Ross 1990:144) zu schicken. Mit Unterdrückungswettlauf ist eine subtile Spielart unter Frauen (und Angehörigen ethnischen Minoritäten) gemeint, in

der es darum geht, nachzuweisen, wer am meisten benachteiligt oder unterdrückt wird. Dies wäre ebenso fatal wie der Versuch, die Geschlechtszugehörigkeit als soziale Kategorie zu leugnen.
Frauen als Führungskräfte (in männlich dominierten Systemen) unterliegen bezüglich ihrer Geschlechtszugehörigkeit einer Ambivalenz: Einerseits wird von ihnen in einem männerdominierten System die Anpassung an entsprechende Standards an die Männerkultur erwartet, ohne die sie ihre Position nicht ausfüllen können (vgl. Stahr 1993:128). Andererseits erfahren sie aufgrund ihres Geschlechts eine Marginalisierung und Entwertung, die sich vielfältig manifestiert und nicht zuletzt vermutlich auch subjektiv in ihnen selbst niederschlägt. Diese Ambivalenz sowie Möglichkeiten der Gestaltung der beruflichen Rolle sollten in einem Führungsseminar für Frauen reflektierbar sein.

Vielmehr zeigen gerade die in diesem Paradigma angelegten Überlegungen von der Selbsttätigkeit der Subjekte konstruktive und konstruktivistische Auswege. Wenn wir davon ausgehen, daß auch Geschlechterverhältnisse nichts Statisches sind, sondern tagtäglich in "sozialen Praktiken" von allen Beteiligten hergestellt werden, so bedeutet das, daß Frauen und Männer diese "handelnd, leidend, sich selbst entwerfend, miteinander kämpfend" (Bilden 1991:290) gestalten, auch wenn die Gestaltungsspielräume sehr unterschiedlich ausfallen. Männer monopolisieren für sich öffentliche Machtpositionen, während Frauen für die Familie zuständig bleiben, ob sie berufstätig sind oder nicht.

Immerhin wäre aus dieser Sicht die Höherbewertung alles Männlichen und die Geringschätzung des Weiblichen eine Selbstkonstruktion, deren Dekonstruktion und Veränderung zwar nicht gerade einfach, aber auch nicht völlig unmöglich erscheint. Auswege für die konkrete Arbeit in der Weiterbildung bieten weitere Anleihen bei konstruktivistischen Ansätzen. Zentral ist dabei die Erkenntnis, daß Wirklichkeit gestaltet und konstruiert wird, oder vielmehr, "daß wir die Welt so erkennen, wie sie uns erscheint." (Schmidt, 1992:18)

Hier kann in der Seminararbeit angesetzt werden an den Selbst- und Fremdwahrnehmungen der einzelnen, die eine Erweiterung des eigenen Wahrnehmungshorizontes ermöglichen und Impulse für andere Handlungsstrategien in Gang setzen können.

Erste Schritte dazu sehe ich im Informations- und Erfahrungsaustausch der Teilnehmerinnen untereinander über ihre unterschiedliche oder ähnliche berufliche Situation, spezifische Problemlagen sowie möglicherweise die Entwicklung gemeinsamer Interessen mit der Möglichkeit der Vernetzung untereinander.

Gleichzeitig muß Raum sein für die Reflexion beruflicher Situationen von Frauen, denen es anders ergeht als den anderen. Hier ist Differenz das Stichwort. Diese bezieht sich nicht nur auf mögliche kulturelle Differenzen auf der Ebene der Organisation, der die Teilnehmerinnen angehören. Differenz bezeichnet auch mögliche Unterschiede im Denken, Fühlen und Wollen der Frauen, und bezieht unterschiedliche Bewältigungs- und Verarbeitungsstrategien der einzelnen mit ein. Es kann und soll nicht *die* Patentlösung, *die* Führungsstrategie für alle Frauen geben.

Dazu bedarf es eines subjektorientierten Vorgehens, das an den eigenen Erfahrungen der Teilnehmerinnen ansetzt. Ein solches, an der Persönlichkeit der jeweiligen Teilnehmerin orientiertes Handeln kann dazu beitragen, äußere Barrieren sowie innere subjektive "Imperative" sichtbarer werden zu lassen, die einer Zufriedenheit bei der Gestaltung der beruflichen Rolle möglicherweise im Wege stehen. (Vgl. hierzu die Konzepte von Wagner 1987; Berckhan et al. 1993).

Dennoch ist davon auszugehen, daß für Führungsfrauen aus männlich dominierten Organisationen gerade aufgrund ihres "Sonderstatus" ein reines Frauenseminar auch problematisch sein kann, da es ihre Randständigkeit in der beruflichen Position noch verstärken und sichtbarer machen kann. Die Wechselbeziehung von subjektiven Erfahrungen, Einstellungen und Wünschen der Frauen sind daher auch mit den objektiven Rahmenbedingungen (finanzielle, zeitliche, räumliche Ressourcen, Kompetenz der Leiterinnen etc.) in denen sich das Training vollzieht, abzugleichen. Für ein frauenspezifisches Seminar bedeutet das u.a. die Herstellung eines Rahmens, in dem die Reflexion der eigenen Berufsrolle möglich, aber nicht zwingend ist, wenn die Teilnehmerinnen dies nicht wünschen.

4.2 Andragogik, Selbstverständnis und Lernformen

Bei der Einschätzung der Teilnehmerinnen gehe ich davon aus, daß Neugier und Offenheit ebenso existieren wie Angst, Abwehr und Widerstand. Dies gilt auch für mich als Leiterin. Darum besteht der erste Arbeitsschritt für mich in der Klärung meiner eigenen Rolle und meines beruflichen Selbstverständnisses gegenüber den Teilnehmerinnen. Dieser Prozeß, seine Umsetzung in der Seminar- oder Trainingssituation und die sich daraus entwikkelnde Interaktion mit den Teilnehmenden ist sehr komplex. Darum möchte ich an dieser Stelle nur die wichtigsten Aspekte streifen. Dennoch ist das "Gelingen" eines Seminars aus erwachsenenpädagogischer Sicht ganz zentral mit dem eigenen Auftreten und Umgehen der Leiterin mit den Teilnehmenden verknüpft. Sehr wichtig erscheint mir ein sensibles Bewußtsein als Trainerin für die unterschiedlichen persönlichen und berufsbiographischen weiblichen Problemlagen und Situationen der Teilnehmerinnen.

Die Klärung der eigenen Rolle betrachte ich als dauernden Balanceakt zwischen dem Vermitteln von Sicherheit und Herstellen einer von Vertrauen getragenen Arbeitsbeziehung, dem Vermitteln von "neuem Wissen", dem Anleiten und Begleiten bei Lernprozessen, dem Rückkoppeln von Beobachtungen und Wahrnehmungen und dem Achten auf Gruppenprozesse. Die Übergänge der einzelnen Rollenbestandteile sind fließend und ungleichzeitig.

Während in der Anfangsphase des Seminars Sicherheit und Aufbau einer vertrauensvollen Arbeitsbeziehung im Vordergrund stehen (genaueres hierzu bei Geissler 1993), folgen erst darauf aufbauend die Elemente des Anleitens und der Vermittlung von neuem Wissen. Akzeptanz und Wertschätzung für die Teilnehmerinnen sind hierfür ebenso unerläßlich wie die Erkenntnis, daß diese bereits über langjährige Wissensbestände aus verschiedensten Erfahrungsbereichen sowie über theoretisches Wissen verfügen.

Aus andragogischer Perspektive ist also zu bedenken, daß ein Teil der eigenen Rolle als Trainerin oder Seminarleiterin der einer Expertin ist, und zwar Expertin in Bezug auf die Vermittlung von führungsrelevantem "Wissen" und "Handwerkszeug" sowie Expertin bezüglich des Umgangs mit Gruppen. Gleichzeitig bin ich selbst Lernende, die neugierig ist, etwas über die Lebenswelt, das Wissen und die Erfahrungen der Teilnehmerinnen zu lernen.

Daher sollten wir die Teilnehmerinnen "zu Veranstaltern ihrer eigenen Lernprozesse" werden lassen (Meueler 1993:25) und in der Lage sein, das Rollenfach zu wechseln, um von der Expertin zur Lernbegleiterin und Lernberaterin zu werden. Dem kann mit entsprechenden inhaltlichen Freiräumen im Seminarprogramm begegnet werden.

Interesse und Offenheit der Teilnehmerinnen für neues Wissen und die Bereitschaft zu praktischem Tun (z.B. Rollenspiel, Übung) sowie prozeßhaftem Arbeiten erwarte ich im Vorfeld bei einigen, jedoch nicht bei allen Teilnehmerinnen. Beispielsweise kann Widerstand aus der Gruppe provoziert werden bei Inhalten, die sich der eigenen Erfahrung widersetzen sowie bei stark gruppendynamischen und prozeßhaften Arbeitenseinheiten. Emotionale Grenzerfahrungen der Teilnehmenden durch entsprechende Übungen sind daher zu vermeiden.

Es versteht sich von selbst, daß zu einem Führungstraining die kognitive Vermittlung spezifischer Wissensbestände an die Teilnehmenden dazugehört. Diese sollten jedoch in ausgewogenem Verhältnis zu anderen Lernformen stehen, um nicht eindimensional zum reinen "Intellektualisieren über" zu geraten. Gerade wenn ein Seminar nur kurze Zeit dauert, müssen die kognitiven Wissensbestände sorgfältig ausgewählt werden, nicht zuletzt auch unter dem Aspekt ihres Anwendungsbezugs für die Teilnehmerinnen.

Andererseits nützt die reine Wissensvermittlung gleich welchen Inhalts wenig, wenn sie überwiegend abstrakt formuliert wird. Im Gegenteil gilt für Seminarinhalte jeder Art, was Gudjons (1992:15) für das politische Lernen formuliert hat:

> "Hohe Ziele wie "Emanzipation", "Demokratie", "Toleranz" u.a.m. basieren letztlich auf Fähigkeiten des einzelnen. Und diese müssen in kleinen Schritten, ja bisweilen "künstlich" arrangierten (dafür aber übersichtlich und straffrei strukturierten) Situationen oft mühsam gelernt und eingeübt werden."

Hierfür eignen sich Formen sozialen Lernens, bei denen die eigenen und fremden Wahrnehmungen und Reflexionen mithilfe erfahrungsorientierter und kommunikativer Übungen und Rollenspiele in der Gruppe erprobt werden können, "mit dem Ziel der Selbstentwicklung, Selbstverantwortung und Selbstakzeptierung" (Gudjons 1992:15). Gerade für Führungskräfte sind derartige "Selbsterfahrungen" mit Rückmeldungen aus der Gruppe über ihre Wirkung, ihr Auftreten und ihre kommunikativen Fähigkeiten wichtig, weil sie diese i.d.R. am Arbeitsplatz nicht erhalten. Soziale Lernformen sollten inhaltliche Bezüge zu den Seminarinhalten aufweisen (z.B. gemeinsam in Teams eine Führungsaufgabe bewältigen), um nicht im luftleeren Raum zu verpuffen. Elemente kognitiver Wissensvermittlung sollten sich daher mit solchen reflexiv-emotionalen und damit sozialen Lernens abwechseln.

Auf der Basis der bisherigen Überlegungen praktiziere ich ein integriertes methodisch-didaktisches Konzept für weibliche Führungskräfte, in dem sich folgende Elemente ineinander verschränken:

1. Elemente kognitiver Wissensvermittlung in Form von Kurzvorträgen. Hierbei präsentiere ich mit Hilfe visueller Unterstützung (Folien, Flip-Chart)

in kompakter Form theoretische Informationen zu führungsrelevanten Themen (z.B. Systemtheorie, Managementkonzepte, Führungsstile). Diese Vermittlungsform kann den Teilnehmerinnen ein eigenes Literaturstudium ad hoc erleichtern. Gleichzeitig werden alle Inputs in Form von Arbeitsblättern an die Teilnehmerinnen verteilt. Zum weitergehenden Litraturstudium offeriere ich einschlägige Literatur auf einem Büchertisch, der während des ganzen Seminars zur Verfügung steht.

2. Anwendungsbezogene Elemente in Form von Einzel- und Kleingruppenarbeit, Übungen und Rollenspielen. Diese Lernform zielt auf das emotionale Erleben, Ausprobieren und Reflektieren von gewohnten und ungewohnten Verhaltensweisen und hat Trainingscharakter.

3. Erfahrungsorientierte und prozeßhafte Lernelemente, die im Sinne der Organisationsentwicklung an den persönlichen Ressourcen und der Eigenverantwortung der Teilnehmerinnen anknüpfen und so einen Reflexions- und Forschungsprozeß der Frauen in ihrer Funktion als Führungskräfte in Gang setzen können (vgl. French/Bell 1990:113). Dabei wird das Geschehen in der Gruppe reflektiert und thematisiert (Gruppendynamik), unbewußt Ausagiertes wird ansprechbar (z.B. Hierarchisierung und Konkurrenz der Frauen untereinander, Geringschätzung für andere, die anders sind etc.), es wird den Gruppenphasenprozessen Rechnung getragen und die Arbeitsfähigkeit der Gruppe wird hergestellt. Mithilfe dieser Arbeitsform können die Teilnehmerinnen sich einerseits in gruppendynamischen Prozessen wahrnehmen und reflektieren sowie Ansätze zu realistischen Konzepten für ihre Arbeitssituation entwickeln.

5. Fazit: Was kann ein offenes Führungstraining für Frauen leisten, was nicht?

Ein offenes Seminar für eine heterogene weibliche Zielgruppe kann trotz konzeptioneller Probleme für alle Beteiligten einiges leisten:

So kann insbesondere der Erfahrungsaustausch unter den Teilnehmerinnen gerade aus unterschiedlichen beruflichen Kontexten fruchtbar werden und neue Kontakte der Frauen untereinander ermöglichen. Besonders spannend ist dabei das Kennenlernen und Verstehen der verschiedenen Organisationsstrukturen und -kulturen, in denen die Führungskräfte arbeiten, insbesondere zwischen Frauen aus Wirtschaftsunternehmen und dem Bereich sozialer Arbeit. Neue Sichtweisen und Perspektiven sowie die Relativierung der eigenen Stolpersteine und Hürden, mit denen jede Frau zu kämpfen hat, können für die einzelne sehr hilfreich sein.

Weiterhin kann auf der Mikroebene für jede Frau einiges an führungsrelevantem Wissen und Handwerkszeug in Theorie und Praxis angeboten und erprobt werden, so daß jede Teilnehmerin etwas für ihre Arbeitssituation mitnehmen und anwenden kann. Hierbei denke ich z.B. an Inhalte wie Selbstorganisation und Selbstmanagement.

Beiträge zur Persönlichkeitsentwicklung können in Form von Übungen und Rollenspielen zum Thema Interaktion/Kommunikation liegen, die gleichzeitig die Mesoebene berühren. Hier können in entsprechenden Übungseinheiten Auseinandersetzungen mit dem eigenen Kommunikationsverhalten und Auftreten und seiner Wirkung auf andere vermittelt werden, die für die Führungskraft in ihrem beruflichen Kontext durchaus hilfreich sein können. Insgesamt erfahren die Teilnehmerinnen offener Führungstrainings hier häufig das Gefühl, selbst etwas tun zu können, um Veränderungen herbeizuführen.

Die Grenzen eines solchen Führungsseminars werden jedoch schnell erreicht, wenn es um tatsächliche Veränderungen innerhalb der Einrichtung, der die Führungskräfte angehören, geht. Die Dimension Team-Gruppe bleibt notwendigerweise eine Trockenübung im Seminar und kann wenig dazu beitragen, betriebsinterne Strukturen zu verändern. Strukturelle Probleme der Frauen in ihrer Institution können und sollten zwar im Seminar besprochen werden, mehr ist aber nicht möglich. Somit sind auch wenig Veränderungen der jeweiligen Arbeitssituation der Teilnehmerinnen möglich, ebensowenig wie Ansätze zur betrieblichen Frauenförderung. All diese Aspekte können nur unter Einbeziehung der beteiligten Organisationsmitglieder thematisiert werden.

Dennoch nehmen weibliche Führungskräfte neue Impulse aus ihrer Weiterbildung mit in ihren beruflichen Kontext, die nicht zuletzt dazu führen können, daß sie selbst in ihrem Betrieb etwas in Bewegung setzen.

Literatur

Antal, Ariane Berthoin (1988), *Mehr Frauen ins Management*. In: Demmer, Christine (Hg.): Frauen ins Management. Von der Reservearmee zur Begabungsreserve. Wiesbaden, S. 153-178

Assig, Dorothea (Hg.) (1992), *Zielgruppe Frauen. Erfolgreiche Konzepte für effektives Marketing*. Frankfurt/M., New York

Becker-Schmidt, Regina (1989), *Frauen und Deklassierung. Geschlecht und Klasse*. In: Beer, Ursula (Hg.): Klasse Geschlecht. Feministische Gesellschaftsanalyse und Wissenschaftskritik. 2. Aufl. Bielefeld, S. 213-265

Berckhan, Barbara/Krause, Carola/Röder, Ulrike (1993), *Schreck laß nach! Was Frauen gegen Redeangst und Lampenfieber tun können*. München

Bilden, Helga (1991), *Geschlechtsspezifische Sozialisation*. In: Hurrelmann/Ulich (Hg.): Neues Handbuch der Sozialisationsforschung. Weinheim, Basel, S. 279-302

Bischoff, Sonja (1990), *Frauen zwischen Macht und Mann. Männer in der Defensive. Führungskräfte in Zeiten des Umbruchs*. Reinbek bei Hamburg

Bischoff, Sonja (1991), *Männer und Frauen in Führungspositionen der Wirtschaft in der Bundesrepublik Deutschland. 1991 im Vergleich zu 1986*. Herausgegeben von Capital Köln. Hamburg

Brumlop, Eva (1991), *Frauen im Management: Innovationspotential der Zukunft?* Zit. als unveröffentlichtes Manuskript. In: Die Neue Gesellschaft/Frankfurter Hefte, 39. Jg., Heft 1, Jan. 1992, S. 54-63

Brumlop, Eva/Hornung, Ursula (1991), *Frauenförderung in der Privatwirtschaft - mehr als ein Regulierungsinstrument betrieblicher Personalpolitik*? In: Zweiwochendienst Frauen und Politik, Nr. 59, 5. Jg., S. 54

Erhardt-Kramer, Angelika (1992), *Frauen in Leitungsfunktionen im sozialen Bereich*. In: Brückner, Margrit (Hg.): Frauen und Sozialmanagement. Freiburg i. Breisgau, S. 20-32

Erler, Gisela/Jaeckel, Monika/Pettinger, Rudolf et al. (1988), *Brigitte Untersuchung 88. Kind? Oder Beruf? Oder beides? Eine repräsentative Studie über die Lebenssituation und Lebensplanung junger Paare zwischen 18 und 33 Jahren in der Bundesrepublik Deutschland im Auftrag der Zeitschrift Brigitte*. Deutsches Jugendinstitut, Hamburg

Fischer, Gabriele/Rieker, Jochen/Risch, Susanne (1994), *Ein trauriges Kapitel*. In: Manager Magazin 6/1994, S. 170 - 188

Flösser, Gaby/Otto, Hans-Uwe (1992), *Sozialmanagement oder Management des Sozialen?* Bielefeld

French, W.L./Bell, C.H. (1990), *Organisationsentwicklung*. 3. Aufl., Bern, Stuttgart

Fuhrhop, Ursula (1993), *Future Woman - eine gelungene Synthese aus scheinbaren Widersprüchen. Die Ergebnisse der BBDO-Studie Fututre Woman*. In: Assig, Dorothea (Hg.): Zielgruppe Frauen. Erfolgreiche Konzepte für effektives Markteing. Frankfurt/M., New York, S. 18-29

Geissler, Karlheinz A. (1993), *Anfangssituationen. Was man tun und besser lassen sollte*. 5. Aufl. Weinheim, Basel

Großmaß, Ruth/Schmerl, Christiane (1989), *Feministischer Kompaß, patriarchales Gepäck. Kritik konservativer Anteile in feministischen Theorien*. Frankfurt/M.; New York

Gudjons, Herbert (1992), *Spielbuch Interaktionserziehung. 185 Spiele und Übungen zum Gruppentraining in Schule, Jugendarbeit und Erwachsenenbildung.* 5.Aufl., Bad Heilbrunn

Hunziker, Vreni (1992), *Führen in sozialen Organisationen.* In: Brückner, Margit (Hg.): Frauen und Sozialmanagement. Freibung im Breisgau, S. 183-196

Hurrelmann, Klaus/Ulich, Dieter (Hg.) (1991), *Neues Handbuch der Sozialisationsforschung.* Weinheim, Basel

Infratest Sozialforschung (1992), *Qualifizierungsmöglichkeiten für Frauen in Führungspositionen. Bestandsaufnahme der Angebote.* München

Knoll, Jörg (1992), *Kurs- und Seminarmethoden. Ein Trainingsbuch zur Gestaltung von Kursen und Seminaren, Arbeits- und Gesprächskreisen.* 4. Aufl. Weinheim, Basel

Lewin, Kurt (1982), *Werkausgabe, Band 4 Feldtheorie.* Herausgegeben von Carl-Friedrich Graumann. Stuttgart

Looss, Wolfgang (1992), *Coaching für Manager. Problembewältigung unter 4 Augen.* 2. Aufl., Landsberg/Lech

Meueler, Erhard (1993), *Was muß ich lernen? Was möchte ich können? Wie gehe ich vor?* FWL-Materialien Nr. 2, Modellprojekt "Fort- und Weiterbildung für Lehrende in der Erwachsenenbildung", Broschüre, Mainz

Miner, Valerie/Longino, Helen E. (Hg.) (1990), *Konkurrenz. Ein Tabu unter Frauen.* München

Rommelspacher, Birgit (Hg.) (1987), *Weibliche Beziehungsmuster. Psychologie und Therapie von Frauen.* Frankfurt/M., New York

Ross, Paula (1990), *Frauen, Unterdrückung, Privileg und Macht.* In: Miner, Valerie/Longino, Helen E. (Hg.): Konkurrenz. Ein Tabu unter Frauen. München, S. 143-155

Schiersmann, Christiane/Geissler, Dorothea/Bentner, Ariane (1994), *Quereinstieg zum Aufstieg. Abschlußbericht der wissenschaftlichen Begleitung zum Projekt "Frauen in Führungspositionen - ein Modellversuch im Einzelhandel"* (Bundesinsitut für Berufsbildung). Heidelberg

Schiersmann, Christiane/Thiel, Ulrich (1993), *Fortbildung, Supervision und Organisationsentwicklung mit Führungskräften.* In: Grundlagen der Weiterbildung (GdWZ) Nr. 4, S. 32-37

Schmidt, Siegfried J. (Hg.) (1992), *Der Diskurs des radikalen Konstruktivismus.* 5. Aufl. Frankfurt/M.

Schmidt, Siegfried J. (1992), *Der radikale Konstruktivismus. Ein neues Paradigma im interdisziplinären Diskurs*: In: Schmidt, Siegfried J. (Hg.): Der Diskurs des radikalen Konstruktivismus. 5. Aufl. Frankfurt/M., S. 11-88

Schultz-Gambard, Jürgen/Glunk, Ursula/Guldenschuh, Claudia/Helfert, Gabi (1993), *Maßnahmen deutscher Wirtschaftsunternehmen zur vermehrten Integration von Frauen in den Managementbereich: eine Bestandsaufnahme.* In: Zeitschrift für Frauenforschung, Nr. 4, 11. Jg., S. 17-32

Simonis, Heide (1994), *Kommt Zeit, kommt Rat, kommt Oberrat.* In: Frankfurter Rundschau Nr. 216 v. 16.9.94, S. 12

Staehle, Wolfgang H. (1991), *Management. Eine verhaltenswissenschaftliche Perspektive* 6. Aufl., München

Stahr, Ingeborg (1993), *Kritische Analyse der neuen "Ratgeber-Literatur" zur Karriereplanung von Frauen.* In: Grundlagen der Weiterbildung (GdWZ) Nr. 4, S. 125-129

Veith, Monika (1988), *Frauenkarriere im Mangement. Einstiegsbarrieren und Diskriminierungsmechanismen.* Frankfurt/Main; New York

Wagner, Angelika C. (1987), *Gelassenheit und Handlungsfähigkeit. Über das Aufhören der Imperative als Essenz feministischer Therapie.* In: Rommelspacher, Birgit (Hg.): Weibliche Beziehungsmuster. Psychologie und Therapie von Frauen. Frankfurt/M., New York

Ariane Bentner, Pia Gerber

Von der Fürsorgerin zur Sozialmanagerin. Ein Praxisbeispiel

"Von der Fürsorgerin zur Sozialmanagerin - eine berufsbegleitende Seminarreihe für Frauen in sozialen Berufen" lautete das Thema einer Weiterbildungsreihe, die 1993 vom Sozialpädagogischen Fortbildungszentrum Mainz (SPFZ) angeboten wurde und die sich gezielt an berufstätige Sozialarbeiterinnen und Sozialpädagoginnen in leitenden Positionen oder auf dem Weg dorthin wandte. Die Weiterbildungsreihe war offen ausgeschrieben und beinhaltete drei zweieinhalb-tägige Seminarbausteine zu verschiedenen Themenschwerpunkten. Die Intention der Veranstalterin war, Frauen in Praxisfeldern der sozialen Arbeit fundiertes Hintergrundwissen über ihren Beruf als Frauenberuf zu vermitteln, Reflexionsprozesse in Gang zu setzen und ihnen konkrete Handlungsstrategien anzubieten, mit denen sie ihre beruflichen Situationen und Problemlagen möglicherweise anders als bisher bewältigen können. Besonders der Begriff Sozialmanagement zielte auf komplexer werdende Aufgabenbereiche der Frauen in sozialer Arbeit, die neben der Aneignung neuen Fachwissens eine Selbstreflexion des eigenen Tuns und Lassens erfordert, aber auch die Vermittlung entsprechender Methoden zur Bewältigung der Arbeit erfordert.

Der erste Baustein "Sozialarbeit und weibliche Rolle - Reflexion der eigenen beruflichen Praxis" knüpfte an der individuellen Berufsbiographie der Teilnehmerinnen an und vermittelte Hintergrundwissen über die Entwicklung der Sozialarbeit als Frauenberuf. Im zweiten Baustein "Berufliche Interessen vertreten" stand die Selbstbehauptung der Teilnehmerinnen im beruflichen Alltag im Mittelpunkt. Der letzte Baustein "Zeitmanagement" beschäftigte sich mit der Selbstorganisation der Frauen im Beruf und dem Umgehen mit der Zeit in der sozialen Arbeit. Jeder Baustein wurde von einer anderen Referentin geleitet. Pia Gerber war als Co-Teamerin jedesmal dabei.

Unser Beitrag beschäftigt sich ausschließlich mit dem zweiten Baustein

"Berufliche Interessen vertreten - Selbstbehauptung im Beruf." Am Beispiel dieses Bausteins möchten wir zeigen, auf welche Weise und mit welchen Methoden in einem Seminar für Frauen gearbeitet werden kann, wenn einige der von Bentner (in diesem Band) postulierten Erfordernisse an die Arbeit (nicht nur) mit weiblichen Führungskräften eingelöst werden sollen. Gleichzeitig soll deutlich werden, daß mit dem Versuch der Umsetzung dieser Postulate in die konkrete Weiterbildungspraxis die Grenzen zwischen Weiterbildung, Personalentwicklung und Organisationsberatung sich auflösen. Die wichtigsten Erfordernisse sollen hier nochmals stichwortartig benannt werden:

Bezüglich der Lernformen sollte methodische Vielfalt und Abwechslung ermöglicht werden, was sich niederschlägt im Wechsel von sozialen Lernprozessen (Gruppenarbeit, Rollenspiel u.a.) und kognitiver Wissensvermittlung mit Hilfe verschiedener Medien.

Die im Seminar behandelten Themenschwerpunkte und Inhalte sollen so ausgerichtet sein, daß die Fokussierung dreier Dimensionen möglich wird: Die einzelne Teilnehmerin soll als Subjekt mit ihren je unterschiedlichen Einstellungen, Erfahrungen und Situationen angesprochen werden (Mikroebene). Der Blick auf die Wechselwirkungen und Interaktionen zwischen der einzelnen und der Gruppe soll ebenfalls geschärft werden (Mesoebene). Und schließlich sollen auf der Makroebene gesellschaftliche und strukturelle Aspekte fokussiert werden. Makroebene meint jedoch weniger irgendeine abstrakte "Gesellschaft", sondern im Kontext dieses Seminars konkret die Institution, in der die Frauen tätig sind.

Mitzudenken ist schließlich noch die Geschlechtszugehörigkeit als soziale Kategorie, die mit gesellschaftlicher und (häufig) eigener Geringschätzung des Weiblichen einhergeht und sich durch den weiblichen Lebenszusammenhang wie ein roter Faden zu ziehen pflegt. (Vgl. hierzu den Beitrag von Pia Gerber in diesem Band)

Die Umsetzung dieser Dimensionen in die konkrete Seminararbeit versuchen wir im folgenden exemplarisch zu zeigen.

Dazu bedienen wir uns einer Form der Selbstevaluation, die wir hier erstmals erproben. Bisher häufig praktizierte Formen der Seminarevaluation sind die Befragung der Teilnehmenden, die Selbstevaluation durch die Seminarleitung mit anschließender Fallbeschreibung, sowie die wissenschaftliche Begleitung durch externe Beobachter/-innen (vgl. Born 1994; Kade 1994).

All diese Verfahren haben Vor- und Nachteile: So bietet die Befragung der Teilnehmenden mit Hilfe standardisierter Fragebögen insbesondere für den Veranstalter von Bildungsangeboten die Möglichkeit, sich ein Bild davon zu machen, wie das Seminar bei diesen "angekommen" ist, ob und was sie gelernt haben, wie sie mit der Seminarleitung zufrieden waren, welche Wünsche sie an das zukünftige Seminarangebot haben etc. Der Einsatz eines Fragebogens eignet sich besonders für größere Gruppen. Er muß allerdings auch ausgewertet werden und seine Ergebnisse müssen in Handlung umgesetzt werden, wenn diese Form der Evaluation Sinn machen soll.

Weitere Befragungsmöglichkeiten der Teilnehmenden sind Interviews, die in der Regel nur möglich sind, wenn es sich um wissenschaftlich begleitete Maßnahmen und Modellprojekte handelt. Hierbei werden die Teilnehmenden von nicht am Seminargeschehen beteiligten Außenstehenden nachträglich über ihre Eindrücke befragt. Diese Form der Evaluation ist sehr kostspielig und im alltäglichen Weiterbildungsgeschehen nicht realisierbar (Born 1994: 291).

Die Selbstevaluation durch die Seminarleiter/-innen dürfte die am häufigsten praktizierte Auswertungsform sein. Dabei wird i.d.R. ein Fallbeispiel aus der Seminararbeit beschrieben und dargestellt, das geeignet ist, exemplarisch eine bestimmte Fragestellung, Problematik oder Situation aufzuzeigen. Dieses kasuistische Vorgehen ist einserseits sehr anschaulich, und andererseits selektiv, wenn man wissenschaftstheoretische Ansprüche nach Gültigkeit zugrunde legt. Solchen Ansprüchen kann eine Selbstevaluation ohnehin nicht genügen.

Uns geht es vielmehr um ein eher selbstreflexives und anwendungsbezogenes Vorgehen mit dem Ziel der Dokumentation und "Verbesserung der Praxis." (Kade 1994: 308)

Dabei haben wir uns unsere eigene Situation als Leiterinnen zunutze gemacht. Diese war durch eine klare Rollenteilung charakterisiert: Während Pia Gerber an der Gesamtkonzeption der Weiterbildungsreihe maßgeblich beteiligt war, wurde Ariane Bentner speziell mit der Konzeption und Leitung des zweiten Seminarbausteins beauftragt. Wir kannten uns vorher nicht. Nach dem ersten Kennenlernen vor dem Seminar vereinbarten wir, daß Ariane Bentner das Seminar inhaltlich gestaltet und leitet, während Pia Gerber als Organisatorin, Beobachterin und Dokumentarin mitwirkt.
Pia Gerber hat das gesamte Seminargeschehen beobachtet und protokolliert. Dabei blieb sie weitgehend in der Rolle einer Beobachterin, die die Außen-

perspektive einnimmt. Sie fertigte nach dem Seminar auf der Basis ihrer Mitschrift ein detailliertes Seminarprotokoll an, in dem alle Aktivitäten dokumentiert sind. Dieses Protokoll haben wir anschließend selektiv "durchforstet": Es geht uns nicht darum, den gesamten Seminarverlauf hier chronologisch darzustellen, sondern ausgewählte Fragestellungen zu bearbeiten. Unsere Leitfrage lautet: Wie und mit welchen Methoden können in einem Seminar für Frauen die o.g. Erfordernisse nach Thematisierung von Mikro-, Meso- und Makroebene konkret umgesetzt werden? Und: Wie kommt das bei den Teilnehmerinnen an?

Dazu werden wir im folgenden drei ausgewählte Seminarsequenzen beschreiben, und an uns exemplarisch erscheinenden "Stationen" erläuternde Kommentierungen hinzufügen, die Aufschluß darüber geben können, was warum wie gemacht wurde. Abschließend dokumentieren wir die von den Teilnehmerinnen in der Abschlußsequenz gemachten Aussagen und Bewertungen zur Seminareinschätzung.

1. Rahmenbedingungen und Seminarinhalte

Am Seminarbaustein "Berufliche Interessen vertreten - Selbstbehauptung im beruflichen Alltag" nahmen insgesamt neun Frauen teil. Die Zusammensetzung der Teilnehmerinnen war heterogen, was ihre jeweiligen beruflichen Positionen und Aufgaben betrifft: Von insgesamt neun Teilnehmerinnen arbeiteten sechs Frauen in der Verwaltung (Jugendamt, Gesundheitsamt, sozialer Dienst), eine Teilnehmerin war in der Bildungsarbeit im Frauenprojektebereich tätig, und zwei Frauen leiteten als Erzieherinnen eine Kindertagesstätte bzw. einen Kindergarten. Homogen war die Gruppe in der Hinsicht, daß alle Frauen im Nonprofit-Bereich bzw. im öffentlichen Dienst arbeiten und dabei in Feldern der sozialen Arbeit tätig sind. Sieben Frauen hatten den ersten Seminarbaustein besucht und kannten sich daher schon, zwei kamen bei diesem zweiten Seminar neu hinzu. Das Seminar fand in einem Tagungshaus in Rheinland-Pfalz statt und dauerte zweieinhalb Tage.

Bei der Konzeption der Seminarinhalte flossen folgende Vorinformationen ein: Pia Gerber informierte Ariane Bentner darüber, welche Lernwünsche die Teilnehmerinnen beim ersten Seminarbaustein ("Sozialarbeit und weibliche Rolle - Reflexion der eigenen beruflichen Praxis") geäußert hatten. Dies waren überwiegend Wünsche nach "Strategien", "Techniken" und konkretem "Handwerkszeug" zur Selbstbehauptung im Beruf sowie zum Thema "Führen und Leiten". Diese Wünsche wurden so weit wie möglich berücksichtigt und in die Konzeption des zweiten Bausteins aufgenommen. Das darauf abgestimmte Seminarprogramm sah dann folgende Themenschwerpunkte vor:

- Situationsanalyse zur Selbstbehauptung
- Wie behaupte ich mich?
- Eigene Interessen klären - andere überzeugen
- Balance zwischen eigenen und fremden Interessen durch Zielvereinbarung

Dieser Programmvorschlag wurde den Teilnehmerinnen zu Seminarbeginn vorgestellt, nachdem sie sich untereinander in verschiedenen Kennenlernübungen etwas angewärmt hatten. Die Resonanz: Zustimmung in der Gruppe; einige Teilnehmerinnen äußerten den Wunsch nach Thematisierung ihres Konflikts zwischen eigenen beruflichen Interessen und den Interessen ihres Trägers bzw. der Institution, für die sie arbeiten.

2. Situationsanalyse als Beispiel für einen Seminareinstieg auf drei Ebenen

Nach der ersten Arbeitseinheit, die dem gegenseitigen Kennenlernen (zwei neue Teilnehmerinnen kamen in die Gruppe) und Orientieren gewidmet war und in der das Programm vorgestellt wurde, begann die eigentliche Seminararbeit mit einer Situationsanalyse.

Die Situationsanalyse ist eine Methode, die sowohl im Management als auch in der Organisationsberatung angewandt wird. Sie ist "für jeden Einstieg in einen systematischen Problemlösungsprozeß" (Eck 1991:231) hilfreich und kann für ganz unterschiedliche Fragestellungen variiert werden. Die Situationsanalyse ist kein starres Instrumentarium, sondern als höchst flexibles methodisches Arbeitsmittel auch in der Weiterbildung sehr gut einsetzbar. Für diesen Zweck modifizierte ich (A.B.) die von Claus D. Eck im Kontext von Supervision und Organisationsentwicklung konzipierte SWOT-Analyse. Das Akronym SWOT steht für die vier Dimensionen:

S = *Satisfaction* (Zufriedenstellendes, eigenes Potential),
W = *Weaks* (Schwachpunkte, Unzufriedenheit),
O = *Opportunies* (Möglichkeiten, eigenes Veränderungspotential),
T = *Threats* (Befürchtungen, Bedrohliches).

Bei der Situationsanalyse geht es darum, bei den Teilnehmenden in mehreren Schritten einen Reflexionsprozeß zu initiieren. In einer Seminarsituation bezieht sich dieser Prozeß auf das im Seminar anstehende Thema. Die Situationsanalyse folgt von ihrem Aufbau her dem Schema:

1. Problemdefinition (Weaks)
2. Förderliche Aspekte/eigenes Potential (Satisfactions)
3. Hinderliche Aspekte/Blockaden/Bedrohliches (Threats)
4. Auswege/Perspektiven/Visionen (Opportunities)

In der Weiterbildung können sich die Teilnehmenden mit Hilfe der Situationsanalyse in mehreren Schritten Klarheit verschaffen über das, was ihre Ausgangssituation (den IST-Zustand) betrifft. Ein zweiter Aspekt bezieht sich auf die Entwicklung der eigenen Ressourcen und Stärken sowie des vorhandenen oder noch zu fördernden persönlichen oder fachlichen Potentials der Teilnehmenden (SOLL-Zustand). Somit eignet sich die Situationsanalyse besonders für die "Sensibilisierung und Erweiterung des Wahrnehmungsfeldes. Gleichzeitig erfolgt eine Inventarisierung der verschiedenen Aspekte einer Problemstellung." (Eck 1991:232)

Die Situationsanalyse für diese Gruppe umfaßte einen kurzen schriftlichen Fragenkatalog, der jeder Teilnehmerin ausgehändigt wurde. Die Fragen lauteten:

a) Was heißt für mich Selbstbehauptung im beruflichen Alltag?
b) Welche Probleme treten dabei häufig für mich auf?
c) Welche meiner Stärken hilft mir, mich im Beruf zu behaupten?
d) Was müßte passieren, damit ich mich im Beruf so behaupten könnte, wie ich es mir wünsche?

Für dieses Seminar habe ich (A.B.) die Dimension T (Threats) ausgelassen, und statt dessen eine andere Dimension eingefügt, nämlich die nach der Selbstdefinition: "Was heißt für mich Selbstbehauptung im beruflichen Alltag?" Meine Intention dabei war, den Teilnehmerinnen nicht von vornherein zu unterstellen, sie könnten sich im Beruf nicht behaupten. Denn darin kann ja eine erste Zuschreibung liegen, die Frauen ein Defizit unterschiebt. Ich gehe im Gegenteil davon aus, daß die Teilnehmerinnen bisher ganz eigene Strategien entwickelt haben, um ihre Interessen auf ihre Weise zu vertreten. Mit der Frage nach der Selbstdefinition kann jede Frau selbst entscheiden, was sie unter Selbstbehauptung versteht.

Außerdem erscheint es mir wenig hilfreich, in einem Frauenseminar als erstes die Frage nach Problemen zu stellen. Denn erfahrungsgemäß springen die Teilnehmerinnen darauf sofort an. Frauen scheinen aufgrund ihrer Marginalisierung qua Geschlecht daran gewöhnt zu sein, viele Probleme zu haben oder haben zu müssen. Selbst wenn es objektiv so ist, daß Frauen strukturell diskriminiert und vielfältigen Belastungen ausgesetzt sind, so kann die Fixierung auf ihre Probleme auch lähmend wirken. Eigene Ressourcen und Entwicklungsfähigkeiten von Frauen werden allzuleicht ignoriert und nicht wahrgenommen. Die Fixierung auf Probleme kann sich schnell in Richtung Defizitorientierung entwickeln. Vorhandenes Veränderungspotential kann so blockiert werden. Daher steht die Frage nach den Problemen und Schwachpunkten (Weaks) erst an zweiter Stelle. Durch den Zusatz "häufig" in der Frageformulierung soll eine subjektive "Suchrichtung" fokussiert werden: Gibt es möglicherweise bestimmte Muster, nach denen problematische Situationen für die einzelne auftreten? Welcher Art sind die Probleme genau? Wodurch unterscheiden sie sich?

Die dritte Frage nach den eigenen Stärken (Satisfactions) betrachte ich für die weitere Seminararbeit als die wichtigste. Denn erfahrungsgemäß tun sich Frauen hier am schwersten, bei sich etwas "zu finden". Das Wühlen in den Problemen ist häufig so zur Gewohnheit geworden, daß sich Selbstentwertung und der Blick auf eigene vermeintliche "Defizite" im Selbstbild der einzelnen so implementiert haben, daß die Sicht auf das eigene Potential, Können, die Kompetenz und Fähigkeiten vernebelt wird. Ein Bewußtsein über die eigenen Stärken ist aber eine Grundvoraussetzung für selbstbewußtes Agieren und nicht zuletzt auch für das eigene Selbstwertgefühl.

Die Frage nach den Möglichkeiten, Chancen und Perspektiven (Opportunities) bildet daher auch den Abschluß der Situationsanalyse. Denn hier kann möglicherweise an die eigenen Stärken angeknüpft werden, nicht nur an die Probleme. Die hypothetische Fragestellung "Was müßte passieren?..." kann den Blick sowohl auf die eigenen Verhaltensweisen lenken, an denen die einzelne eventuell verändernd ansetzen kann, als auch auf strukturelle Dimensionen, etwa, was müßte in meinem Team, mit meinen Kollegen passieren, oder was müßte eigentlich in unserer Organisation passieren, damit ich mich so behaupten könnte, wie ich es mir wünsche?

Die Situationsanalyse setzt so im ersten Schritt sowohl persönlichkeitsorientiert an der individuellen Wahrnehmung, Einschätzung und der beruflichen Situation der einzelnen an, ermöglicht aber auch den Blick auf die Interaktionskontexte und die Institution der einzelnen und zeigt vorhandene Lösungspotentiale auf.

Die Durchführung der Situationsanalyse erfolgte in diesem Seminar in drei Arbeitsschritten: Im ersten Schritt ging es um die je eigenen Wahrnehmungen und Einschätzungen jeder Teilnehmerin. Daher wurden die Frauen gebeten, diese Fragen zunächst in ca. 15-minütiger Einzelarbeit zu reflektieren und schriftlich für sich zu beantworten. Im zweiten Arbeitsschritt ging es darum, neben der eigenen Situation die der anderen kennenzulernen, und in einen Austausch darüber zu treten. Die eigenen Einschätzungen wurden mit denen anderer verglichen.

Daher sollten sich im zweiten Schritt die Teilnehmerinnen in mehreren Kleingruppen über ihre "Ergebnisse" austauschen. Die für sie wichtigsten Einschätzungen und Ergebnisse zu jeder Fragestellung wurden danach in Stichworten in jeder Kleingruppe auf Metaplan-Karten geschrieben und an einer Pinnwand visualisiert. Dies bezog sich sowohl auf ähnliche als auch auf unterschiedliche Ergebnisse. An dieser Stelle fordere ich die Teilnehmerinnen regelmäßig auf, Erfahrungen oder Einschätzungen von Frauen zuzulassen, die anders sind als die eigenen, und sie nicht einfach unter den Tisch fallen zu lassen oder "wegzuzensieren". Vielmehr sollen in der Kleingruppe gerade auch Differenzen als unterschiedliche Erfahrungen und Einschätzungen zwischen den Frauen benannt und sichtbar gemacht werden.

Nach der ca. 45-minütigen Kleingruppenarbeit wurden die Metaplan-Karten zu der betreffenden Frage auf der Pinnwand von den Teilnehmerinnen präsentiert, mündlich erläutert sowie gemeinsam im Plenum diskutiert. Gemeinsam mit den Teilnehmerinnen versuchte ich (A.B.) im dritten Schritt eine vorsichtige Synthese aus den Ergebnissen der Kleingruppenarbeit. Dabei geht es darum, vom Einzelfall und Besonderen zum Allgemeineren zu gelangen, d.h. die subjektiven Einschätzungen der einzelnen so zusammenzufassen, daß sie für die meisten anderen ebenfalls Gültigkeit erhalten, ohne dabei andere Wahrnehmungen und Einschätzungen zu vernachlässigen. Meine Frage an die Teilnehmerinnen lautete dabei, ob sie für die zu den verschiedenen Fragen gefundenen Antworten Begriffe finden können, die diese Antworten zusammenfassen und etwas verallgemeinern. Vorschläge der Frauen nehme ich auf und frage die Gruppe, ob sie sich in diesen Begriffen wiederfinden kann. Wenn das der Fall ist, notiere ich diese auf dem Flip-Chart. Hier nun die Ergebnisse der Synthese aus den Kleingruppen:

Frage a: Was heißt für mich Selbstbehauptung im beruflichen Alltag?

- Fachkompetenz - den eigenen Standpunkt vertreten
- Überzeugen können
- Selbstbewußtsein
- Auftreten können (Standfestigkeit, Balance, Ellenbogen)

Frage b: Welche Probleme treten dabei häufig für mich auf?

- Mangelnde Wertschätzung (eigene und von außen)
- (Heimliche) Hierarchien

Eigenes Verhalten; d.h. strukturelle Grenzen und individuelle Probleme

Frage c: Welche meiner Stärken hilft mir, mich im Beruf zu behaupten?

Individuelle, breit gestreute Kompentenzen wie
- Redefähigkeit
- Diplomatisches Geschick
- Strategie- und Planungsfähigkeiten
- Selbstbewußtsein
- Engagement
- Reflexionsfähigkeit
- Hartnäckigkeit
- Offenheit
- Konfliktfähigkeit
- Glaubwürdigkeit
- Netzwerke aufbauen können etc.

Die Teilnehmerinnen lieferten in ihren Kleingruppen zu dieser Frage nach ihren Stärken die meisten Nennungen. Diese wurden im Plenum jedoch nicht gemeinsam synthetisiert, um die Vielfalt der eigenen Stärken nicht zu reduzieren. In der Gruppendiskussion zeigte sich deutlich, daß die Teilnehmerinnen bereits über ein ausgeprägtes Bewußtsein ihrer eigenen Stärken verfügen.

Frage d:	***Was müßte passieren, damit ich mich in meinem Beruf so behaupten könnte, wie ich es mir wünsche?***
	• Prioriäten setzen • Beruflicher Austausch • Ziele definieren • Innere Selbstsicherheit • Mehr Wissen/Kompetenz • Mehr Kommunikation am Arbeitsplatz

Die Kleingruppen-Ergebnisse zu dieser Frage verweisen auf mindestens zwei Aspekte: Um sich so behaupten zu können, wie sie es sich wünschen, müßte einmal aus der Sicht der Teilnehmerinnen etwas bei ihnen selbst passieren. Dies sind Veränderungen in Bezug auf die eigene Arbeitsorganisation (Prioritäten setzen, Ziele definieren), ebenso wie ein Zugewinn an innerer Selbstsicherheit und Fachkompetenz. Gleichzeitig nannten sie Aspekte wie mehr Kommunikation am Arbeitsplatz und beruflichen Austausch, die mehr auf die Mesoebene verweisen und Veränderungen im zwischenmenschlichen Miteinander nach sich ziehen können.

Mit dieser Arbeit sind sowohl individuelle als auch strukturelle Problemlagen und mögliche Lösungsansätze von den Seminarteilnehmerinnen selbst entwickelt worden. Sie haben sich untereinander darüber ausgetauscht. Wir haben als Leiterinnen Informationen darüber erhalten, wie sich die Selbstbehauptung der Frauen gestaltet und welche Lernwünsche sie an unsere Zusammenarbeit richten. Damit konnten wir das Seminarangebot nochmals daraufhin überprüfen, ob es den Teilnehmerinnen das vermitteln kann, was sie erwarten, und mögliche Veränderungen vornehmen.

Die Ergebnisse dieser Situationsanalyse blieben während der gesamten Semiararbeit visuell präsent. Die Metaplan-Kärtchen waren für alle sichtbar an die Pinnwände geheftet. Je nach Seminarthema nahmen wir wieder Bezug darauf.

3. Ein Beispiel für eine subjektorientierte Herangehensweise: Der "Angstkreislauf" als Ausdruck innerer Imperative

Als Einstieg in die Selbstbehauptungs-Thematik hatten die Teilnehmerinnen zwei Rollenspiele in unterschiedlicher Besetzung gespielt. In beiden Spielen ging es darum, den eigenen Platz trotz massiven Widerstandes gegen andere zu behaupten. Ich (A.B.) hatte damit einen erfahrungsorientierten Einstieg gewählt, damit die Teilnehmerinnen in der Seminarsituation direkt an eigene Erlebnisse und Erfahrungen anknüpfen konnten.

Nach der Auswertung der Rollenspiele und der Reflexion der gemachten Erfahrungen in der Gruppe sollten die Frauen nun ein theoretisches Konzept kennenlernen, das ihnen Erklärungsansätze und mögliche Handlungsalternativen aufzeigen kann, für den Fall, daß sie sich mit den Verhaltensweisen, mit denen sie sich im Rollenspiel und/oder im beruflichen Alltag behaupten, genauer auseinandersetzen wollen.

3.1 Zum Hintergrund des Konzepts der inneren Imperative

Das an dieser Stelle vorgestellte Konzept basiert auf verhaltens- und kognitionspsychologischen Arbeiten von Angelika Wagner (1988). Ausgangsbasis ihrer Untersuchungen ist die Erkenntnis, daß Individuen bestimmte Situationen und Handlungen vermeiden, weil sie ihr Bewußtsein mit innereren Befehlen, den sog. Imperativen in Schach halten und beherrschen. Als Imperative bezeichnet Wagner "Kognitionen, die im Bewußtsein eines Indiviuums den Charakter eines subjektiv verbindlichen Muß haben." (Wagner 1988:158) Imperative haben danach starken Aufforderungscharakter - "ich muß dieses tun - ich darf jenes auf keinen Fall tun"; es sind innere Befehle, die emotional verknüpft sind mit Gefühlen von Angst, Anspannung, Zwang und selbstschädigenden Verhaltensweisen, die eine "verpflichtende Gewalt über uns bekommen." (Ebd.:160) Wagner betont, daß gesellschaftliche Normen und Werte den Charakter von inneren Imperativen annehmen können, aber nicht zwangläufig müssen. Vielmehr funktionieren solche Imperative als innere Verbote von (gesellschaftlich und individuell) unerwünschten Zuständen oder Verhaltensweisen. So könnte bei einer Frau, die wütend wird, ein innerer Imperativ lauten: Frauen dürfen nicht aggressiv sein! Diese Frau würde bei sich eine Empfindung verspüren, die gesellschaftlich unerwünscht ist, und müßte somit eine Diskrepanz wahrnehmen zwischen dem, was (bei ihr) ist, und dem, was (gesellschaftlich) nicht sein darf. Diese Diskrepanz führt zu einem inneren Knoten, einer Endlosschleife, um den die Gedanken und Gefühle unentwegt kreisen. Die Situation erscheint ausweglos, solange der innere Imperativ besteht. Häufig kommt es dabei zu Umdefinitionen: Weil frau ihre Wut nicht spüren darf, da Frauen ja nicht aggressiv sein dürfen, würde die Betreffende vielleicht weinen. Dieses Verhalten ist für Frauen gesellschaftlich eher akzeptiert (ebd. 1988:165).

Wichtig ist die Abgrenzung zwischen innerem Imperativ und Freuds Über-Ich: In Freuds Drei-Instanzen-Modell fungiert das Über-Ich als diejenige Instanz, in der moralische und "naturwüchsige" Inhalte gleichermaßen verinnerlicht werden. Während die moralischen als gesellschaftliche Zwänge problematisiert werden, sieht Freud die "Triebe" jedoch als naturgegeben an. Diesen muß das Ich aus psychoanalytischer Sicht dienen. Damit stellt aus Wagners Sicht das Konzept vom Über-Ich in puncto Trieblehre selbst einen Imperativ dar (ebd. 1988:162).

Die eigene Selbstbeherrschung und -kontrolle mittels innerer Imperative führt nun zu subjektiven Paradoxien, die die Person handlungsunfähig machen können. Dies zeigen Berckhan et al. (1993) am Beispiel der Redeangst von Frauen in der Öffentlichkeit. Danach können innere Imperative sich hierarchisch überlagern:

> Typischerweise beginnen diese Schichten oder auch Ketten von Imperativen in der Regel bei den Anzeichen der Angst, beispielsweise: "Meine Hände dürfen nicht zittern!" Wir stoßen auf eine tiefere Ebene von Imperativen, wenn wir die Frage stellen: "Was wäre das Schlimme daran, wenn die Hände zittern?" Die Antwort bezieht sich meistens auf das Verhalten und könnte lauten: "Wenn meine Hände zittern...
>
> ... kann ich nicht mehr ruhig reden
> ... fange ich an, mich zu verhaspeln
> ... verliere ich den Faden
> *...und das wäre schlimm!"*
>
> Fragen wir auch hier weiter: "Was wäre das Schlimme daran, zum Beispiel den Faden zu verlieren?", wird die nächste Ebene tieferliegender Imperative deutlich. "Wenn ich den Faden verliere...
>
> ... mache ich einen inkompetenten Eindruck
> ... bin ich unkonzentriert
> ... könnte ich nicht mehr weitersprechen
> *...und das wäre schlimm*!" (Berckhan et al. 1993:29, Herv.i.O.)

Da innere Imperative äußerst hartnäckig sein können, wird ihre bloße Veränderung nach diesem Konzept nicht angestrebt. Auch sollen einzelne Imperative nicht durch andere ersetzt werden. So wäre es fatal, wenn eine Seminarleiterin einem Imperativ einer Teilnehmerin ("Ich kann mich nicht durchsetzen!") einen anderen Imperativ entgegenhalten würde ("Du mußt lernen, Dich durchzusetzen!"). Vielmehr geht es darum, den Prozeß, "irgendeine Vorstellung sich selber oder anderen imperativisch vorzuschreiben" kritisch zu beleuchten und durch die Wahrnehmung der darunterliegenden Gefühle, die durch das Imperieren letztlich vermieden werden sollen, den Prozeß des Sich-Imperierens selbst zu beenden (Wagner 1988:181/188).

3.2 Zur didaktischen Vermittlung des Konzeptes durch das Bild vom "Angstkreislauf"

Das Konzept der inneren Imperative wurde in diesem Seminar in Form eines kurzen Theorie-Inputs vorgestellt. Dabei wurde die folgende Abbildung "Angstkreislauf" als visueller Ausgangspunkt gewählt und als Graphik auf einem Flip-Chart präsentiert.

Der "Ablauf" bzw. das Funktionieren des Angstkreislaufs wurde von mir (A.B.) anhand der Graphik idealtypisch und bezogen auf weibliches Redeverhalten erläutert. Hierbei ging es primär um den Kontext der eigenen Interessenvertretung von Frauen durch Reden in der Öffentlichkeit, in Gremien, mit Vorgesetzten etc. - alles Situationen, die für die Teilnehmerinnen in unterschiedlichem Ausmaß im beruflichen Alltag relevant sind.

Abb.: Der Angstkreislauf

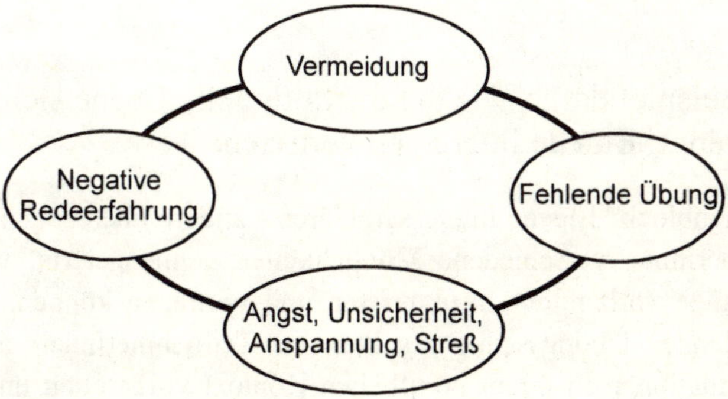

(nach Berckhan et al. 1993:60)

Mögliche andere innere Imperative bei den Frauen wurden von diesen selbst angesprochen: Beispielsweise die Formel "Ich muß schön/kompetent/perfekt etc. sein!" Die Diskussion des Angstkreislaufs mit den Teilnehmerinnen im Plenum kreiste um ganz konkrete Imperative im Zusammenhang mit verbaler Selbstbehauptung. Der therapeutische Hintergrund des Konzepts wurde nur gestreift, jedoch nicht vertieft.

In der gemeinsamen Diskussion mit den Teilnehmerinnen zeigte sich, daß es wichtig ist, bestimmte (Rede-) Situationen, die frau möglicherweise im beruflichen Alltag vermeidet, durch kontinuierliches Üben und Experimentieren zu entschärfen, um das Vermeidungsverhalten aufzulösen. Gemeinsam arbeiteten wir heraus, daß Frauen auch Abschied von selbstblockierenden Verhaltensweisen nehmen können, indem sie das dualistische "Alles oder Nichts"-Prinzip aufgeben, auf dem perfektionistische Selbstmythen - beruhen ("Ich muß es perfekt können, sonst bin ich eine Versagerin!"). Einige Teilnehmerinnen wiesen an dieser Stelle darauf hin, daß teilweise auch in ihren Institutionen nach diesem Prinzip gearbeitet wird: Fehler im Team werden vertuscht und tabuisiert, anstatt sie selbstreflexiv und kritisch zu analysieren. In der Diskussion über das vorgestellte Modell vom Angstkreislauf wurde deutlich, daß die Veränderung von eigenen eingefahrenen Verhaltenweisen nicht nur einen Beitrag zum eigenen Lernen darstellen kann, sondern gleichzeitig das Lernen in der Gruppe und der Institution bewirken kann. Zum Abschluß dieser Seminarsequenz formulierten einige Frauen den Wunsch, zukünftig in ihrem eigenen Selbstbild mehr zu differenzieren und eigene Stärken und Schwächen durch eine realistische Selbsteinschätzung anzunehmen.

4. Ein Beispiel dafür, wie die institutionelle Ebene sich vordrängt: Eigene Interessen vertreten

Im Themenblock "Eigene Interessen klären - andere überzeugen" hatten die Teilnehmerinnen verschiedene Möglichkeiten kennengelernt, wie sie ihre Redebeiträge vorbereiten, strukturieren und vortragen können. In der sich anschließenden Übungssequenz sollten die Teilnehmerinnen sich auf Gesprächssituationen in ihrem beruflichen Kontext vorbereiten und diese mit Hilfe eines rhetorischen "Handwerkszeugs" erproben. Als Ziel der Übung war vorgegeben, eine oder mehrere Personen vom eigenen Anliegen mit einer klaren Position zu überzeugen. Das folgende Beispiel zeigt, wie aus einer eigentlich subjektorientierten Rhetorik-Übung die Sicht auf eine neue Dimension enstehen kann:

Eine Teilnehmerin, nennen wir sie Frau Müller, hatte sich auf ein Klärungsgespräch mit ihrem Vorgesetzten vorbereitet und wollte diese Situation in der Gruppe mit verteilten Rollen ausprobieren. Inhalt ihrer vorher vorbereiteten Argumentation war, daß sie ihren Zuständigkeitsbereich in der Insitution reduzieren und hierfür die Legitimation ihres Vorgesetzten einholen wollte. Der Vorgesetzte wurde von einer anderen Teilnehmerin (Frau Maier) ohne Vorbereitung "gespielt".

Frau Müller päsentierte nun dem Vorgesetzen ihr Anliegen, während die anderen Teilnehmerinnen beobachteten. In der sich daran anschließenden Auswertungsrunde teilten die Zuschauenden den beiden Protagonistinnen ihre Eindrücke mit.

Zunächst war den Zuschauenden etwas über die körpersprachliche Wirkung der Präsentation aufgefallen: Frau Müller hatte keine Beziehung mit ihrem Gegenüber aufgenommen; beide hatten sich kaum angeschaut. Der Vorgesetze hatte einen verstockten und selbstbezogenen Eindruck vermittelt. Frau Müller hatte ihre Argumente mehrfach wiederholt, was einen insistierenden Eindruck hinterließ. Von der Redestruktur her wirkte ihre Darstellung leicht diffus; einige Teilnehmerinnen spürten Resignation, Verletzung und Bitterkeit bei Frau Müller. Andere betonten, daß sie aber auch den Wunsch nach Abgrenzung und eine Klärung der Zuständigkeit deutlich wahrgenommen hätten.

Frau Müller nahm diese Rückmeldungen zur Kenntnis und teilte der Gruppe daraufhin mit, daß sie ihren Redebeitrag auch so empfunden habe. Im Auswertungsgespräch stellte sich heraus, daß das Problem der Arbeitsteilung und Zuständigkeiten in ihrer Institution in mancher Hinsicht für alle Mitarbeiter/-innen ungeklärt ist: Jede/r macht, was sie/er kann und will, klare Absprachen fehlen. Der Vorgesetze will mit allem möglichst wenig zu tun haben und zieht sich aus der Verantwortung zurück. Dadurch entsteht ein hoher Grad an Diffusität in der Instiution, es ist unklar, wer was darf und soll. Ihre eigene Unklarheit im Gespräch mit dem Vorgesetzen führte Frau Müller auf die insgesamt ungeklärte Situation an ihrem Arbeitsplatz zurück.

Bei dieser sehr empathischen Besprechung der Situation in der reflektierenden Gruppe kristallisierten sich folgende "Empfehlungen" der anderen Teilnehmerinnen an Frau Müller heraus:

Bezüglich der eigenen Argumentation empfahlen einige Frauen, auf inhaltliche Wiederholungen im Gespräch mit dem Vorgesetzen zu verzichten, da dies sehr defensiv wirke: Argumente würden nicht besser dadurch, daß sie mehrfach vorgebracht werden. Auf der Handlungsebene sollte Frau Müller zukünftig mehr Grenzen ziehen, da ein Teil ihrer Aufgaben und der Arbeitsteilung insgesamt auf informellen Absprachen beruht. Statt dessen wäre es sinnvoll, die gewünschte Arbeitsteilung zuerst einmal mit ihren Kolleg/-inn/en zu besprechen, nicht an erster Stelle mit dem Vorgesetzten. Weiterhin wurde empfohlen, die strukturellen Barrieren der Organisation, in der Frau Müller arbeitet, mehr in die Überlegungen einzubeziehen - welche Absprachen und Veränderungen sind unter den bestehenden Rahmenbedingungen überhaupt möglich, welche nicht?

Die Art und Weise, wie Frau Müller ihre Rede präsentierte, wie sie sich in der Interaktion mit dem Vorgesetzen verhielt, war auch ein Spiegel der strukturellen Probleme in ihrer Institution. Beim Versuch, eine als schwierig empfundene Gesprächssituation im Semiar spielerisch zu erproben, "drängte“ sich der institutionelle Kontext von Frau Müller vor. So wurde allen Beteiligten deutlich, daß es nicht allein mit der individuellen Aneignung rhetorischen "Handwerkszeugs" getan ist. Vielmehr sind die Unklarheiten am Arbeitsplatz zu klären. Bei diesem Prozeß kann Rhetorik allerdings strukturierend und unterstützend eingesetzt werden.

5. Aspekte der Seminarevaluation

An den dargestellten exemplarischen Seminarstationen ist deutlich geworden, daß es möglich ist, sich auch in einer offenen Weiterbildungssituation wenigstens ansatzweise auf drei Ebenen zu bewegen: Einmal subjektorientiert zu arbeiten und damit auf die einzelne Person einzugehen, ihre spezifische Situation zur Kenntnis zu nehmen, nachzuvollziehen und ihr möglicherweise Erklärungsansätze und ein "Handwerkszeug" anzubieten, das für diese Situation hilfreich sein kann. Deutlich wurde auch, daß die Mesoebene als Interaktion zwischen zwei Beteiligten hilfreiche Erkenntnisse über das eigene Handeln und die Wirkung auf das Gegenüber liefern kann. Und schließlich zeigte sich auch, daß die Makroebene sich geradezu vordrängen kann, wenn frau/man sie läßt bzw. bereit ist, den eigenen Fokus darauf zu richten.

Zur Auswertung dieses Seminar-Bausteins legten wir den Teilnehmerinnen gegen Ende einen Fragebogen vor, den der Veranstalter, das Sozialpädagogische Fortbildungszentrum Mainz entwickelt hat. Die Teilnehmerinnen wurden u.a. gebeten, ihre Einschätzung des Seminars auf einer fünfwertigen Likert-Skala (sehr gut bis unzulänglich) abzugeben. Im folgenden fassen wir die Fragebogenauswertung bezogen auf die Mittelwerte (mean) kurz zusammen.

Insgesamt beurteilten sie diese Veranstaltung gut. Die Seminarinhalte bewerteten sie ebenfalls positiv. Auch den Seminaraufbau und die eingesetzten Methoden sowie die Seminarleitung wurden gut beurteilt. Als sehr gut bezeichneten die Teilnehmerinnen ihre Zusammenarbeit untereinander in der Gruppe.

In der Abschlußrunde fragten wir die Teilnehmerinnen, wie sie jetzt nach Hause gehen, was sie mitnehmen und was sie hier lassen möchten. Dieser Abschluß zielte weniger auf die Seminarbewertung, als vielmehr auf ihre emotionale Befindlichkeit. Dennoch zeigen die folgenden Äußerungen der Teilnehmerinnen noch einmal wichtige Differenzierungen bei der Seminareinschätzung insgesamt.

So wollten die Teilnehmerinnen u.a. folgende positive Erfahrungen und Erkenntnisse mitnehmen: Angenehme Atmosphäre im Seminar und in der Gruppe, viele Anregungen, Rhetorik und erlernte Techniken, Anregung zur Distanziertheit und Strukturiertheit, hilfreiche Feedbacks der Teamerin, Sicherheit durch Rollenspiel, Lust zum Probieren und Üben im beruflichen Alltag, Zielplanung im Team umsetzen, sehr interessante Inhalte und nützliche Übungen, Spaß an Lockerungsübungen, erhaltene Arbeitspapiere u.v.m.

Zurücklassen wollten die Teilnehmerinnen das, was ihnen nicht so gut gefallen hatte: Chaos, Unstrukturiertheit, Umstellungsschwierigkeiten und Irritationen am Anfang, da "kein Funke" zu Referentin da war und die Rollenteilung zwischen Referentin und Teamerin von einzelnen Frauen hierarchisch erlebt wurde, manchmal unpräzise Inhalte, teilweise verspätete Ausgabe von Arbeitspapieren usw.

Damit läßt sich unsere Ausgangsfrage immerhin insoweit beantworten, daß wir mit unserer Herangehensweise und Konzeption dieses Seminarbausteins die Teilnehmerinnen erreichen konnten, daß sie von der Weiterbildung glauben, profitieren zu können, daß ihnen die angebotenen Inhalte und Methoden überwiegend hilfreich erschienen und daß sie sich in der Gruppe wohlgefühlt haben. Unzufriedenheit äußerten zwei Teilnehmerinnen an unserer Arbeitsteilung, die sie als hierarchisch werteten, da die eine von uns (A.B.) überwiegend in einer aktiven Rolle als Seminarleiterin erschien, während die andere (P.G.) eher die Rolle der Beobachterin und Dokumentarin übernahm. Dieses Thema hatten wir im Vorfeld bereits problematisiert und auf uns zukommen sehen. Wir wollten aber dennoch bei dieser Arbeitsteilung bleiben, da sie uns unter den eingangs genannten Umständen am sinnvollsten erschien.

Möglicherweise waren für die Teilnehmerinnen neben inhaltlichen Aspekten der Weiterbildung Aspekte unseres Miteinanders als Leiterinnen ebenso wichtig.

Literatur

Berckhan, Barbara/Krause, Carola/Röder, Ulrike (1993), *Schreck laß nach. Was Frauen gegen Redeangst und Lampenfieber tun können.* München

Born, Armin (1994), *Geschichte der Erwachsenenbildungsforschung.* In: Tippelt, Rudolf (Hg.): Handbuch Erwachsenenbildung/Weiterbildung. Opladen, S.285-295

Eck, Claus D.(1990), *Rollencoaching als Supervision.* In: Fatzer, Gerhard (Hg.): Supervision und Beratung. Ein Handbuch. Köln, S. 209-248

Kade, Sylvia (1994), *Methoden und Ergebnisse der qualitativ-hermeneutisch orientierten Erwachsenenbildungforschung.* In: Tippelt, Rudolf (Hg.): Handbuch Erwachsenenbildung/ Weiterbildung. Opladen, S. 296-311

Pia Gerber

Wann ist Weiterbildung mit Frauen *feministisch*?

Frau nehme zwei Löffel feministische Theorie, einen halben Liter feministische Praxiserfahrung und rühre dies in die leicht vorgewärmte Zielgruppe "Frauen"... Um es gleich vorwegzunehmen: Die folgenden Überlegungen sind nicht im Sinne eines statischen Zutatenrepertoires für ein Rezept "Feministische Weiterbildung" gemeint. Vielmehr versteht sich mein Beitrag als *eine* Möglichkeit, den feministischen Gehalt einer Weiterbildung zu analysieren und ansatzweise zu realisieren.

Zunächst zum Begriffsverständnis: Unter "Feministischer Bildungsarbeit" sind hier organisierte Lern- und Erkenntnisprozesse von Frauen mit einer feministischen Weltsicht für Frauen in einem institutionellen Rahmen gemeint. Organisatorinnen und Kursleiterinnen feministischer Bildung betrachten sich als zugehörig zu einem der vielfältigen frauenbewußten Standpunkte, denen die individuelle Befreiung jeder einzelnen Frau sowie die Erlangung kollektiver Frauenmacht auf kulturveränderndem Weg als Absicht zugrundeliegt.

Feminismus als politische Position und Perspektive orientiert sich in all seinen Varianten an zwei Zielen:

"1. Gleichheit, Würde und Entscheidungsfreiheit für alle Frauen auf der Basis der Kontrolle der Frauen über ihr eigenes Leben und ihren eigenen Körper innerhalb und außerhalb des Hauses...

2. Beseitigung aller Formen von Ungleichheit, Herrschaft und Unterdrückung durch die Schaffung einer gerechteren sozialen und ökonomischen Ordnung, national und international." (List/Studer 1989:10)

Feminismus ist zugleich Theorie und Bewegung, die alle Bereiche des Menschlichen betrifft und den patriarchalen Gehalt aller kulturellen Hervorbringungen des Mannes kritisiert. Das Patriarchat wird dabei als geschichtlich gewordene Männerherrschaft betrachtet, die ökonomisch auf der geschlechtshierarchischen Arbeitsteilung beruht, politisch einhergeht mit gewollten Gleichberechtigungsdefiziten und gekoppelt ist mit gesellschaftlich legitimierter männlicher Gewaltausübung gegen das weibliche Geschlecht. Die politische Struktur des Geschlechterverhältnisses wird demnach als Herrschaftsbeziehung gewertet und das Geschlecht im Sinne von 'gender' als eine Kategorie verstanden, die sich auf die historische Gewordenheit von Frauen und Männern bezieht und aktuell Frauen - wie eine Art Platzanweiser - auf die unteren Stufen der patriarchalen Gesellschaftshierarchie verweist.

Feministische Bildungsarbeit kennzeichnet sich nicht allein durch ihre inhaltliche Anbindung an die Idee der Frauenbefreiuung, sondern basiert auf *drei zentralen Strukturprinzipien*:

- Parteilichkeit
- Angestrebte Hierarchiefreiheit sowie
- Autonomie (Kolk 1994:23 ff.)

Parteilichkeit meint zum einen die bewußte Bezugnahme auf Frauen als Unterdrückte in einer patriarchalen Gesellschaft aus einem Gerechtigkeitsempfinden heraus, zum anderen aber auch die Anerkennung des Wissens, der Erfahrung und der Erkenntnis von Frauen.

Das Anstreben einer möglichst hierarchiefreien Bildungssituation negiert nicht unterschiedliche Kompetenzen und Wissensbestände zwischen einer Kursleiterin und den Teilnehmerinnen, bzw. der Teilnehmerinnen untereinander, sondern zielt auf eine weitgehend nicht hierarchische, nicht wertende Umgangskultur, die die Eigenheit jeder Frau schützt und als Erkenntnisquelle für die Gruppe nutzbar macht.

Autonomie wiederum beinhaltet vorrangig eine Bildungssituation unter Frauen ohne männliche Vermittlungsinstanz bei maximaler Selbstbestimmung der Teilnehmenden. Das Autonomiestreben in einem feministischen Bildungskontext, das über die individuelle Selbstbefreiung einzelner Frauen aus patriarchalen Prägungen hinausziel, beabsichtigt ein kollektives Fortschreiten im Handeln und Denken der beteiligten Frauen unter Einschluß der politischen Konsequenzen des eigenen Tuns für das weibliche Geschlecht als Ganzes. (Zur Kritik des egozentrischen Autonomiebegriffs im westlichen Feminismus vgl. Thürmer-Rohr 1990:60). Feministische Bildungsprozesse sollten folgende *Merkmalskonstellationen* aufweisen:

- Einheit von Wissenserweiterung und Persönlichkeitsbildung durch eine Verbindung von kognitivem, emotionalem und sozialem Lernen, insbesondere durch den Rückgriff auf Analyse und Intuition als Erkenntnismittel.

- Prozeßorientierung unter Vernachlässigung einer stringenten Zielorientierung; damit wird den beabsichtigten Erinnerungs-, Erkenntnis- und Veränderungsprozessen Prioriät eingeräumt.
- Die Betonung von Subjektivität als Kategorie der Wahrheitsfindung jeder einzelnen unter Bezugnahme auf die historische Gewordenheit von Frauen.
- Ganzheitlichkeit, d.h. Integration von Elementen der Beratung, Kommunikation, Information, Kultur und Forschung.
- Kooperation statt Konkurrenz (Kolk 1994:38 ff.).

Der *Weg* einer feministischen Zusammenarbeit in Frauengruppen vollzieht sich - idealtypisch - in einer Atmosphäre gegenseitiger Achtung und Wertschätzung unter Frauen. Grundlage der gegenseitigen Anerkennung ist die Förderung der Selbst-Liebe von Frauen, die als "wertbejahende und wertschöpferische Urkraft des wollenden Geistes" die ethische Grundlage des Bildungsprozesses bestimmt (Kolk 1994:259). Das Postulat einer solchen frauen-achtenden Umgangskultur schließt die kontinuierliche Auseinandersetzung mit sexistischen Äußerungen und Verhaltensweisen der Teilnehmenden mit ein, die als Folgen internalisierter Minderbewertung von Weiblichkeit im gemeinsamen Lern- und Erkenntnisprozeß auftreten können. Hier ist die Kompetenz der Kursleiterin gefragt, mit den Widerständen der Teilnehmerinnen annehmend und gleichzeitig fortschreitend zu arbeiten und somit die spannungsreiche Weiterentwicklung des feministischen Diskurses zu fördern.

Das *Ziel* feministischer Bildung liegt inbesondere in der Ausbildung weiblicher "Seinsmächtigkeit" als Basis der Einmischung von Frauen in gesellschaftliche Bezüge. Janice Raymond definiert diese persönliche Macht, auf der sich die politische Macht von Frauen aufbauend entwickeln kann, unter Bezug auf Paul Tillich folgendermaßen:

"Die Selbstbejahung eines Seienden trotz dem Nichtsein ist der Ausdruck seiner Seinsmächtigkeit. Hier sind wir an den Wurzeln des Begriffs der Macht. Macht ist die Möglichkeit der Selbstbejahung trotz innerer und äußerer Verneinung. Sie ist die Möglichkeit, das Nichtsein zu besiegen. Menschliche Macht ist die Möglichkeit des Menschen, das Nichtsein ohne Begrenzung zu besiegen." (Raymond 1986:257)

Um den eingangs genannten Prämissen einer feministischen Weltsicht gerecht zu werden, darf feministische Bildung in ihrer Zielperspektive nicht auf eine Förderung der individuellen Lebensbemächtigung reduziert werden, sondern bedarf eines politischen, historischen und internationalen Bewußtseins. Feministische Bildungsarbeit kann erst dann im emanzipatorischen Sinn gesellschaftsverändernd wirken und somit zur gesellschaftlichen Kraft werden, wenn sie sich

"1. In die gesellschaftlichen Vorgänge einmischt, wenn sie sich an die Gesellschaft richtet. Das bedeutet einmal die Einmischung in die Personen, mit denen sie, wo auch immer zu tun hat; Arbeit an den Personen; und das bedeutet Einmischung in eine Öffentlichkeit, die ohne feministische Kritik sehr gut auskommt. Feministische Arbeit braucht 2. ein Wissen um geschichtliche Zusammenhänge, einen Kontinuitätssinn, Erinnerungsfähigkeit, ein Sensorium für des Gewicht und die Gewalt des geschichtlichen Erbes, das diese Kultur den Menschen, Männern und Frauen in höchst unterschiedlicher Weise mit auf den Weg gibt." (Thürmer-Rohr 1990:47 f.)

Durch die Auseinandersetzung mit feministischer Theorie und Praxis erhalten die Adressatinnnen des Bildungskonzepts Zugang zu einer feministischen Weltsicht, mittels welcher *eine* mögliche Sichtweise auf den Lerngegenstand vorgestellt wird. Dadurch werden Bewußtseinsprozesse angeregt, die eine Vernetzungs- und Bündnisfähigkeit unter Frauen in einer patriarchal organisierten Arbeitsgesellschaft begünstigen sollen.*Frauen als Zielgruppe* feministischer Bildungsarbeit weisen folgende Strukturmerkmale auf, die es bei der inhaltlichen und methodischen Ausgestaltung der gemeinsamen Arbeit zu berücksichtigen gilt:

- Frauen sind in unterschiedlicher Weise ökonomisch, politisch und sozial Unterdrückte im Patriarchat. Sie sind zugleich an der alltäglichen Herstellung patriarchaler Denk- und Handlungsstrukturen beteiligt. Denn "jede Unterdrückung, wenn sie nicht mit äußerem Zwang arbeitet, braucht die Zustimmung der Unterdrückten." (Haug 1981:9) Frauen können auch Nutznießerinnen patriarchaler Unterdrückungsstrukturen sein und ein Eigeninteresse an deren Aufrechterhaltung haben.
- Die Arbeitskraft von Frauen unterliegt einer doppelten Vergesellschaftung in Form der unbezahlten Haus- und Erziehungsarbeit sowie der bezahlten Erwerbsarbeit.
- Frauen werden auf die Zumutungen der weiblichen Rolle hin sozialisiert, d.h. auf die Übernahme von Haus- und Erziehungsarbeit sowie auf die Beziehungsbetonung hin erzogen.
- Frauen in einer patriarchalen Gesellschaft sind sexistisch orientiert, d.h. auch sie haben ein Werte- und Normensystem internalisiert, dem die Klassifikation und Behandlung von Frauen als Minderwertige zu Grunde liegt (vgl. Rommelspacher 1992).

Neben diesen überwiegend homogenen Strukurmerkmalen sind Frauen allerdings eine durchaus heterogene Gruppe, betrachtet frau die Unterschiede und damit auch die soziale Ungleichheit hinsichtlich kulturellem, politischem oder biographischem Hintergrund (Nationalität, Religion, Bildungsstand, Besitzverhältnisse, Lebensform, Behinderungsgrad etc.). Die berufsorientierte feministische Bildung mit nicht-jüdischen deutschen Frauen schließt beispielsweise stets die Auseinandersetzung mit dem eigenen Beteiligtsein an rassistischen Machtstrukturen in der Bundesrepublik (z.B. bezüglich der Ausgrenzung von Frauen nichtdeutscher Nationalität durch das eigene berufliche Handeln.) - unter historischer Bezugnahme auf die Geschichte des jeweiligen Berufsstandes im Nationalsozialismus - mit ein (vgl. vanden Broek 1993). Der Bildungsprozeß muß somit den homogenen sowie den heterogenen Besonderheiten der Zielgruppe 'Frauen' Rechnung tragen.

Methodisch greift die feministische Bildung neben der Zielgruppenorientierung durchaus auf weitere Ansätze aus der Erwachsenenpädagogik zurück. Insbesondere seien hier die Teilnehmerinnenorientierung sowie die Alltags- und Handlungsorientierung erwähnt. Stets geht es um die Ausbildung von Schlüsselqualifikationen, die zugleich auf die persönliche, berufliche und die politische Erkenntniserweiterung gerichtet ist.

Als spezifische Ansätze aus feministischen Bildungsprozessen versteht sich vor allem die *Praxis des affidamento* in Anlehnung an die Gruppenarbeit der italienischen Feministinnen um den Mailänder Frauenbuchladen. Damit ist ein Lernen in einer Frauengruppe gemeint, indem die wollenden Frauen durch das 'sich Anvertrauen' an eine wissende Frau von ihr ein 'Mehr' an Erkenntnis in Erfahrung bringen. Frauen verleihen anderen Frauen damit die Kompetenz, Vermittlungsinstanz zur Welt und Quelle von Wissen und Erkenntnis zu sein. Den weiblichen Autoritäten kommt dabei die Bedeutung einer Art 'sozialer Mutter' zu (vgl. Libreria delle donne, 1989).

Eine weitere Praxis der feministischen Lernprozesse war und ist der *Selbsterfahrungsansatz*, der an der persönlichen Erfahrungswelt und Lebenssituation der Teilnehmerinnen ansetzt und davon ausgehend die Erkenntnis gesellschaftlicher Strukturen, wie die Gemeinsamkeit patriarchaler Unterdrückung bzw. der sozialen Ungleichheit unter Frauen beabsichtigt. Unter der Prämisse "Das Private ist politisch" wird in der Auseinandersetzung mit dem Lerngegenstand an die individuelle Lebenssituation der Teilnehmerinnen angeknüpft.

Feministische Weiterbildungen, die all diese Prämissen stringent berücksichtigen, werden derzeit von keinem Bildungsträger angeboten. Dennoch existieren vielerorts Ansätze einer partiellen Anwendung und Integration feministischer Konzepte. Beispielsweise hat das Frauenbüro Mannheim von 1990 bis 1993 berufsbegleitende Weiterbildungen für sozialpädagogische Fachfrauen angeboten. Derzeit praktiziert das Sozialpädagogische Fortbildungszentrum Mainz eine entsprechende Maßnahme (vgl. hierzu den Beitrag von Bentner/Gerber in diesem Buch).

Feministisch orientierte Weiterbildung versteht sich dabei als *ein* Angebot innerhalb der pluralistischen Palette von Qualifizierungsmöglichkeiten mit der erklärten Absicht, berufs- und alltagsbezogene Solidaritätskulturen unter Frauen zu fördern.

Literatur

Broek, vanden Lida (1993), *Am Ende der Weißheit. Vorurteile überwinden. Ein Handbuch.* Berlin

Haug, Frigga (1981), *Frauen - Opfer oder Täter?* Argument Studienhefte. Berlin

Kolk, Sylvia (1994), *Von der Selbsterfahrung über die Selbsterkenntnis zur Einsicht. Ein Befreiungsweg im Kontext feministischer Bildungsarbeit.* Bielefeld

Libreria della donne (1989), *Wie weibliche Freiheit entsteht. Eine neue politische Praxis.* Frankfurt/M.

Raymond, Janice (1986), *Frauenfreundschaften. Philosophie der Zuneigung.* München

Rommelspacher, Birgit (1992), *Rechtsextremismus und Dominanzkultur.* In: Foitzik, Rudi L. u.a. (Hg.): Ein Herrenvolk von Untertanen. Rassismus - Nationalismus - Sexismus. Duisburg

Thürmer-Rohr, Christina (1990), *Zur Kritik am weiblichen Egozentrismus.* In: Feministische Bildungsarbeit. Dokumentation der Tagung vom 27. - 29. April im Burckhardthaus Gelnhausen. Gelnhausen, S. 60

Studienschwerpunkt "Frauenforschung" am Institut für Sozialpädagogik der TU Berlin (Hg.) (1989), *Mittäterschaft und Entdeckungslust.* Berlin

2. Supervision

Ursula Michel

Zur Teamdynamik von Frauenteams in unterschiedlichen Arbeitsfeldern

Meine These ist, daß das Arbeitsfeld das prägende Element für die Organisationskultur ist und geschlechtsspezifisches Verhalten dabei in den Hintergrund tritt. Auf Frauen bezogen bedeutet das: Die institutionelle Übertragung auf die Mitarbeiterinnen wirkt stärker als frauenspezifisches Rollenverhalten. Die zu erbringende Dienstleistung oder das Produkt bestimmen darüber, ob in einem Frauenteam eine Verstärkung der weiblichen oder eine Überbetonung der männlichen Energien gelebt wird.

Kommunikation geschieht nie ohne Voraussetzung, sie knüpft an die persönliche Lebensgeschichte, Herkunft, Erfahrungen, d.h. an die eigenen Werte und Normen der einzelnen an. All dies bestimmt darüber, wie und worüber in einer Gruppe von Menschen geredet werden kann.

Wie ich zu dieser These komme, will ich anhand von zwei Fallbeispielen aus meiner Supervisionspraxis verdeutlichen: Ich analysiere und reflektiere die Arbeit mit zwei unterschiedlichen Frauenteams aus einer Beratungsstelle für vergewaltigte Frauen und aus einer Schule für praktische Krankenpflege. Die Daten aus beiden Beratungsprozessen habe ich so abgeändert, daß keine direkten Rückschlüsse möglich sind.

Mein Verständnis von frauen- und männerspezifischem Rollenverhalten

In den östlichen Kulturen finden wir im Ying-Yang-Konzept die Polarität zwischen männlichen und weiblichen Elementen in allen Lebensbereichen angelegt. In jedem Menschen sind weibliche (Yin) und männliche (Yang) Energien vorhanden. Diese Denkweise strebt die Balance zwischen den beiden Polen an, wonach beide Geschlechter weibliche und männliche Energien gleichermaßen in sich vereinen.

Im Gegensatz dazu ist unser westliches Rollenverständnis noch immer als Ideologisierung der bürgerlichen Lebensweise zu verstehen. Die Rolle der Frau ist familienzentriert und auf die Innenwelt gerichtet. Die Rolle des Mannes als Familienernährer und "Kämpfer" in Wirtschaft und Politik ist auf die Außenwelt gerichtet. Gesellschaftsnormen sorgen nach wie vor dafür, daß Frauen und Männer ungleiche Rollen und Funktionen haben und diese Unterschiedlichkeit auch verschieden bewertet wird, indem der männliche Pol verherrlicht, der weibliche unterbewertet wird. Als typisch weibliche Energien gelten bei uns Verständnis, Einfühlungsvermögen, Dasein für andere, Geduld, Anpassungsfähigkeit, Intuition und Emotionalität, während Stärke, Selbständigkeit, Durchsetzungsvermögen, Kraft, Rationalität, Logik und lineares Denken männliche Energien darstellen. Beide Energien vereint zu leben, könnte heißen: Sich mit Einfühlung durchzusetzen, bei Entscheidungen eine Gleichwertigkeit von Fakten und Gefühlen zuzulassen, Visionen als Grundlage für eine strategische Planung zu benutzen, klar definierte Ziele ressourcenorientiert anzugehen und vieles mehr. Kein leichtes Unterfangen, solange die Energien nicht als gleichwertig gelten.

Beispiel 1: Eine Beratungsstelle für mißhandelte Frauen

Das Team dieser Schweizer Beratungsstelle besteht aus sieben Mitarbeiterinnen, davon sind fünf Psychologinnen, eine Sozialarbeiterin und eine Verwaltungsfachfrau. Die Aufgaben der Einrichtung bestehen in der Beratung, Begleitung und Hilfe für Frauen und Mädchen, die Opfer von sexuellen Übergriffen wurden. Durch ein neu in Kraft getretenes Gesetz wurde die Beratungsstelle ausgebaut und damit endgültig aus dem Tabubereich und der Ehrenamtlichkeit geholt. Für die strukturelle Entwicklung der Organisation ist eine Organisationsberaterin zuständig. Der Supervisionsprozeß sollte dazu dienen, auf der Beziehungsebene zu arbeiten. Wie verläuft die Kommunikation bei der Zusammenarbeit, welche Verhaltensmuster werden deutlich, wie wird mit dem Spannungsfeld von alten und neuen Mitarbeiterinnen umgegangen? Der Supervisionsauftrag ist noch nicht abgeschlossen und nicht befristet, sondern das Team entscheidet in regelmäßigen Standortbestimmungen, ob es mit mir als Supervisorin weiterarbeiten will.

Aus ehrenamtlichem Handeln hat sich eine vollamtliche Beratungsstelle entwickelt. Ein steiniger Weg, zumal diese Arbeit ein langjähriges gesellschaftliches Tabuthema an die Öffentlichkeit bringt. Daß für die Professionalisierung dieses Themas viel Fachkompetenz und Durchsetzungsvermögen nötig ist, versteht sich von selbst. Um diesen Beratungsauftrag auf der Grundlage einer eigenen Ideologie bestmöglich wahrnehmen zu können, muß das Team laufend aktiv sein:

1. Ständiges Weiterentwickeln der Konzeptarbeit, verbunden mit eigener Weiterbildung, 2. politische Aktivitäten, rege Öffentlichkeitsarbeit und ständige Vernetzung mit anderen Institutionen, 3. in Zusammenarbeit mit den vorgesetzten Behörden das Management der Organisation sichern, 4. die eigene Teamdynamik reflektieren. Ein dauernder Wettlauf gegen die Zeit - denn woran der Erfolg der Beratungsstelle letztendlich gemessen wird, ist die Anzahl der geleisteten Beratungen.

Um dieser Aufgabenvielfalt genügen zu können, braucht es Effizienz, Struktur und permanente Aktivität. Ruhevolles Auftanken oder chaotische Gefühle haben kaum Platz. Der vom Team praktizierte Beratungsansatz der Parteilichkeit fordert einerseits viel beraterisches Einfühlungsvermögen und eine hohe Identifikation mit den "Opfern", andererseits ein klar strukturiertes Vorgehen beim Aufzeigen von gesetzlichen oder behördlichen Rahmenbedingungen. Die klare Parteilichkeit der Mitarbeiterinnen führt zu einer Polarisierung in Opfer und Täter.

Der jahrelange Kampf um öffentliche Anerkennung hatte bei diesem Team zu sehr hohen fachlichen Ansprüchen geführt. Fehler waren verpönt, und wenn sie trotzdem einmal vorkamen, mußte möglichst viel daraus gelernt werden. Dies erzeugte viel Druck und Wettbewerb der Frauen untereinander. Als Folge davon hatten Gefühle in der Zusammenarbeit wenig Platz. Eine hohe Emotionalität hätte ja unprofessionell wirken können. Untereinander wurde scharfe Kritik geäußert, die meist ohne sichtbare Gefühlsregungen quittiert wurde. Als Folge der Polarisierung von Täter und Opfer herrschten ja klare Vorstellungen über gut und schlecht. Gleichzeitig aktivierte die Kritik auch wieder den Schutz vor eigenen Gefühlen. Nur nicht verletzt werden, nur nicht ausgeliefert sein, nur nicht schwach sein, wurde zu einem wichtigen persönlichen Motto. Mit hohem Energieeinsatz verhinderte dieses Team, zum Opfer zu werden. Als Folge bot sich den Mitarbeiterinnen die Täterrolle an.

Mit zunehmendem Supervisionsprozeß bekamen Gefühle mehr Raum.

Die Feinfühligkeit, die weichen Seiten, die zeitweise Überforderung der einzelnen Frauen bekam Profil. Was war das Gute des Schlechten einer solch ausgeprägten Polarisierung? Die klare Zuordnung in gut und schlecht bedeutete Halt, bot Schutz vor Differenzierung. Differenzierung hätte u.a. geheißen: Verschiedenheit zulassen, unterschiedlichen Betrachtungsweisen Raum geben, was eine klare Opfer/Täter-Einteilung in Frage stellen würde. Die Nicht-Differenzierung des Teams zeigte sich deutlich im Umgang mit Geld und in der gewählten Leitungsstruktur. Hier galt klar das Motto: (Fast) alle sind gleich.

So gab es beispielsweise keinerlei Mutterschaftsangebote für Beraterinnen mit Kindern und keine Kinderzulagen für Alleinerziehende. Nur eine Mitarbeiterin erhielt eine bessere Dotiertung als die anderen. Wie sich zeigte, war die Inhaberin der höher dotierten Psychologinnenstelle für die Vertretung des Projekts nach außen zuständig. In der Öffentlichkeit wollte man also durchaus vom Image einer Psychologin profitieren, hier wurde strategisch überlegt. Diese Gleichheitsideologie verflüssigte sich allerdings gegenüber der Position der Sekretärin. Ihre Rolle bezüglich der Mitbestimmung im Team blieb lange unklar. Eigentlich zeichneten sich hier erste Differenzierungen ab, die aber lange nicht wirklich geklärt wurden.

Durch die Verhinderung der Unterschiedlichkeit wurde ebenfalls garantiert, daß keine persönlichen Stärken sichtbar wurden. Das Thema Konkurrenz blieb weiterhin im Tabubereich - Frauensolidarität ist ja ein Muß. Das gegenseitige Kontrollbedürfnis der Frauen war sehr hoch. Oft trat Kontrolle an die Stelle von Vertrauen. Dies erklärt auch, warum es dem Team so schwer fiel, sich auf eine andere Form von Auseinandersetzung einzulassen als die der gegenseitigen Kritik. Eine konstruktive Konfliktkultur setzt Vertrauen voraus. Gerade dies fiel dem Team sehr schwer. Vertrauen und Vergewaltigungschicksale waren unvereinbar - auch hier eine institutionelle Übertragung. Persönliche Arrangements traten an die Stelle von ausgetragenen Konflikten. Der hohe Kontrollbedarf hatte auch einen Zusammenhang mit der gewählten Leitungsstruktur. Eine Teamleitung würde allen Mitarbeiterinnen gleichviel Mitbestimmung und eine klare Kontrolle über alle Geschehnisse sichern. Eine Mitarbeiterin hatte die Rolle einer informellen Leiterin. Sie war als Hüterin der Normen, die sie als Mitglied der Gründerinnengeneration natürlich hochhielt, tonangebend. Mit viel Fachwissen, Schnelligkeit, großem Durchsetzungsvermögen und scharfer Kritik wußte sie Macht und Einfluß wahrzunehmen. Diesem Rollenverhalten wurde wenig entgegengesetzt. Die Grundstimmung im Team war oft gedrückt, hektisch und ausgepumpt. Die Beratungsinhalte verschafften sich auch immer wieder körperlich Raum bei den Beraterinnen. Krank sein war kein seltenes Thema.

Institutionelle Gegenübertragung

In diesem Supervisionsprozeß war die institutionelle Gegenübertragung mein wichtigstes Arbeitsinstrument. Mein eigenes Verhalten, mein Wohl- oder Unwohlsein und meine Körpergefühle waren meine besten Analysatoren für das Teamgeschehen. Dies hat bedeutet, mich in das Geschehen so weit einzulassen, daß ich die Gegenübertragung wahrnehmen konnte und dabei wachblieb für die heiklen Schnittstellen, bei denen ich Gefahr lief, selbst in der Teamdynamik mitzugehen. Durch das hohe Kontrollbedürfnis des Teams bekam ich über lange Zeit wenig "Wirkliches" zu sehen und zu hören. Die Supervisionsthemen wurden klar selektiert, und es wurde peinlich darauf geachtet, daß mein Einfluß nicht zu groß wurde und ich keine Steuerung übernehmen konnte. Oft fühlte ich mich wie ein Vogel mit gestutzten Flügeln. Um meine "Flugfähigkeit" nicht zu verlieren und die Vogelperspektive beizubehalten, habe ich verhältnismäßig viel Zeit in die Vor- und Nachbereitung der Sitzungen investiert. Die Gefahr, selbst Opfer oder Täterin zu werden, war groß.

Eine weitere Falle war das Thema Effizienz und Leistungsorientierung. Kleine Schritte als Erfolg zu werten, eine realistische Ziellatte zu haben und die Gleichwertigkeit von Sach- und Beziehungsebene zu leben, war oft wie ein Tanz auf dem Hochseil ohne Netz. Immer wieder erlag ich der Versuchung, mit einer klaren Struktur schnellstmöglich zu einem Resultat zu kommen und dabei die Gefühle als nebensächlich zu behandeln. Ich hinterfragte auch immer wieder die Leitungsstruktur des Teams, was oft der kürzeste Weg war, in Ungnade zu fallen, da Strukturfragen ja nicht in diese Supervision gehörten. Diese sollte zwar die Beziehungsseite aktivieren, aber wehe, sie tat dies wirklich!

Diese Doppelbindung löste bei mir klare Energiestauungen aus. Wenn ich konfrontierende, aufdeckende Interventionen machte, wollte das Team gepflegt und unterstützt werden. Bei sorgsamen, ressourcenorientierten Interventionen fehlte ihnen dann die Herausforderung.

Meine Interpretation dazu lautet: Aus Teamsicht ein unbewußter Mechanismus, sich vor möglichen Gefühlen zu schützen, mich zu neutralisieren. Zugleich machte sich auch Enttäuschung breit, daß in meinem Selbstverständnis der Solidaritätsgedanke nicht den gleichen Stellenwert hatte wie bei den Teamfrauen. Bei jeder Standortbestimmung wurde ausgiebig besprochen, ob ich wohl wirklich die richtige Supervisorin für sie sei. Meine Bereitschaft zum freien Fall vom Hochseil hat mich davor geschützt, zu große Anpassungsleistungen zu erbringen und den Frauen trotzdem immer wieder einen Spiegel vorzuhalten.

Reflexion des Veränderungsprozesses

Die Aufgabe, vergewaltigte Frauen und Mädchen zu beraten, ist sehr belastend. Aus Selbstschutz und als Übertragungsphänomen des Auftrags wurden in diesem Team hauptsächlich die männlichen Energien gelebt und entwickelt. Ein großes Kontrollbedürfnis, fachlicher Perfektionismus, eine Überbetonung des Rationalen, harte Forderungen an sich selbst, große Arbeitspensen mit wenig Zwischenräumen in der Planung, ein ständiges Starkseinmüssen waren hochgehaltene Werte.

Ein vermehrtes Zulassen von weiblichen Werten mit dem Ziel, weibliche und männliche Werte zu integrieren, hieße hier: Ressourcenorientiertes Umgehen mit der eigenen Fachkompetenz und Zulassen von Gefühlen, ein angepaßtes Arbeitspensum mit genügend Phasen zur Vor- und Nachbereitung sowie eine konstruktive Fehler- und Konfliktkultur. Nach einem eineinhalbjährigen Supervisionsprozeß mit Höhen und Tiefen begann sich der Energiestau zu lösen. Die unterschiedlichen Formen von Macht- und Einflußnahme konnten besprochen werden. Differenzierung wurde möglich und das gegenseitige Vertrauen wuchs. Neue Planungsansätze und Leitungsmodelle wurden diskutiert. Das Klima wurde offener und entspannter, die Krankheitsabsenzen nahmen ab.

Dieser Wertewandel wurde zusätzlich unterstützt durch einen allmählichen personellen Wechsel in der Gründerinnengeneration - weniger "alte" und mehr "neue" Mitarbeiterinnen gehören heute zu diesem Team. Die Organisation hat von der Pionierphase in die Differenzierungsphase gewechselt. Ebenso ist das ganze Team motiviert, seine Formen der Zusammenarbeit zu reflektieren und zu entwickeln, da das eigene Wohlsein spürbar größer wird. Klar ist, daß eine hilfreiche "Opfer" - Beratung nur aus einem soliden Miteinander heraus stattfinden kann. Ziel ist es, genügend Energie dafür aufzubauen, damit in hektischen, schwierigen Zeiten davon gezehrt werden kann.

Beispiel 2: Eine Schule für praktische Krankenpflege

In dieser Schule werden Krankenpflegerinnen und Krankenpfleger in der Pflege und Betreuung von Langzeitpatienten, insbesondere für die Geriatrie ausgebildet. Das Team besteht aus sieben Krankenschwestern mit Zusatzausbildungen als Lehrerinnen für Pflegeberufe, einer Schulleiterin und ihrer Stellvertreterin sowie einer Verwaltungsfachfrau.

Durch eine interne Neubesetzung der Stellvertretungsfunktion vor einem halben Jahr waren Schwierigkeiten aufgetaucht. Die Zusammenarbeit der Leiterin und der Stellvertreterin entsprach nicht den beiderseitigen Vorstellungen, was sich negativ auf das Gesamt-Team auswirkte. Dort nahmen die Spannungen zu und das gegenseitige Vertrauen wurde kleiner. Daraus ergab sich folgender Supervisionsauftrag an mich: Die Klärung der Zusammenarbeit zwischen Leiterin und Stellvertreterin sowie die Muster der Zusammenarbeit im Gesamt-Team reflektieren und neu gestalten. Die Anzahl der Supervisionssitzungen wurde auf maximal zehn festgelegt.

Der Prozeßverlauf

Die Schule als Organisation wirkte gesichert. Eine nach wie vor ausreichende Nachfrage von Ausbildungsbewerber/-inne/n schien hier auf den ersten Blick nicht nach ständigen Innovationen zu verlangen. Das Vorhandene konnte gehegt und gepflegt werden. Diese Aussage könnte heute so nicht mehr gemacht werden, da die gesamtschweizerische Richtlinienrevision des Schweizerischen Roten Kreuzes (SRK) viel Neuorientierung und -organisation in Pflege und Ausbildung fordert.

Der Gesprächsverlauf der telephonischen Anfrage für Supervision durch die Schulleiterin hatte mich zu einem schrittweisen Vorgehen bewogen. Ich beschloß, zunächst die Zusammenarbeit der Leiterin mit ihrer Stellvertreterin im Schonraum dieser Zweierbeziehung zu klären und erst danach mit dem Gesamt-Team zu arbeiten. Auslöser dafür war die Art und Weise der Problemschilderung. Diese war sehr zaghaft, immer wieder relativierend, laufende Selbstanschuldigungen wurden eingeflochten, und verdeckt wurde um Schonung appelliert.

Die erste Sitzung

Ich war etwas zu früh da und wurde gebeten, im gemeinsamen Pausenraum zu warten. Die Wände waren reich verziert mit Abschiedsgeschenken von ehemaligen Schüler/-inne/n. Da wurde, in Holz geschnitzt, in Collagenform und in Versreimen gedankt für die Unterstützung, die erhaltene Hilfe und Pflege, für Liebe und Fürsorge während der Ausbildungszeit. Ich wurde neugierig, wo ich wieder auf diese Werte treffen würde und in welcher Form sie wohl hier zur Organisationskultur gehörten. Etwas später wurde ich von den beiden Frauen abgeholt und zum Sitzungszimmer begleitet. Unterwegs trafen wir auf eine Lehrerin, die sehr erregt schien. In Windeseile boten beide Frauen Hilfe und Trost an.

Die Analyse solcher ersten Begegnungen und Eindrücke ist oft sehr wertvoll, beinhaltet sie doch wesentliche Aussagen über die vorhandene Organisationskultur. Hellhörig, mich innerlich zur Vorsicht mahnend - nicht auch gleich helfen zu wollen - übernahm ich die Leitung der ersten Supervisionssitzung. Bald stellte sich heraus, daß Helfen auch hier ein wichtiges Wort war. Was auf den ersten Blick selbstlos wirkte, gestaltete sich auf den zweiten äußerst machtvoll. Wer hier half, besaß Macht, lenkte das Geschehen und bestimmte die Richtung. Dies hatte wenig zu tun mit einem emanzipatorischen, ressourcenorientierten Ansatz von Hilfe zur Selbsthilfe, sondern hier galt: Ich zeige Dir, wie man es besser macht, und dafür bist Du mir zu Dank verpflichtet. Zurück bleibt ein Gefühl von Unzulänglichkeit und Abhängigkeit. Idealvorstellungen der beiden Leitungsfrauen und die Wirklichkeit ließen sich in der ersten Sitzung kaum auseinanderhalten. Viel Energie wurde darauf verwendet, die Ungereimtheiten im Dunkeln zu lassen, sie ja nicht aus dem Tabubereich zu holen und vor allem miteinander sehr zuvorkommend umzugehen. Dieses Tabu bot Schutz; der Preis dafür war eine "unwirkliche Wirklichkeit".

Für beide Frauen war das erhoffte Sitzungsziel, nachher klarer zu wissen, was die andere von ihr braucht, und wie sie einander helfen könnten, nicht erreicht worden. Für die zweite Sitzung vereinbarten wir daher gemeinsam eine Hausaufgabe: Beide Frauen sollten für sich aufschreiben, welche Erwartungen sie bezüglich der Gestaltung der Zusammenarbeit an ihre Kollegin haben, was sie zu geben bereit sind und wo es aus ihrer Sicht heikle Überschneidungen zwischen den jeweiligen Arbeitsfeldern gab. Diese Hausaufgaben brachten das Faß zum Überlaufen. Die Stimmung in der zweiten Sitzung war gedrückt und hoffnungslos, das dominierende Gefühl war Ohnmacht. Die Zusammenarbeit hatte sich unterdessen verschlechtert, die Beziehungsebene war blockiert, die Ungereimtheiten begannen sich Raum zu verschaffen; sie wurden enttabuisiert. Um nicht Gefahr zu laufen, diesen Tabubruch mit helfenden Worten zu harmonisieren, schlug ich zur Weiterarbeit eine Körperübung vor. Im "Dialog der Hände" ging es darum, zu erleben, wer was benötigte bezüglich führen und geführt werden. Wortlos und sehr schnell wurden die unterschiedlichen Bedürfnisse klar. Die Leiterin benötigte Widerstand, ein klares Gegenüber, mit dem sich unterschiedliche Standpunkte ausdiskutieren ließen. Die Stellvertreterin dagegen wollte geführt werden, perfekt ausführen, was ihr vorgegeben wurde, "zudienen". Für beide Frauen wurde klar, daß sie diese jeweiligen Erwartungen nie würden erfüllen können. Die Stellvertreterin beschloß, ihr Mandat zur Verfügung zu stellen und sich wieder voll auf die Lehrtätigkeit zu konzentrieren. Auf der Beziehungsebene begann die Energie wieder zu fließen und es konnten klare Vereinbarungen getroffen werden. Die Wirklichkeit der Unterschiede bekam Raum.

Das Pflegeverständnis, das in die Lehrtätigkeit einfließt, baut zwar auf einer Hilfe zur Selbsthilfe auf. Die Langzeitpflege von alten Menschen hat aber kein Gesundwerden mehr zum Ziel. Vorhandene Fähigkeiten zu erhalten, den Abbau zu verzögern und eine bestmögliche Pflege in guter Atmosphäre zu gewährleisten, sind hier realistische Zielsetzungen. Es gehört zum pflegerischen Alltag, mit unlösbaren, schwierigen Situationen umzugehen. Als Schutz vor der eigenen Ohnmacht, nicht wirkliche Heilung bewirken zu können, selbst einmal krank und pflegebedürftig zu werden, entsteht ein Bruch zwischen Ideal und Wirklichkeit. Teile der Wirklichkeit werden tabuisiert, das Ideal wird für die Wirklichkeit gehalten und somit geraten nicht erfüllbare Erwartungen aus dem Blickfeld. Auf den Konflikt zwischen der Schulleiterin und ihrer Stellvetreterin übertragen bedeutet dies: Nach der Situationsklärung wurde den beiden Frauen plötzlich klar, wieviele Anzeichen von Unvereinbarkeit eigentlich da waren, die sie aber ignoriert hatten in der Annahme, mit genügend Pflege und gutem Willen werde es schon klappen.

Die Wahl der Stellvertreterin war damals vom ganzen Team getroffen worden und stand unter dem Motto: Gott sei Dank, daß die Leiterin Hilfe und Unterstützung bekommt, wir alle sind aber auch sehr froh, dies nicht selbst tun zu müssen. Vor- und Nachteile dieser Wahl wurden nicht abgewogen. Daß es der Leiterin nicht gelang, ihren im Innersten sehr wohl spürbaren enttäuschten Erwartungen Raum zu geben, hatte noch weitere Gründe.

Erstens: Die Stellvertreterin befand sich seit längerer Zeit in einer persönlichen Krise und war dadurch sehr verunsichert. Das hieß in dieser Organisationskultur, Erwartungen an die Professionalität sofort zurückzustellen und Schonung zu verordnen. Hier bekam diese persönliche Krise soviel Raum, daß die Stellvertreterin zur Patientin wurde. Leiterin und Team litten schweigend. Der zweite Grund war die schmerzliche Erkenntnis, auf der Grundlage einer idealisierten Mitarbeiterinnenqualifikation falsch gewählt zu haben. Schließlich war keine der anderen Teamfrauen bereit gewesen, sich als Stellvetreterin eventuell zu profilieren.

Erst nach dieser Enttabuisierung war es möglich, die nächste Supervisionssitzung mit dem ganzen Team durchzuführen. Die Position der Stellvertreterin wurde vorerst auf Eis gelegt, einzelne Aufgaben im Team verteilt. Das Muster der Teamdynamik entsprach im Großen dem, was ich im Kleinen zwischen den beiden Leitungsfrauen festgestellt hatte. Alle waren lieb miteinander, es herrschte eine vordergründige Harmonie, die bei genauerem Hinsehen sehr doppelbödig war. Die verbale Freundlichkeit war oft untermalt von nonverbalen Aggressionen. Die Krankheitsabsenzen waren hoch, was oft ein Anzeichen für eine "kalte" Konfliktform darstellt. Die Lehrerinnen bezogen Leistungsanreize und Anerkennung aus der Lehrtätigkeit, was zu einer gegenseitigen Abhängigkeit zwischen Lehrerin und Schüler/-inne/n führte. Wie die einzelnen Lehrkräfte sich gegenseitig, fachlich und persönlich einschätzten, blieb unausgesprochen. Die Mitarbeiterinnen hatten wenig Interesse für Managementfragen, die die Institution nach außen betrafen. Die beliebteste Arbeitsform war das Ausführen von klar erteilten Aufträgen, was einerseits ein Effekt des Leitungsstils war und andererseits unterstützt wurde durch die bislang große Sicherheit des Ausbildungsbedarfs. Zudem zeigte sich hier eine Parallele zum Ringen der Pflege um Selbständigkeit und Unabhängigkeit. Diese Emanzipation ist auch noch nicht abgeschlossen.

In diesem Team stand Helfen vor Fordern, Bemuttern vor Zutrauen, Schonen vor Auseinandersetzen, Pflegen vor Abgrenzen. Dadurch wurde viel Energie blockiert, der vermeintliche Gewinn davon war Harmonie und die Vermeidung eigener Exponierung. Die verdeckt vorhandenen Beziehungsschwierigkeiten verloren interessanterweise dann an Bedeutung, wenn gemeinsame Leitbildarbeit oder die Weiterentwicklung des Curriculums anstand. Eine Stärke dieses Teams, deren Zusammenhang ich lange nicht erkennen konnte.

Oberstes Ziel der Supervisionssitzungen war, in verdaulichen Mengen die Idealbilder mit der Wirklichkeit in Deckung zu bringen und dadurch Energie freizusetzen für konstruktive Auseinandersetzungen und das angstfreie Zulassen von unterschiedlichen Standpunkten. Durch das allmähliche Benennen der vorhandenen Schwierigkeiten wurde offenbar, daß die ehemalige Stellvertreterin auch im Team ihren Platz nicht gefunden hatte. Diese Mitarbeiterin kündigte und suchte sich ein neues Wirkungsfeld, das ihrem Stil besser entsprach. Reflektiert wurde hier auch, wieweit diese Frau in eine Sündenbockrolle gedrängt worden war, was nicht ganz von der Hand zu weisen ist. Sie pflegte einen sehr autoritären Unterrichtsstil. Zudem ging sie von einem völlig anderen Pflegeverständnis aus. Damit stand sie den Teamidealen natürlich diametral gegenüber. Daß ihr Verhalten dem Team und der Klasse gegenüber so anders war, erschwerte hier u.a. eine Klärung.

Institutionelle Gegenübertragung

Um in das gemeinsame Sitzungszimmer zu gelangen, mußte ich neben dem Erfrischungsraum mit all seinen "Dankeschöns" für erfahrene Liebe und Fürsorge vorbeilaufen. Mit der Zeit gewann dieser Raum für mich eine wichtige Mahnfunktion, nämlich meine eigene Konfliktlösungsbereitschaft nicht zugunsten einer scheinbaren Harmonie aufzugeben. Als Supervisorin war meine störende Rolle zwar gewollt, aber wie lange würde es dauern, bis diese mit Liebesentzug bestraft würde? Daß so geliebt zu werden nicht mein Ziel war, war mir völlig klar, doch bei soviel gegenseitigem Helfen und Liebsein wurde Pflegen statt Stören zu einem magnetischen Anziehungspunkt für mich. Gut gemeinte Vorsicht, ein langsames Tempo, ohne den Glauben an ein völliges Gesundwerden, konnte leicht ein Beitrag zum Status quo werden, statt eine Veränderung in Gang zu setzen. Mit zunehmender

Offenheit in der Kommunikation durften auch die persönlichen, teilweise chronifizierten Krankengeschichten der Mitarbeiterinnen ein Thema werden. Diese Öffnung beinhaltete zugleich auch eine Falle für mich, nämlich den verdeckten Appell nach Schonung. Mich dieser Gegenübertragung zu entziehen, war nicht nur leicht. Da Schonung in diesem Kontext immer auch Abwertung beinhaltet, d.h. ich traue jemandem etwas nicht zu, war dies mein zweites Mahnzeichen, denn ich glaubte ja an eine Gesundung und wollte keine Abwertung unterstützen.

Reflexion des Veränderungsprozesses

Neben ihrem fachlich-pflegerischen Ausbildungsauftrag hat die Krankenpflegeschule auch einen emanzipatorischen Weiterbildungsauftrag. Schlüsselqualifikationen sollen vermittelt und die Unterstützung der emanzipatorischen Bemühungen in der Pflege muß mitgetragen und entwickelt werden. Daß dies mit einer solchen Überbetonung von weiblichen Energien erreicht werden kann, glaube ich nicht. Solange die institutionelle Übertragung des Pflegeauftrages so stark in die Zusammenarbeit dieses Teams hineinwirkte, wurde eine Eigenständigkeit verhindert und das Klima der Zusammenarbeit "krank gepflegt". Durch das gegenseitige Überprüfen der Selbst- und Fremdbilder wurde viel Energie freigesetzt. Unterschiede konnten genutzt werden und gegenseitige Abgrenzungen wurden zur neuen Herausforderung, was zu der Einsicht führte, daß ein emanzipatorisches Helfen bei sich selbst beginnt. Zum Helfen gehört auch, nein zu sagen, Unstimmigkeiten anzusprechen und den anderen zuzutrauen, daß sie es ohne meine machtvolle Hilfe schaffen. Das gegenseitige Vertrauen wurde größer und an Stelle von ungefragtem Helfen trat das Wissen: Wer Hilfe braucht, wird sie sich holen. Die täglichen Begrüßungsrituale mit dem Zweck, sofort alle Stimmungen zu erfahren, wurden weniger, und einen Tag schlechte Laune zu haben, wurde ohne Harmonisierungsangebote zugelassen. Die gegenseitige, teilweise krankheitsbedingte Schonung nahm ab, die wiederkehrenden Arbeitsausfälle wegen chronischer Leiden wurden klarer geregelt und nicht nur unter dem Motto "Entlastung für die einen - Belastung für die anderen" betrachtet.

Das Bemühen der Leiterin, Interesse zu wecken für gesamtschulische Belange, war bei Abschluß der Supervisionssitzungen allerdings noch nicht von Erfolg gekrönt. In zwei Einzelsitzungen legten wir daher das Augenmerk auf ihren Führungsstil und ihre Art und Weise der Auftragserteilung. Mit mehr Wegfreiheiten, aber klaren Leitplanken und einem Unterbinden von Rückdelegationen hofften wir, hier einen neuen Anreiz geschafft zu haben.

Im Gesamtprozeß ging es überwiegend darum, die Überbetonung der weiblichen Energien abzubauen, also Einfühlung mit Durchsetzungsvermögen zu paaren, strategisches mit ressourcenorientiertem Denken zu verbinden und damit eine Integration von weiblichem *und* männlichem Prinzip zu ermöglichen, um eine konstruktive Konfliktlösung erlebbar zu machen.

Fazit

Warum nicht die Elektrizität als Vorbild? Sie entsteht aus der Spannung zweier Pole. Die Elektrizität verschwindet, wenn ein Pol fehlt. Wo liegt für den Mann der Anreiz, weibliche Energien zu entwickeln, was spricht dagegen, daß Frauen, die den Erfolg suchen, ihre weiblichen Energien zugunsten von männlichen Energien vernachlässigen?

Es gibt viele Anzeichen für einen Wertewandel in Richtung einer Gleichwertigkeit, doch der Weg zum Ziel ist steinig und langwierig. In dieser Umbruchzeit stoße ich in meiner Arbeit oft auf ein Kipp-Phänomen: Frauen treten vermehrt nach außen, behaupten sich und verherrlichen den männlichen Pol; Männer verabschieden sich von dem rationalen, linearen Leistungsdenken und entscheiden sich in einer Ausschließlichkeit für den weiblichen Pol, daß dies nicht wirklich eine Lösung, sondern bloß ein Rollentausch ist. Dieses Umschwenken auf den Gegenpol wird auch deutlich in dem ersten geschilderten Beratungsprozeß. Der Beratungsansatz der Parteilichkeit, verbunden mit der klaren Aufteilung in Opfer und Täter, führt zu einer eindeutigen Bildung von Gegensatzpaaren, die dazu zwingt, Entscheidungen für oder gegen etwas zu treffen. Hier entsteht ein zusätzliches Dilemma: Weder die männliche Täterrolle noch die weibliche Opferrolle sind attraktiv. Der Druck der Pionierphase, die geforderte Profilierung der Beratungsstelle, helfen aus dem Dilemma. Erfolg in dieser Zeit wird nach wie vor mehrheitlich mit männlichen Energien erzielt. Der Erfolg hat sich eingestellt, der dafür bezahlte Preis ist ein frostiges Arbeitsklima, ein verkleinertes persönliches Energiekapital, ein Fehlen von gefühlsbetonten Seiten.

Daß sich die zweifellos vorhandenen weiblichen Energien in einem Team von sieben Frauen nicht durchsetzen konnten, ist eine Folge der im Auftrag steckenden Polarisierung, die Entscheidungen und nicht Integration fordert. Die Entscheidung für den männlichen Pol erklärt sich aus dem gesellschaftlichen Wertesystem. Die Lösung liegt nicht in der Entscheidung, sondern im Sowohl-als-auch. Die Stärke entsteht, wenn in einer weiblichen Art männlich gehandelt werden kann.

Im zweiten geschilderten Beratungsprozeß führt der Pflegeauftrag zu einem solchen Maß an Verstärkung der weiblichen Energie, daß der männliche Pol nur noch in schwacher Ausprägung bei der Leitungsfunktion anzutreffen ist. Leitung wahrzunehmen, erfordert auch männliche Energieanteile. Die Pflege an sich geht von einem ganzheitlichen Ansatz aus, bei dem Ziele und Ressourcen einander bedingen. Die Pflege steht traditionell in der ärztlichen Abhängigkeit. Ihre Autonomie wird eingeschränkt, "Zudienen" wird gefordert. Um eine gleichwertige Zusammenarbeit zwischen Pflegepersonal und Ärzten wird von seiten der Pflege seit langem gerungen. Hier sind eindeutige Parallelen zur Frauenbewegung vorhanden. Das Team der beschriebenen Krankenpflegeschule steht zwar nicht in so direkter Abhängigkeit, doch wird diese Berufssozialisation von den einzelnen Mitarbeiterinnen durch ihre Ausbildung und frühere Anstellung als Pflegerin miteingebracht.

Führung im Pflegebereich wird meines Erachtens oft auf Planung und Organisation reduziert oder überhaupt nur nebenbei wahrgenommen - die Pflege am Bett geht vor. Daher bestehen hier wenig brauchbare Vorbilder. Übertragen auf die Leitung einer Krankenpflegeschule heißt das, daß der Boden für Führung sicher nicht bestmöglich vorbereitet ist. Damit wird einem Abgleiten ins Pflegen Vorschub geleistet. Dadurch bietet die Leitung zuwenig Herausforderung zur Weiterentwicklung und Emanzipation der Mitarbeiterinnen. Ob sich meine These auch in Bezug auf männliches Rollenverhalten bestätigt, habe ich nicht mit gleicher Konsequenz überprüft. Ich vermute es, da der gesellschaftliche Kontext der Werteübertragung der gleiche ist. Die Arbeitsinhalte und Aufträge einer Organisation können ebenso Männer dazu verführen, fast nur noch weibliche Energien zu leben. Ich denke hierbei an ein kleines Erzieherteam in einem Heim für geistig behinderte Kinder. Eine Übertragung des Arbeitsfeldes auf die Mitarbeiter/-innen findet also immer statt. Durch ein periodisches Reflektieren dieser Mechanismen entsteht ein wichtiges Potential an Veränderungs- und Entwicklungsmöglichkeiten. Hier kann Supervision eine wichtige Hilfe sein.

Jochen Schweitzer

Teamsupervision - Opium für das Volk?

Karl Marx hat 1843 in der Einleitung zur Kritik der Hegelschen Rechtsphilosophie einige Gedanken zur gesellschaftlichen Funktion der Religion im damaligen Deutschland formuliert. Mir scheint, daß einige davon viel über die gesellschaftliche Funktion von Teamsupervision aussagen, wenn man nur wenige Wörter austauscht. Wenn wir bei Marx (1970:378 f.) "Religion" durch "Teamsupervision" sowie "Volk" durch "Mitarbeiter" ersetzen und die Worte "institutionell" und "konzeptionslos" hinzufügen, können wir dort folgendes lesen:

"Das Elend der *Teamsupervision* ist in einem der Ausdruck des wirklichen institutionellen Elendes und in einem die Protestation gegen das wirkliche Elend. Die *Teamsupervision* ist der Seufzer der bedrängten Mitarbeiter, das Gemüt einer herzlosen institutionellen Welt, wie sie der Geist konzeptionsloser Zustände ist. Die *Teamsupervison* ist das Opium der Mitarbeiter.

Die Aufhebung der *Teamsupervision* als des illusorischen Glücks der MitarbeiterInnen ist die Forderung ihres wirklichen Glücks. Die Forderung, die Illusion über ihren Zustand aufzugeben, ist die Forderung, einen Zustand aufzugeben, der der Illusionen bedarf. Die Kritik der *Teamsupervision* ist also im Keim die Kritik des Jammertales, dessen Heiligenschein die *Teamsupervision* ist."

Modernitätsdefizite im Gesundheits- und Sozialwesen

Das gegenwärtige Gesundheits- und Sozialwesen teilt mit dem Deutschland von 1843 einen Aspekt: Es hat seine Französische Revolution noch nicht erlebt, es schlägt sich inmitten der Moderne oder gar der Postmoderne mit Relikten des Feudalismus herum, die nicht mehr zu den aktuellen Anforderungen passen:

Medizinische Einrichtungen sind oligarchisch organisiert, die Position der Chefärzte ähnelt der der Landgrafen und Kurfürsten: Auf den Türschildern steht ihr Name genauso groß wie der der Klinik; Assistenten arbeiten, wenn man sie fragt, nicht im Krankenhaus Überallstadt, sondern bei Prof. Schulze oder kurz: beim Schulze. Ihre Arbeitsverträge regeln die Entnahme von Pfründen, und die Mitarbeiter steuern aus ihrer Arbeitsleistung manchmal mehr als den Zehnten zum Volumen dieser Pfründe bei.

Zahlreiche Berufsgruppen sind nach 1918 neu in das Gesundheitswesen gekommen: Die Sozialarbeiter, die Psychologen, die Kunst-, Bewegungs- und Musiktherapeuten, die Informatiker und Medizintechniker und viele mehr. Aber die Hierarchie von Krankenhäusern ist bis heute so gestaltet, als arbeiteten dort nur Ärzte, Krankenschwestern und Buchhalter.

Speziell in der psychologischen Medizin und in der personalen Sozialarbeit besteht die Dienstleistung oft in "Beziehungsarbeit". Wie aber wird Beziehungsarbeit in Hierarchien angeordnet? Wie kann die Leitung die Qualität der Beziehungsarbeit ihrer Mitarbeiter kontrollieren? Ein Ausweg aus der inzwischen klar erkannten Unmöglichkeit, Beziehungsarbeit vom Chef anordnen zu lassen, ist die Inthronisation des Teams als neuem Souverän, des Teamkonsens als neuer Kontrollprozedur. Es fehlen bislang Konzepte, wie die Leitung solcher Institutionen sich auf Kontextsteuerung, Mitarbeiterberatung und Erfolgskontrolle konzentrieren und Kompetenz und Verantwortung überzeugend an die Basismitarbeiter abgeben kann.

Das Gesundheitswesen bietet zwar Dienste für seine Kunden an; bis heute wird aber nur sehr wenig abgestimmt, ob, wieviel und welche der möglichen Dienstleistungen die Kunden denn tatsächlich haben möchten. Die Idee einer objektiven, vom subjektiven Kundenwunsch unabhängigen Indikation stimuliert eine Praxis, in der Leistungen eher von oben gewährt und verordnet als miteinander verhandelt werden. Die Kunden haben allerdings - da ist die Zeit inzwischen weiter - mehr Möglichkeiten, sich durch Non-Compliance zu rächen als noch im Feudalismus.

Die Kooperation mit Mitarbeitern und Kunden im Gesundheits- und Sozialwesen läuft also teilweise noch nach dem Motto "Der Staat bin ich" ab. In einer veränderten gesellschaftlichen Umwelt ist dieses Motto aber heutzutage nicht mehr überzeugend durchzuhalten. Deshalb knirscht es im Organisationsgebälk. Ich verweise an dieser Stelle nur auf Schlagworte wie Pflegenotstand, Staff-Burn-Out oder Non-Compliance von Patienten, ohne diese Zusammenhänge hier näher ausführen zu wollen. Und genau in dieser Situation, so meine These, kann Teamsupervision als Opiat verteilt und konsumiert werden, welches die Schmerzen lindert, die Gemüter besänftigt, die

Konflikte befriedet und genau dadurch zugleich hilft, ungelöste Organisationsprobleme auf die lange Bank zu schieben oder ihnen weiter aus dem Wege zu gehen.

Einige Geschichten

Erlauben Sie mir, einige kurze Geschichten zu erzählen, die uns etwas über den Nutzen von Teamsupervision lehren:

Mehrere Supervisoren treffen sich zum Kaffeeklatsch. Sie unterhalten sich, was sie gerade so machen. Zufällig stellt sich heraus: Sie arbeiten alle derzeit in derselben großen Einrichtung, in jeweils verschiedenen Abteilungen. Unter strikter Wahrung der Anonymität tauschen sie aus, daß in allen Abteilungen dasselbe passiert: Überall wird über den Chef geschimpft, der in keiner dieser Supervisionen dabei ist. Freundlicherweise hat der Chef aber alle Supervisionen von den Finanzen und von der Person der Supervisoren her bewilligt, und dies mit nachdrücklich verkündeter Überzeugung.

Die kleine Außenstelle einer Dienstleistungsinstitution, die in verschiedenen Städten Dependancen unterhält, hat drei Jahre lang intensiv mit einem Supervisor zusammengearbeitet. Das Team wollte eine gemeinsame Position gegenüber den als unqualifiziert erlebten Eingriffen der Zentralverwaltung formulieren. Als dies nach sehr langer Zeit erreicht wird, wird der Supervisor krank. Ich beginne bei gutem Gesundheitszustand hier eine neue Teamberatung, die mit der zentralen Leitung nur vom Umfang, aber nicht von den Inhalten her abgestimmt ist. Die Teamberatung führt in den eineinhalb Jahren zu signifikanten Veränderungen: Ein als uneffektiv beklagtes Schichtdienstsystem wird drastisch verändert, eine neue Leitungsstruktur installiert, die neue Leiterin entläßt einen unfähigen Mitarbeiter und stellt einen dynamischeren Nachfolger ein. Das Team, das lange Zeit vor allem mit Disziplinproblemen seiner Klientel beschäftigt war, wendet sich nun in einer qualifizierten Art und Weise sozialtherapeutischen Fragestellungen zu. Ich beende, wie besprochen, nach 15 Sitzungen meine Tätigkeit.

Ein Jahr später bekomme ich eine erneute Anfrage aus derselben Institution und erfahre, daß die immer selbstbewußter gewordene Leiterin beim Verhandeln über immer mehr fachliche Autonomie so viel Ärger mit der Zentrale bekommen hat, daß sie entnervt gekündigt habe.

In einem Krankenhaus spreche ich darüber, wieviel Teamsupervision denn gewünscht wird und mit welchem Ziel. Dabei tritt folgende interessante Diskrepanz zutage: Vielen Mitarbeitern ist nicht klar, was bei der Supervision herauskommen soll. Aber es soll 14-tägig sein. Warum 14-tägig? Weil der Personalrat dies durchgesetzt hat! Ich schlage, auch aus eigenen Interessen, einen vierwöchigen Abstand vor. Nein: Jetzt habe man das, dann müsse man das auch nutzen, sonst verfalle es.

Eine stationäre Einrichtung hat ein so extremes Schichtdienstmodell eingeführt, daß die Mitarbeiter/-innen sich außer zu kürzesten Übergaben nie sehen. Im Tagdienst, der als Informationszentrale dienen könnte, arbeiten von 15 Mitarbeiter/-inne/n nur drei auf Halbtagsstellen. Die Arbeitszeiten dieser Kolleg/-inn/en überlappen sich selten. Es stellt sich heraus, daß die Supervision der einzige Termin ist, wo sich alle treffen können. Dafür kommen einige Teammitglieder auch extra aus der Freizeit. Ohne Supervision träfe man sich bestenfalls auf gelegentlichen Feten in der Region. Daher soll die Teamsupervision auch engmaschig sein.

Funktionen der Teamsupervision

Wozu Teamsupervision nützlich sein kann - diese Frage gehe ich mit der Arbeitsfrage an: Wer will was von wem? Dabei komme ich zu folgender, sicher unvollständiger Übersicht, wer was von der Teamsupervision will:

Geschäftsführung/Verwaltung

Supervision wird von der Geschäftsleitung zum Beispiel als Werbemittel eingesetzt: In Broschüren zur Kundenwerbung, als Hinweis auf die solide fachliche Kompetenz des Hauses, in Stellenanzeigen als Nebenleistung ähnlich dem 13. Monatsgehalt oder dem verbilligten Mittagstisch. Vor allem die überarbeiteten, unterbezahlten und daher fehlenden Krankenschwestern werden von den Kliniken inzwischen nicht mit panem et circenses, sondern mit Wohnraum und Supervision angelockt. Darüber hinaus dient Supervision den Leitenden auch als recht preisgünstiges Mittel zur Vermeidung schwieriger organisatorischer Reformen (Entlohnung, Arbeitszeiten etc.).

Fachvorgesetzte

Auch für Fachvorgesetzte ist all dies wichtig, für sie kommt aber noch ein weiteres hinzu. Chefs, die eine gegen sie gerichtete Unzufriedenheit ihrer Mitarbeiter spüren, können Teamsupervision als ein Ereignis finanzieren, in dem über sie geschimpft wird, ohne daß sie sich das dauernd anhören müssen. Diese Entsorgung und Deponie von Ärger in Teamsupervisionen erreicht dann zusätzliche Effekte, wenn auf die Supervision kein Rechtsanspruch besteht, sondern wenn sie auf dem Gnadenwege gewährt wird: "Wenigstens da macht er mal was für uns..." Wer hier in die Finanzierung Privatliquidationen, Drittmittelgelder oder ähnliche Seitentöpfe einfließen lassen kann, wer seinen Mitarbeitern finanzielle Eigenbeteiligungen ersparen und Arbeitszeit freigeben kann, hat in der Besänftigung seiner Mitarbeiter/-innen meist schon wesentliches erreicht.

Was noch? Peter Fürstenau hat darauf hingewiesen, daß Teamsupervision auch der Abgabe von Leitungsfunktionen an die Person des Supervisors dienen kann. Dabei wird Verantwortung sozusagen abgeschoben.

Eine ganz andere Strategie kann Teamsupervision (häufiger allerdings Weiterbildung) als Medium einer Reform von oben sein: Ein neuer Leiter will seine Veränderungsvorstellungen durchdrücken, dies aber sanft und durch Überzeugungsarbeit.

Mitarbeiter/-innen

Was den Chefs recht ist, kann den Mitarbeitern nur billig sein. Sie können Teamsupervision als präventive Erhaltungsdosis gegen den Burn-Out nutzen. Heilsam kann hierzu insbesondere das kathartische Sich-Ausschimpfen wirken. Sie können Teamsupervision als gewerkschaftlich erkämpfte Lohnnebenleistung verbuchen, als Gratifikation in einem Job, der ansonsten für zu harte Arbeit zu schlecht bezahlt wird. Schließlich kann die Teamsupervision als soziales Ereignis zum geselligen Beisammensein genutzt werden: Let`s be together - ein Ort zum Sich-Treffen, Klönen und Sich-Kennenlernen.

Nicht vergessen sollten wir am Schluß auch die Nutzenerwägungen von Teamsupervisoren. Mit Supervision lassen sich im Nonprofit-Sektor i.d.R. höhere Stundenhonorare verdienen als mit direkter Klientenarbeit. Der Status eines Supervisors und einer Supervisorin verleiht auch mehr Bedeutsamkeit als die Arbeit an des Basis - wer schaut nicht lieber von oben herab als von unten hinauf? Für Sozialarbeiter und Berufsanfänger/-innen stellt Supervision finanziell ein noch interessanteres Schnäppchen dar als für Ärzte und Promis, die ohnehin an ein besseres Salär gewöhnt sind. Speziell Teamsupervision vermittelt im Vergleich zu zusammengesetzten Supervisionsgruppen (sog. stranger-groups) viel mehr das Gefühl, selbst dabei zu sein, life, da wo die action ist. Vor allem für vereinsamte Privatpraktiker kann dies sehr attraktiv sein.

Ich habe in diesen Überlegungen, die natürlich demagogisch sind, Nutzungen ausgelassen, die viel häufiger formuliert werden: Reflexion, Qualifizierung, Kooperationsförderung, Organisationsentwicklung. Auf die komme ich noch zurück.

Formen der Teamsupervision: Nüchtern-stimulierend-endlich-systemische versus angetörnt-sedierend-unendlich-ineffektive

Ich überlege, ob Sie mir bislang wohl gefolgt sind bei der Idee, Teamsupervision könne einen ähnlich beruhigenden, befriedenden, sedierenden Effekt haben wie zu Marxens Zeiten die Religion? Wenn ja, dann stellt sich wie weiland die Frage: Was tun?

Wenn Teamsupervision wie ein Rauschmittel genutzt werden kann, welches zufrieden, satt und träge macht, - so wie etwa die unterernährten Indios in den Anden Koka-Blätter kauen und davon ein subjektives Sättigungsgefühl trotz weiterbestehender Unterernährung erreichen - dann stellt sich für Supervisor/-inn/en die Frage: Soll ich in einer solchen Situation den Dealer, den "Pusherman" oder den Entwöhnungsbehandler spielen?

Die Rolle des Dealers lohnt sich besonders dann, wenn das Dealen mit Supervision die Haupteinnahmequelle des Supervisors und der Supervisorin ist und eine Kundenkreisvergrößerung daher naheliegt. Die Rolle des Pusherman bietet sich vor allem für Missionarstypen an, die eine "message" zu verkünden haben oder die nach fernöstlicher Art ein besonders häufiges und regelmäßiges Versenken im Supervisionsprozeß für ihr Erfolgsrezept halten. Die Rolle des Entzugsbehandlers bietet sich dagegen für diejenigen Kolleg/-inn/en an, die aufgrund einer starken Nachfrage, einer reichen Erbschaft u.ä. auf eine hohe Supervisionsfrequenz nicht angewiesen sind, oder die bei zu langen Team-Diskussionen über Probleme und deren Gründe schläfrig und erst beim Kreieren und Beobachten von Lösungen wieder wach werden.

Teams und Teamsupervisoren haben gewisse Wahlmöglichkeiten. Sie können wählen zwischen verschiedenen Supervisionsformen, die sich in der Opiatmetapher als eher nüchtern oder eher angetörnt, in der Pharmakasprache als eher sedierend oder stimulierend, unter Zeitgesichtspunkten als eher unendlich oder endlich, berufspolitisch als eher systemisch oder als eher ineffektiv beschreiben lassen. Ich will im folgenden zwei Idealtypen in kräftiger Schwarz-Weiß-Konstrastierung gegenüberstellen, zwischen denen natürlich alle möglichen Zwischenwege beschritten werden können. Ich beginne mit der nüchtern-stimulierend-endlich-systemischen Teamsupervision. Sie weist folgende wesentliche Merkmale auf:

"Top-Down"-Vernetzung der Supervisionsergebnisse in der Hierarchie

Bei dieser Supervisionsform schließt der Supervisor in hierarchisch organisierten Institutionen einen Beratungsvertrag nicht nur mit dem Team, sondern auch mit der Leitung über die angestrebten Ziele der Supervision. Klinglmaier (1991) und andere haben dies "Top-Down"-Vernetzung der Supervision innerhalb der Hierarchie genannt. Dabei wird vor Beginn der Supervision geklärt, ob und wie die Verantwortlichen auch Verantwortung übernehmen für die Umsetzung eventueller Supervisionsergebnisse in der Institution.

Bestehen über diese Ziele zwischen Leitung und Team verschiedene Meinungen, beschäftigt sich die frühe Supervisionsphase mit nichts anderem als mit diesen Unterschieden. Die Teamsupervisorin geht solange keinen Kontrakt ein, wie sich Leitung und Team noch nicht geeinigt haben, worüber und wozu sich das Team mit dem von der Leitung verwalteten Geld mit der Teamsupervisorin unterhalten soll.

Dabei kann deutlich werden, daß diese Meinungsverschiedenheiten unauflösbar sind, daß sie auch durch Supervision nicht geändert werden können. In diesem Fall wird die Teamsupervision nicht zustande kommen. Um so wichtiger ist, daß sich die Supervisorin solche Anfangssitzungen bereits vergüten läßt und damit rechnet, daß weitere Sitzungen möglicherweise nicht stattfinden werden.

Fängt man so an, landet man möglicherweise vermehrt bei Leitungssupervision, Coaching oder Organisationsentwicklung und weniger bei der bisherigen dezentralen Teamsupervision. Ein Extremvertreter dieser Auffassung ist Peter Fürstenau, der ja meint, Supervisionsanfragen deuteten auf ein Leitungsdefizit hin, folglich solle der Supervisior mit dem Leiter daran arbeiten, dieses wieder selbst zu beheben, statt den Supervisor als "Gastarbeiter" damit zu beauftragen.

Ziel- statt Problemorientierung

Die Orientierung der Supervision an den meist widersprüchlichen Kundenwünschen wird auch in weiteren Sitzungen durchgehalten. Zentral ist die Formulierung und Fixierung von Zielvisionen, die ich beispielsweise gern in einer der ersten beiden Sitzungen auf einem großen Wandpapier aufschreibe. Ich nehme dieses nicht mit nach Hause, sondern empfehle, es in der Einrichtung an einen Ort zu legen, wo es angeschaut oder wieder hervorgeholt werden kann. Dieses deponierte Dokument eröffnet viele Spielmöglichkeiten: Es kann je nach Lage im Giftschrank sicher eingeschlossen werden, als süße Verlockung im Personalraum hängen oder als Damoklesschwert über dem Stationszimmertisch schweben.

Von Treffen zu Treffen kann dann die Bedeutsamkeit dessen, was an Veränderungen geschehen ist, immer wieder an diesen anfänglichen Zielen gemessen werden. Das erlaubt Fragen wie: Ist das angestrebte Ziel eventuell schon erreicht? Hat man es aufgegeben? Welche Prioritäten hat man? Hat man neue Ziele entwickelt, für die man keine Supervision mehr braucht? Es empfiehlt sich, bei jeder solchen Zielevaluation die Weiterführung der Teamsupervision wieder in Frage zu stellen: Braucht man sie noch? Will man sie noch? Diese Teamsupervision steht also theoretisch dauernd vor ihrem möglichen Ende.

Unterscheidung zwischen Fallsupervision und der Beratung interprofessioneller Kooperationsprobleme

Hier hilft nun die Unterscheidung zwischen klientenbezogener Fallsupervision einerseits und der Beratung bei interprofessionellen Kooperationsproblemen andererseits. Denn erstere deutet auf Qualifikationswünsche hin, zu deren Befriedigung häufig mehr auch besser sein kann. Solche Fallsupervision kann bei nüchternem Kopf aber eigentlich nur gemacht werden, wenn der Supervisor für genau das Behandlungskonzept qualifiziert ist, nach dem auch das Team arbeiten will. Dazu muß es sich natürlich darüber klar sein (oder werden), wie es eigentlich arbeitet und künftig arbeiten will.

Bei fachlichen Kooperationsproblemen zwischen Profis sehe ich lange und hochfrequente Supervision hingegen kritischer. Hier steht sie mehr in Gefahr, selbst zum Teil des Problems zu werden, zu dessen Lösung sie beitragen sollte.

Flexible Zeitgestaltung

Damit sind wir bei der Zeitgestaltung. Eine endliche Supervision arbeitet zielabhängig mit einer sehr flexiblen Zeitgestaltung. Sie vereinbart vor allem bei Kooperationsproblemen zwischen Profis keine feste Zahl von Gesprächen und keine Mindestzahl, sondern eine Maximalzahl von Sitzungen, die man nutzen kann, aber nicht nutzen muß. Diese Verabredung impliziert die Erwartung, daß Änderungen innerhalb eines überschaubaren Zeitrahmens möglich sind, es sei denn, man will sie nicht mehr.

Dieses Maximum von soundsovielen Sitzungen kann aber in einem potentiell unendlichen Zeitraum abgerufen werden. Ich vereinbare manchmal spaßhaft mit Teams, daß sie die übrigbleibenden zwei oder drei Sitzungen noch bis zu meiner Pensionierung abrufen können. Dies impliziert, daß Veränderung nicht schnell geschehen muß, ja gar nicht geschehen muß, und daß das Team jederzeit Wahlfreiheiten hat, bestimmte Veränderungen anzugehen oder es bleiben zu lassen. Die Abstände zwischen den Sitzungen werden danach gewählt, wie lange das Team braucht, um mit den Ideen aus der Sitzung soweit experimentiert zu haben, daß man deren Brauchbarkeit beurteilen kann. Faustregel: Je weniger im Team passiert, desto größer die Abstände zwischen den Supervisionssitzungen.

Erlauben Sie mir zu diesem Supervisionstyp noch einmal zwei Fallgeschichten:

Die Mitarbeiter der Filiale einer Verbundeinrichtung bebabsichtigen schon seit Jahren, eine Reihe von Veränderungen vorzunehmen. Ich frage, wie lange es mindestens dauern würde, um die einfachste von diesen zu verwirklichen? Lange Gesichter, es wird vorausgerechnet: Fünf Monate. Darauf biete ich einen nächsten Teamsupervisionstermin in sechs Monaten an. Es bricht ein Sturm der Entrüstung aus. Einige Kollegen erinnern mich daran, daß sie schon immer lieber Fallsupervision machen wollten. Ich bleibe dabei. Nach sechs Monaten hat man zwar nicht diese einfachste, aber dafür die drei nächsten auf dem Zettel stehenden, sehr einschneidenden Änderungen realisiert.

Ein Fachdienst innerhalb einer Großorganisation soll sich selbst auflösen, die Mitarbeiter sollen sich auf dezentrale Projektteams verteilen. Das trifft auf heftigen Widerstand dieser Berufsgruppe. Der Auftrag an mich ist widersprüchlich: Von der Leitung her soll ich diesen Auflösungsprozeß so begleiten, daß er konstruktiv läuft (im Klartext: Daß die Fachdienstmitarbeiter dabei mitziehen). Die Mitarbeiter dagegen wollen sich als Berufsgruppe in der Gesamteinrichtung mehr Geltung verschaffen, wobei einige von ihnen die Auflösung gerne verhindern würden, andere aber keine Alternative mehr dazu sehen. In der zweiten und dritten Sitzung thematisiere ich die Möglichkeit, daß die Mitarbeiter ja zwei Alternativen zur aktiven Selbst-Dezentralisierung haben: Die eine ist Sabotage, die andere ist ein lang gezogener Trauerprozeß. Beide könnten in einem niedrigen Aktivitätsniveau, hohem Krankenstand, vermehrten Erziehungsurlauben, Dienst nach Vorschrift etc. überzeugend verkörpert werden. Man müsse also nicht vom alten Fachdienst Abschied nehmen. Wenn man es aber tue, schiene mir eine Beerdigungsfeier angebracht: Eine, wo man sich in Schwarz trifft, Reden auf den verstorbenen Fachdienst und die zu Ende gehende gute Zeit hält, vielleicht ein Glas darauf trinkt. Ich erfahre beim nächsten Mal, daß im Zentralbüro des alten Fachdienstes eine Kollegin weiße Bettücher über die Schreibtische gelegt habe und das sei der Knackpunkt gewesen: Da habe es nicht mehr lebendig dort ausgesehen, da sei auch den letzten Kollegen klar geworden, daß sie nun schleunigst ihre Umzugskoffer packen müßten. Dies hatten von den sechs Mitarbeiter/-inne/n, für die es anstand, inzwischen auch vier getan und die anderen erwarteten inzwischen sehnlichst den Umzugstermin.

Soweit zu dieser Variante. Wie man hingegen als Teamsupervisor/-in eine "angetörnt-sedierend-unendlich-uneffektive Teamsupervision" organisieren kann, das ergibt sich aus obigen Überlegungen im Umkehrschluß. Als Rezeptsammlung sei hier kurz formuliert:

- Man verabrede sich mit denen, die gerade da sind und was wollen. Vor allem mit denen, die in der Institution wenig Einfluß haben.
- Man verbünde sich mit diesen, erzeuge Intimität in der warmen Supervsionsstube, höre sich das Schimpfen über die Institution emphatisch oder auch zustimmend an.
- Man fördere mit Kaffee, Kuchen, Kerzen eine besonders gemütliche Atmosphäre.
- Als häufigste Frage erkundige man sich: "Wie fühlen Sie sich denn dabei?"
- Man definiere einen regelmäßigen, möglichst 14-tägigen oder idealerweise wöchentlichen Sitzungsabstand.
- Man verzichte darauf, zu erfragen, was zwischen den Sitzungen gelaufen ist. Man vergesse die anfänglich geäußerten Zielsetzungen und erfinde statt dessen immer neue.

Zur Indikation beider Idealtypen von Teamsupervion

Kundenindikation

Unendliche Supervision paßt besonders gut für Einrichtungen mit unendlichem Versorgungsauftrag, d.h. in deren Philosophie auch die Behandlung der Klientel nie beendet sein wird. Sie paßt zu Institutionen, für deren Handeln die subjektiven Kundenwünsche weniger Bedeutung haben als deren von außen definierte Bedürftigkeit, und für die daher das Erbrachthaben von Versorgungsleistungen wichtiger ist als deren Erfolg. Sie empfiehlt sich bei geringer Konfliktbereitschaft und wenn im Team die Idee herrscht, die Institution sei einem noch etwas schuldig.

Nüchtern-stimulierend-endlich-systemische Supervision hingegen ist ein Kind der späten Moderne. Sie passt zu Schlagworten wie Qualitätsmanagement, Kundenorientierung, Just-in-time-Production, institutionelle Flexibilität. Da ist das Gesundheitswesen noch nicht überall angekommen.

Angetörnt-sedierend-unendlich-ineffektive Teamsupervision paßt zu einer Supervisionszene, auf der sich zu viele Supervisoren tummeln. Quantitatives Wachstum der Supervisorenzahlen erzeugt einen Absatzdruck, der nur durch Massenproduktion bewältigt werden kann. Sie haben es vielleicht kürzlich gehört: Täglich ein Viertel Liter Wein verbessert die Herzfunktionen, je mehr darüber hinaus getrunken wird, desto mehr leidet das Herz. Der Supervision kann es so gehen, wie es Ivan Illich (1975) schon vor langer Zeit für das Gesundheitswesen beschrieben hat: Bis zu einer ersten Wachstumsschwelle trägt sie zur Verbesserung des kollektiven Gesundheitszustandes bei; ab einer zweiten Wachstumsschwelle übersteigen die iatrogenen Schäden den erzeugten Nutzen. Eine mögliche Folgerung für Supervisoren könnte eine Strategie sein, die in der Lebensmittelbranche etwa Demeter oder Bioland eingeschlagen haben: Mit weniger Masse, aber höherer Qualität mehr Geld pro Stück zu verdienen.

Schluß

Lassen Sie mich schließen mit dem, was sich von Karl Marx (a.a.O.:381) für die Teamsupervision lernen lässt:

"Es handelt sich darum, den *Teamsupervisanden* keinen Augenblick der Selbsttäuschung und Resignation zu gönnen. Man muß den wirklichen Druck noch drückender machen, indem man ihm das Bewußtsein des Drucks hinzufügt [...] Man muß diese versteinerten Verhältnisse dadurch zum Tanzen zwingen, daß man ihnen ihre eigene Melodie vorsingt."

Literatur

Fürstenau, P (1990), *Interview.* In: Sozialpsychiatrische Informationen, Heft 2, S. 2-7

Illich, I. (1975), *Die Nemesis der Medizin.* Reinbek bei Hamburg

Klinglmaier, A.(1991), *Systemisch-evolutionäre Supervision in Institutionen.* In: Brandau, H. (Hg.): Supervision aus systemischer Sicht. Salzburg

Marx, K.(1970), *Zur Kritik der Hegelschen Rechtsphilosophie.* Einleitung. In: Institut für Marxismus beim ZK der SED (Hg.): Marx-Engels-Werke, Berlin-Ost

3. Frauen in der Organisatonsberatung

Gertrud Germann

Der Krieg ist der Vater aller Dinge oder: Die Auseinandersetzung zwischen weiblicher und männlicher Kultur als Anstoß zur Unternehmensentwicklung

In ihrem zum Klassiker gewordenen Buch "Die andere Stimme" beschreibt Carol Gilligan (1984:37 ff.) ein Experiment:

Zwei elfjährige Kinder, der Knabe Jake und das Mädchen Amy, werden mit der folgenden Situation konfrontiert: Ein Mann namens Heinz hat eine todkranke Frau. Das Medikament, das das Leben der Frau retten könnte, ist für ihn zu teuer, und der Apotheker ist nicht bereit, den Preis zu senken. Die Frage ist nun, ob Heinz das Medikament stehlen soll.

Jake reagiert entschieden: Heinz soll das Medikament stehlen. Er begründet dies logisch: Heinz steht in einem Dilemma zwischen den Werten Eigentum und Leben. Das Leben hat dabei klar die höhere Priorität, also muß das Medikament gestohlen werden. Amy antwortet ausweichend und unsicher: Sie glaubt, daß Heinz das Medikament eher nicht stehlen soll, weil es sicher noch andere Wege gäbe (nochmals mit dem Apotheker reden, Geld borgen), daß aber die Frau auch auf keinen Fall sterben dürfe. Sie begründet ihre Suche nach anderen Wegen so: Wenn Heinz das Medikament stehlen würde, dann könnte er zwar seine Frau retten, aber vielleicht müßte er dann ins Gefängnis, seine Frau würde dann vielleicht noch kränker und er könnte ihr das Medikament nicht mehr beschaffen. Außerdem würde dann auch keine gute Beziehung zum Apotheker mehr möglich sein.

Während Jake also das Problem als momentanen logischen Konflikt zwischen übergeordneten Werten betrachtet und dabei seine Prioritäten setzt, ist das Dilemma für Amy eingebettet in eine Geschichte konkreter Beziehungen, die aufrechterhalten werden müssen. Jede der beiden angebotenen Lösungsvarianten (stehlen oder nicht stehlen) gefährdet diese Beziehungen. Amy kann sich daher nicht entscheiden, sie sucht nach anderen Wegen und die Sache wird kompliziert.

Die Reaktionen von Jake und Amy zeigen unterschiedliche Sichtweisen und Wertsetzungen, sie manifestieren eine unterschiedliche Art und Weise, sich mit Problemen auseinanderzusetzen, sie sind Ausdruck einer unterschiedlichen Kultur. Carol Gilligan beschreibt die weibliche Kultur als Kultur der konkreten Beziehung und Anteilnahme, die männliche als Kultur der Logik und des Prinzips. Auf die Bedeutung und Auswirkung dieser Unterschiedlichkeit wird noch genauer einzugehen sein.

Die zunehmende qualifizierte Berufstätigkeit und das wachsende Selbstbewußtsein der Frauen bringen es mit sich, daß weibliche Kultur in den Unternehmungen sicht- und spürbar wird. Da dort bisher männliches Verhalten vorherrschte, entsteht Irritation. Die Turbulenzen bewegen beide Geschlechter, auf Grund der Machtverhältnisse tragen jedoch vor allem die Frauen ihre negativen Folgen.

Mein Beitrag plädiert für eine Auseinandersetzung zwischen den beiden Kulturen, die nicht nach den Regeln des Krieges, sondern nach denjenigen des beidseitigen Gewinns geführt wird.

Mein Interesse an diesem Plädoyer ist dreifach: Als Frau bin ich von der Benachteiligung betroffen und lehne mich dagegen auf. Als Mensch des 20. Jahrhunderts erlebe ich die Folgen der bisher dominierenden Gewohnheit, Widersprüche und Konflikte durch Sieg respektive Zerstörung zu beseitigen, und suche nach kreativeren und produktiveren Umgangsformen. Als Organisationsberaterin sehe ich, daß viele gesellschaftliche und wirtschaftliche Organisationen Gefahr laufen, in ihren bisherigen Problembewältigungsmustern zu erstarren und damit unfähig werden, die Anforderungen, denen sie sich heute gegenübersehen, zu bewältigen.

Weibliche und männliche Kultur: Die Lust an der Differenz

In den achtziger Jahren unseres Jahrhunderts wurde offensichtlich, daß Wirtschaft und Politik der industrialisierten Welt daran waren, die Menschheit an den Rand des Abgrunds zu bringen. WissenschaftlerInnen und PhilosophInnen begannen, die Denkweisen und Werte ihrer Gesellschaften grundsätzlich in Frage zu stellen. Im Zeichen des Wertewandels wurden die bisherigen Begriffe von Fortschritt und vom Recht des Menschen auf Dominanz über die Naturwelt hinterfragt, es wurden Zweifel daran geäußert, daß der selbstherrliche Eingriff des Menschen in die Natur immer zulässig ist und daß alles, was machbar ist, auch gemacht werden muß. Worte wie Achtsamkeit, Verbundenheit, Ganzheitlichkeit, Bewahrung tauchten auf. An dieser Diskussion - der Infragestellung einer bisher männlich dominierten Lebens- und Betrachtungsweise - ist die Frauenbewegung zentral beteiligt; sie erkennt darin die Werte, die in den Lebenszusammenhängen von Frauen seit langem Bedeutung haben. Sie macht sich daran, die Besonderheiten in der Rolle und die Verhaltensweisen von Frauen zu beschreiben; sie besteht nun auf der Unterschiedlichkeit von Frauen und Männern und wertet diese um. Sie postuliert Weiblichkeit als immer schon gelebte, aber auf die Lebenssphäre der Frauen beschränkte und aus der öffentlichen Sphäre ausgeschlossene Art und Weise, sich der Welt gemäß den neuen Anforderungen zu nähern.

Gegen das Postulat der Unterschiedlichkeit regt sich auch Opposition. Befürchtet wird, daß durch das Feststellen geschlechtstypischer Unterschiede die Menschen beider Geschlechter in ihrer individuellen Entwicklung eingeschränkt, auf Rollen festgelegt werden. Die Männer befürchten - vor allem dann, wenn Weiblichkeit mit neuen Werten verbunden wird - daß sie selbst nun der Diskriminierung anheimfallen, und die Frauen sehen die Gefahr, daß in einer nach wie vor männerdominierten Gesellschaft die Feststellung vom Anderssein der Frauen erneut zu ihrer Ausgrenzung führt.

Diese Einwände - obschon verständlich - weisen meiner Meinung nach in eine Sackgasse. Die Feststellung von Unterschieden zwischen Menschen ist nicht gleichbedeutend mit unterschiedlicher Wertung, mit Vorurteil und Rollenzwang. Unterschiede zwischen Menschen sind ein Teil unserer Realität und diese Unterschiede sind nicht nur individuell: Wir kennen Unterschiede zwischen verschiedenen gesellschaftlichen und individuellen Entwicklungsphasen, zwischen Schichten, Völkern, Rassen, Religionen, Kulturen; und nur die Kenntnis dieser Unterschiede befähigt uns zu adäquatem Verhalten. Zu einem Verhalten, das anderes wahrnimmt, es zwar mit dem eigenen vergleicht, aber nicht wertend daran mißt, zu einem Verhalten, das am anderen auch lernen kann. Nicht-Diskriminierung bedeutet nicht Leugnung des Unterschieds, sondern im Gegenteil dessen Wertschätzung. Nicht-Diskriminierung geht, da sie um die Relativität eigener Vorstellungen weiß, vom Bild des Andersseins aus, und sie ist bereit, dieses Bild auf Grund von Kontakt und Erfahrung zu korrigieren.

Die Leugnung der kulturellen Differenz zwischen Frauen und Männern ist meiner Meinung nach die einschneidendste und entwürdigendste Form der Diskriminierung. Sie verlangt von den Frauen mehr als die schmerzliche Hinnahme einer untergeordneten gesellschaftlichen Rolle, sie verlangt von ihnen, ihr eigenes Wesen als zweitrangig zu begreifen und ergo zu ändern. Die Leugnung des kulturellen Unterschiedes zwischen Frauen und Männern verbaut zudem die Chance, unsere Gesellschaft und Wirtschaft aus einer anderen Sichtweise zu reflektieren und daraus Impulse für deren Umgestaltung zu gewinnen.

Die Entwicklung der Industriegesellschaften bietet keinen Anlaß dazu, bisher übliche Verhaltensweisen zu bewahren und zu rechtfertigen. Sie fordert uns vielmehr auf, nach neuen Wegen zur Gestaltung der Welt zu suchen. Dabei hat die Prüfung weiblichen Verhaltens als mögliche Verhaltensalternative einen besonderen Platz: Sie ist eine Veränderungsressource, die in unserer Gesellschaft und Kultur bereits vorhanden ist. Sie zu nutzen ist einfacher und integrierter als der Versuch, die Philosophie fremder Kulturen als Basis für die Veränderung gesellschaftlicher und ökonomischer Beziehungen zu importieren.

Es ist also angezeigt, die möglichen Unterschiede zwischen Frauen und Männern mit Interesse, Neugierde und Lust aufzuspüren und darin Potential für Veränderung zu suchen.

Weibliche und männliche Kultur: Die Unterschiede

Frauen und Männer nehmen in der Gesellschaft bis heute verschiedene Rollen ein. Dabei ist es von untergeordneter Bedeutung, ob dafür in erster Linie biologische Gegebenheiten ausschlaggebend sind oder nicht. Tatsache ist, daß Frauen die Verantwortung für die Gestaltung des privaten Raumes (Familie, persönliche Beziehungen) tragen, während Männer verantwortlich sind für die öffentliche Sphäre, die Bildung überprivater gesellschaftlicher und wirtschaftlicher Strukturen und Beziehungen.

Die Teilung dieser Verantwortlichkeit ist besonders einschneidend, seitdem die Industrialisierung die beiden Sphären Wirtschaft und Familie räumlich und dadurch auch zeitlich getrennt hat. Und obschon die Frauen sich auch im öffentlichen Bereich betätigen, besteht die Teilung weiter: Die Verantwortung für die Innenwelt ist nach wie vor in erster Linie den Frauen übertragen. Die Volkswirtin Ulrike Knobloch beschreibt in Anlehnung an

Jürgen Habermas die Innenwelt als "Lebenswelt", als Welt der elementaren Bedürfnisbefriedigung und Regeneration der Arbeitskraft:

"Die moderne Industriegesellschaft ist dadurch gekennzeichnet, daß neben der kommunikativen Lebenswelt ein selbständiges, nach eigenen Prinzipien funktionierendes ökonomisches System besteht. Das ökonomische System löst die Menschen aus ihrer Lebenswelt und macht sie zu Arbeitnehmern und Konsumenten. In der modernen Industriegesellschaft verläßt der Arbeitnehmer täglich das Haus, um gegen Entgelt zu arbeiten. Der Verbraucher kauft mit dem erarbeiteten Geld Waren und Dienstleistungen; er wird deshalb in der Ökonomie als die andere Seite des Arbeitnehmers angesehen...
Für die Tätigkeiten in der Lebenswelt, insbesondere für die 'lebenserhaltende Arbeit, die auf dem Kauf von Waren basiert' (Grabitzsch 1985:38), sind weiterhin vorwiegend Frauen zuständig: 'Women in particular bear the responsibility for translating money income into health, hapiness and social acceptance for the family' (Marcusen 1977:4)." (Knobloch 1993:23/25)

Die in der privaten Welt üblichen Funktionsweisen und Mechanismen unterscheiden sich von denjenigen der öffentlichen Welt; die Lösung der Probleme, die Organisation des Zusammenlebens in der privaten Welt folgt anderen Gesetzmäßigkeiten und erfordert andere Methoden als in der öffentlichen Welt. Es sind dies die Methoden, die Frauen kennen und können, ob durch Geburt oder Sozialisation.

Auf die wichtigsten von ihnen will ich im folgenden eingehen und dabei danach fragen, was das Einbringen der für diese Lebenswelt charakteristischen Handlungsprinzipien in den überprivaten Raum bedeuten und bewirken kann.

Verbindung und Abgrenzung

Das Bild, das sich Frauen von sich selbst und ihrer Umgebung machen, ist wesentlich geprägt durch ihre Einschätzung davon, in welcher Beziehung sie zu anderen Menschen stehen. Männer hingegen betrachten und beobachten eher die Sachen, d.h. die Objekte, die Probleme, die Strukturen, die Ziele, und ihr Verhältnis zu diesen. In der Beziehung zu Menschen verhalten Frauen sich "familiär", sie gestalten sie unvermittelt, d.h. nahe und persönlich. Männer dagegen finden ihr Selbstbewußtsein und ihren Selbstwert eher durch Distanz und Abgrenzung, ihre Beziehungen zu anderen Menschen definieren sich über eine gemeinsame Sache.

Dieses Verhalten zeichnet sich bereits bei Kindern ab. Mädchen spielen im allgemeinen in kleinen Gruppen und der Gegenstand des Spiels ist die

Beziehung untereinander: Wer mag wen? Wer geht mit wem? Zwischen wem besteht Vertrautheit und wer ist - momentan - aus der Vertrautheit ausgeschlossen? Wie kann die Ausgeschlossene es anstellen, wieder zur Gruppe der Vertrauten zu gehören?

Die Spiele der Knaben dagegen haben objektive Ziele und Inhalte. Es geht um die Anzahl der Bälle im Tor, um den Sieg über die Räuber, um die schnellste Seifenkiste. Bei der Bildung der für diese Spiele notwendigen Gruppen spielt die persönliche Beziehung zwischen den Knaben eine sekundäre Rolle, gefragt wird vielmehr nach dem, was der einzelne zur Erreichung des Ziels beitragen kann.

In der Berufswelt äußert sich die unterschiedliche Bedeutung, die beide Geschlechter der persönlichen Beziehung zumessen, zum Beispiel darin, daß Frauen große Mühe haben, mit Personen zusammenzuarbeiten, die sie nicht mögen. Männer dagegen können Antipathien - zumindest vordergründig - leicht wegstecken, wenn es um die Sache geht.

Die familiäre Beziehung ist im Unterschied zur beruflichen unter anderem dadurch gekennzeichnet, daß die Position darin eine untergeordnete Rolle spielt. Dieses Muster übertragen Frauen auch auf die Berufswelt. Sie achten viel weniger als Männer auf die Indikatoren Hierarchie, Status oder Position, sondern orientieren sich in der Selbsteinschätzung und in der Einschätzung von anderen eher an den Kompetenzen (Fähigkeiten) und an den persönlichen Beziehungen. Sie gewinnen das Bewußtsein über den eigenen Wert daraus, daß sie - ihrer eigenen Einschätzung nach - ihre Aufgabe gut erfüllen und daß sie als Person geschätzt, ge- und beliebt sind. Ihre Wertschätzung anderer folgt denselben Kriterien. Sie haben eher wenig Respekt vor der Macht von oben und benutzen eigene institutionalisierte Macht seltener als Männer zur Lösung von Problemen und Konflikten (vgl. z.B. die Untersuchungen von Henning/Jardim 1992).

Die bisherige Organisation wirtschaftlichen und politischen Handelns hat große, teilweise auch großartige Ergebnisse gebracht. Sie hat jedoch auch Kehrseiten. Vereinsamung und Streß sind bei den Arbeitenden verbreitet, die Identifikation mit dem Betrieb und der Arbeit nimmt ab, der Sinn der Arbeit wird häufig nicht mehr gesehen. Größe und Komplexität der Unternehmen führen zum Verlust von Überblick sowohl über die Ziele und Aufgaben als auch über die Kultur und die Gestaltung von Zusammenarbeit. Die individuelle Konkurrenz um den Aufstieg behindert die kollektive Arbeit in Teams. Reibungsverluste sind unvermeidlich und groß.

Die Diskussion über die Heilmittel gegen diese unerwünschten Erscheinungen ist in vollem Gange. Es geht um den Abbau von Hierarchien und dadurch entstehende direktere Kommunikationswege. Gefragt ist nicht mehr die überragende Einzelleistung, sondern der Beitrag der Einzelperson zur Leistung des Teams. Propagiert werden Dezentralisierung und Redimensionierung, sprich: Bildung von Organisationseinheiten, die dem menschlichen Maß entsprechen, in denen ein Gesamtprozeß überblickt werden kann und wo Zugehörigkeit und Kulturfindung wieder möglich werden.

Dies gilt nicht nur für die Wirtschaft. Die Auseinandersetzung mit dem großen Gebilde Europa hat in einer Gegenbewegung der Suche nach regionaler Identität Auftrieb gegeben. Heimat findet sich nicht in Großräumen, sondern in kleinen Nischen, die Wärme und Geborgenheit geben. Daß die moderne Technologie die Verbindung solcher autonomer Nischen erleichtert und ermöglicht, macht den Wunsch danach realistisch.

Die Rede ist auch von Angst- und Fehlerkultur. Streß entsteht, das ist bekannt, nicht durch viel Arbeit; er entsteht durch die Angst, der Arbeit nicht gewachsen zu sein. Und diese Angst entspringt der Konkurrenz und der Einsamkeit. Dort, wo die Möglichkeit besteht, Unsicherheit ohne Prestige- oder Karriereverlust zu äußern, wo es also risikolos erlaubt ist, von anderen Hilfe zu erbitten und zu bekommen, da baut die Angst sich ab. Da kann sie umgewandelt werden in ein lustvolles gemeinsames Suchen, Irren und Finden.

Gefordert ist also die Fähigkeit, kleine Einheiten zu gestalten, die Fähigkeit, auch in der Konkurrenz Unterstützung und Verbundenheit anzubieten, die Fähigkeit, sich im gleichberechtigten Team ebenso gut zu orientieren wie auf der Treppe der Hierarchie. Und das sind Fähigkeiten, die den gewohnten Verhaltensweisen von Frauen sehr entgegenkommen.

Konkrete und abstrakte Ethik

In der arbeitsteiligen westlichen Welt hat Arbeit zweierlei Seiten; in den Termini der klassischen Ökonomie des 19. Jahrhunderts ausgedrückt, hat sie sowohl Gebrauchswert als auch Tauschwert. Sie hat ihren Wert entweder im durch die Arbeit entstehenden nützlichen Produkt selbst, oder aber sie erhält ihn, indem dieses Produkt auf dem Markt gegen eines ausgetauscht werden kann, das für den Produzenten unmittelbaren Nutzen hat.

Frauen erleben die ihnen rollenspezifisch zugeteilte Arbeit, die Haus- und Familienarbeit, als Arbeit mit großem Gebrauchswert. Es ist problemlos einsichtig, daß gekocht werden muß, wo Menschen sich ernähren wollen; die Notwendigkeit von Putzen und Aufräumen ist unbestreitbar; und wenn Ehepartner und Kinder für die Bewältigung ihrer äußeren Aufgaben fachliche, organisatorische und emotionale Unterstützung beanspruchen, ist der Anspruch begreiflich und das Resultat der Unterstützung sichtbar. Die Arbeit der Frauen hat jedoch keinerlei Tauschwert, sie bringt keine Entschädigung, für die etwas anderes eingehandelt werden kann.

Frauen sind also daran gewöhnt, ihre Arbeit an der konkreten Nützlichkeit für das Zusammenleben der Menschen zu orientieren. Für die Männer ist die Sache umgekehrt: Der unmittelbare Nutzen ihrer Arbeit ist ihnen oft nicht zugänglich. Arbeit findet ihren Sinn nicht in sich selbst, ist vielmehr Vehikel, um etwas außerhalb Liegendes zu erreichen: Einkommen, Macht, Position, Einfluß. Die Frage nach dem Sinn wird in diesem Kontext überflüssig, wenn nicht gar hinderlich. Elisabeth Beck-Gernsheim spricht von der "doppelten Zweckstruktur" der beruflichen Arbeit:

"Der beruflich Arbeitende (kann) sein Verhalten und Engagement nicht nur am gesellschaftlichen Nutzen seiner Arbeit, ihrer Qualität und Effizienz ausrichten, das heißt 'Gebrauchswertorientierung' zeigen, sondern er muß - wenn er nicht dauernd seine soziale und ökonomische Existenz riskieren will - auch in Kategorien von Einkommen, Prestige, Aufstiegschancen denken, muß also 'Tauschwertorientierung' (in diesem nicht nur finanziellen Sinn) entwickeln. Er muß vielfach lernen, die inhaltlichen Bezüge seiner Arbeit weitgehend zu vergessen, von ihrem Personenbezug zu abstrahieren, den Gedanken an ihre reale Bedeutung für das Leben anderer Menschen auszublenden." (Beck-Gernsheim 1981:34)

Bei ihrer Arbeit im kleinen Raum, d.h. bei der Arbeit, in der die Auswirkungen jeder Handlung sichtbar werden, erfahren die Frauen zudem, daß ihnen allgemeingültige Regeln und abstrakte Prinzipien wenig dienlich sind. Sie erleben, daß jedes Problem besonders ist, in einem je speziellen Zusammenhang steht und also unterschiedlich behandelt werden muß. Frauen orientieren sich auch in ihrer beruflichen Tätigkeit weniger an formaler Logik und abstrakten Gesetzen, sie prüfen diese Gesetze auf ihre Nützlichkeit in der konkreten Situation. Sie denken in "verschiedenen Wahrheiten": Was einmal stimmt, kann beim nächsten Mal falsch sein; das spezifisch Richtige muß jedesmal neu gesucht werden.

Das eingangs zitierte "Apothekerexperiment" illustriert diese Denkweise auf eindrückliche Art. Ich selbst habe in meiner Arbeit oft Auseinandersetzungen der folgenden Art geführt: Ein Kunde - einer unter Hunderten - verlangt für sich eine Regelung, die von der allgemeinen Regelung abweicht. Ein Kollege verweigert dies mit dem Argument: "Wenn alle diese Ausnahme für sich beanspruchen, brechen wir zusammen". Ich opponiere, weil ich nicht einsehe, warum die Ausnahme nicht gewährleistet werden kann, da sie bei diesem einen Kunden begründet erscheint und keinerlei Anzeichen dafür bestehen, daß weitere Kunden eine Sonderbehandlung wünschen.

Die Orientierung am Tauschwert und nicht am Gebrauchswert der Arbeit macht so lange Sinn, wie dadurch gesamtgesellschaftlich ein für alle Teile nützlicher Austausch von Ressourcen und Fähigkeiten organisiert und geregelt wird. Sie wird - und das ist unsere heutige Realität - zum Bumerang, wenn die Gesetzmäßigkeiten des Tausches sich verabsolutieren, ihren Bezug zum Gebrauchswert verlieren. Die losgelöste, verabsolutierte Verherrlichung von Größe, Schnelligkeit, Menge haben uns verödete Landschaften, zerstörte Luft und hungernde Menschen beschert. Die Frage "Wozu das Ganze" - die Frage nach dem Gebrauchswert - wird zur Überlebensfrage des ausgehenden Jahrtausends. Gefragt ist eine verbindliche Antwort: Ich erlebe oft, daß Männer ernsthaft besorgt und davon überzeugt sind, daß ein Umdenken erforderlich sei. Gleichzeitig aber erklären sie sich für handlungsunfähig, delegieren Probleme und Verantwortung, und zwar nicht an andere Menschen, sondern an ein System, eine abstrakte Gesetzmäßigkeit, die es leider nicht erlaube, gemäß eigener Einsicht zu handeln. Damit erheben die Zauberlehrlinge die von ihnen selbst geschaffenen Mechanismen der Konkurrenz zum höheren Gesetz, das von der Einflußnahme der Menschen abgespalten und nunmehr unveränderbar sei.

Der St. Galler Ökonomieprofessor Hans Christoph Binswanger beschreibt das sich verselbständigende Gesetz der Konkurrenz so:

"Er (Erysichthon, eine Figur aus Ovids 'Metamorphosen', G.G.) will einen Festsaal bauen, um Gastmäler abzuhalten. Er braucht ihn, um viele Gäste einzuladen. Mit solchen Einladungen kann er sich auszeichnen. Er gewinnt Ansehen, Prestige und Macht. Er braucht den Festsaal für etwas, was seinen Wert dadurch hat, daß es andere nicht haben. Für solche Güter hat sich in der Oekonomie der Begriff 'Positionsgüter' eingebürgert, weil sie die höhere Position des Besitzers gegenüber den Nichtbesitzern markieren oder sogar begründen. Man könnte auch von Geltungsgütern sprechen. Ein Streben nach solchen Gütern ist im Prinzip nicht sättigbar, weil man in dem Ausmaß, als die anderen nachrücken, also auch über solche Positionsgüter verfügen, selber wieder weiter vorrücken muß. Nur die Differenz zeichnet ja aus!" (Binswanger 1994:26)

Unser Jahrhundert hat uns die Einsicht gebracht, daß jede Annahme allgemeingültiger Regeln und Gesetzmäßigkeiten falsch ist und jedes Handeln danach der Realität nicht gerecht wird. Es waren vorerst Naturwissenschaftler wie Einstein, Heisenberg und Bohr, die erkannten, daß die Dinge und Prozesse nicht allgemein und eindeutig beschreibbar sind, daß sie verschiedene Zustände annehmen können, daß der Kontext ihr Wesen bestimmt. Es ist nicht anzunehmen, daß das menschliche Zusammenleben weniger komplex ist als das Funktionieren der Natur.

Nur wenn wir uns darauf einlassen, die Dinge und Menschen in ihrer jeweiligen Besonderheit und ihrem aktuellen Umfeld wahr- und ernstzunehmen, werden wir fähig sein, ihre Ressourcen zu nutzen, ohne sie zu vergewaltigen und zu zerstören. Im unternehmerischen Kontext heißt dies beispielsweise: Orientierung an je speziellen Bedürfnissen des Kunden oder der Kundin. Oder: Nutzung des gesamten Potentials der Mitarbeiterinnen und Mitarbeiter, indem Aufgaben und Struktur sich diesem Potential anpassen und nicht umgekehrt.

Der Rekurs auf abstrakte Mechanismen und Prinzipien stellt sich der Veränderung entgegen, weil er das jeweils Andere und Neue übersieht. Er ist feige, weil er die konkrete Verantwortung delegiert.

Wegkultur und Zielkultur

Frauen orientierten sich mehr an konkreten, Männer mehr an abstrakten Dingen und Zuständen. Ziele liegen - naturgemäß - in der Zukunft, der Weg dazu findet hier und jetzt statt, wird hier und jetzt erlebt. Darum ist er für Frauen bedeutsamer als für Männer. Frauen lassen sich durch Gegebenheiten, die sie auf dem Weg zu einem Ziel antreffen, von diesem ablenken, lassen zu, daß diese Gegebenheiten das Ziel in Frage stellen, korrigieren. Eine Kollegin von mir sagt das so:

"Männer begeben sich, wenn sie ein Ziel erreichen wollen, in einen Tunnel. In diesem gibt es nichts zu sehen, also werden sie nicht abgelenkt und kommen ganz schnell an. Frauen hingegen begeben sich auf einen Feldweg. Da gibt es Blumen links und rechts; sie schauen diese an, freuen sich daran und pflücken sie. Dabei kommen sie zuweilen vom alten Weg ab und gehen auf einem neuen weiter. Manchmal gehen sie wieder auf den alten Weg zurück und erreichen ihr ursprüngliches Ziel, später zwar, aber mit einem schönen Blumenstrauß in der Hand." Frauen gehen für die Erreichung eines Ziels weniger Risiken ein als Männer; auch ein noch so verlockendes Ziel rechtfertigt für sie keinen Weg, den sie als gefährlich empfinden.

Frauen sehen die Dinge und Menschen nicht losgelöst, sondern in ihrer Beziehung zueinander. Ziel und Weg bilden für sie ein Ganzes, bedingen sich gegenseitig. Die Wahl des Weges kann ein Ziel entwerten, kann es zur Farce machen. Es ist nicht möglich, ein würdiges Ziel mit unwürdigen Mitteln zu erreichen, weil dabei die Würde auf der Strecke bliebe. Die Bildung einer menschlichen Gesellschaft ist unmöglich, wenn in ihrem Interesse gefoltert wird.

In diesem Bestreben nach Ganzheitlichkeit haben die Frauen auch Mühe, ihr berufliches von ihrem privaten Leben abzutrennen. Sie sind nicht oder viel weniger als Männer bereit, zugunsten ihrer beruflichen Karriere die privaten Bedürfnisse - die eigenen und diejenigen ihrer Kinder, Freundinnen, Bekannten - hinten anzustellen. Elisabeth Beck-Gernsheim beschreibt den Konflikt so:

"'Karriere' ist in sich selbst ein männliches Konzept (...) Wenn wir von 'Karriere' sprechen, bedeutet dies zugleich immer schon ein voll beanspruchendes, strenges, vorgezeichnetes Lebensmuster, dessen Zielen alles andere erbarmungslos untergeordnet wird - alles Angenehme, Menschliche, Gefühlsmäßige, Körperliche, Leichtfertige. Es ist ein ernstes calvinistisches Wort... Wenn ein Mann eine Frau fragt, ob sie eine Karriere will, dann ist dies einschüchternd. Denn er sagt damit: Willst du wie ich die Hälfte deiner Person unterdrükken, deine Familie vernachlässigen, persönliche Beziehungen ausnutzen, auf jegliche persönliche Spontaneität verzichten? Natürlicherweise schaudert sie ein wenig und schlurft zurück zum Besenschrank."(Beck-Gernsheim 1981:104)

Zielkultur bedeutet, daß Auswirkungen eigenen Tuns und Handelns nur insofern bedacht und in Rechnung gezogen werden, als dies die Zielerreichung nicht gefährdet. Angesichts der Zerstörungen, die solche Blindheit hervorgerufen hat, entpuppt sich die Zielkultur als Fahrlässigkeit. Zögern und Hinterfragen, Langsamkeit und Anhalten sind zu Bedingungen des gesellschaftlichen Überlebens geworden.

Die Zielkultur hat sich auch als lächerlich, weil illusorisch erwiesen. Es ist mittlerweile evident, daß die Rede von der konsequenten Zielstrebigkeit entweder hohl ist, Wortgeklingel ohne Auswirkung auf die effektive Handlung, oder aber ungeeignet, auf die tatsächlichen Anforderungen einer sich rasch und häufig unvorhersehbar ändernden Umwelt zu reagieren. Unternehmen können nur überleben, wenn sie inkonsequent, beirrbar und flatterhaft geführt werden:

"Der erste Schritt, durch den wir die Fähigkeit zu von uns selbst geleiteten Veränderungen entwickeln, besteht darin, daß wir uns darauf vorbereiten, von der Zukunft überrascht zu werden. Zu diesem Zwecke ist es notwendig, daß wir eine erwartungsvolle, bejahende Haltung gegenüber dem Unerwarteten und Unbekannten entwickeln." (Lynch/Kordis 1992:84/85)

Der von Frauen bereits gelebte Versuch, berufliche und private Arbeit zu einer Ganzheit zu integrieren, wird zu einem Modell für die gesellschaftliche Entwicklung werden müssen. Die heutige und wahrscheinlich auch zukünftige wirtschaftliche Situation erzwingt ein grundlegendes Überdenken der bisherigen Arbeitsteilung. Es ist wenig wahrscheinlich, daß das Volumen gesellschaftlich benötigter Berufsarbeit in Zukunft wieder zunimmt; immer mehr Menschen werden aus dem beruflichen Arbeitsprozeß ausgeschlossen werden. Um katastrophale Auswirkungen dieser Entwicklung zu verhindern, wird es einerseits notwendig sein, diesen Menschen sinnvolle nicht-berufliche Arbeit anzubieten, andererseits werden zu ihrer Integration und Unterstützung Anstrengungen erforderlich sein, die sich ebenfalls nicht auf offizielle und bezahlte Programme reduzieren lassen. Der Anteil an gesellschaftlich notwendiger, aber nicht-beruflicher, unbezahlter Arbeit wird also zunehmen, sie wird neue Bedeutung und neuen Status erhalten, die Grenzen zwischen beruflicher und privater Arbeit werden sich verwischen.

Es sind heute vor allem die Frauen, die den Wert der privaten Arbeit kennen, da sie sie in Familie und Nachbarschaft leisten; es sind die Frauen, die wissen, wie solche Arbeit gestaltet und organisiert und mit der beruflichen Arbeit verbunden werden kann.

Der Kulturunterschied als Lernfeld der Organisation

Zugegeben: die bisherigen Darstellungen waren einseitig. Es ist selbstverständlich, daß heute und in Zukunft überindividuelle Regelungen unser gesellschaftliches Leben ordnen und dem Kampf aller gegen alle die Grundlage entziehen müssen. Nach wie vor werden Ziele unser individuelles und kollektives Handeln anregen und ihm Richtung und Zweck geben. Und auch wenn wir Wärme, Geborgenheit, Identität und Menschlichkeit aus unserer begrenzten unmittelbaren Erfahrungswelt beziehen, kommen wir nicht umhin, in unser Handeln zeitlich und räumlich weit entfernte Orte einzubeziehen. Die zitierten Gegensätze beschreiben keine sich ausschließenden Widersprüche, sie bezeichnen Pole im Spektrum menschlichen Handelns, die sich gegenseitig bedingen und ergänzen. Es braucht beides: Gesellschaftliche Regelungen *und* die Bereitschaft, diese im einzelnen Fall zu verletzen; gute Ziele *und* behutsame Wege dazu; Konkurrenz *und* Anteilnahme, das

Handeln und Denken für die große Welt *und* die Nähe im kleinen erspürbaren Raum. Aber wir brauchen weniger des Ersten und mehr des Zweiten.
Es ist zudem ohne Zweifel so, daß die Kultur, die bisher als weiblich beschrieben wurde, nicht nur den Frauen - und einigen davon überhaupt nicht - zugeschrieben werden kann. Und es liegt keineswegs im Interesse der Frauen, weibliches Verhalten auch in Zukunft ausschließlich für sich zu beanspruchen. Ganz im Gegenteil. Aber heute sind die weiblichen Verhaltensmuster den Frauen bekannter, vertrauter und geläufiger. Und es ist nicht einzusehen, warum den Verantwortlichen in Politik und Wirtschaft - mehrheitlich Männern - so dringlich nahegelegt wird, sich mit neuen Werten und Verhaltenweisen vertraut zu machen, und gleichzeitig den Profis dieser neuen Werte - mehrheitlich Frauen - so wenig Gelegenheit gegeben wird, sie einzubringen. Dazu Müller-Stewens:

"Schaut man sich nur die [...] Liste notwendiger Fähigkeiten der Führungskraft von morgen [...] an, so verweist vieles auf Eigenschaften, die man gemeinhin als feminin bezeichnen würde [...] Welche Möglichkeiten bestehen dann zu einer systematischen Kontextsteuerung mit dem Ziel der Diversifikation in solche Eigenschaftsfelder?

Hier sehe ich drei Stoßrichtungen [...] Erstens die Diffusion derartiger Eigenschaften in die bestehende Führungsmannschaft. D.h. man hofft, durch gezielte Maßnahmen (z.B. entsprechendes Führungskräftetraining oder Schaffung entsprechender Incentives) bei jedem auf eine Veränderung seiner grundlegenden Eigenschaften hinwirken zu können [...] Man kann zweitens aber auch seine Rekrutierungspolitik ändern. D.h. man verändert die Auswahlverfahren und -kriterien, indem man ganz gezielt nach Personen sucht, die diese Eigenschaften überzeugend zu repräsentieren vermögen. Dieser zweite Weg scheint mir der erfolgversprechendere zu sein, da er nicht vom Trainingserfolg abhängt. Vielmehr bringen die neuen Mitarbeiter(innen) diese Eigenschaften schon in einer sehr verinnerlichten Form in die Organisation mit (ein). Mit einer Metapher gesprochen könnte man sagen, daß sie nicht nur die Fähigkeit zum Klavierspielen mitbringen, sondern auch die grundlegende Eigenschaft der Musikalität, womit erst die Voraussetzungen zu wahrer Virtuosität bestehen." (Müller-Stewens 1994:5/6)

Veränderung ist Lernen. Und Lernen geschieht bekanntlich nur zum Teil über den Kopf, zum größeren Teil findet es durch Erleben und Erfahren und Ausprobieren statt. Erfahren werden kann aber nur das, was präsent ist und sich äußern kann. Es besteht also einerseits die Forderung, in den Unternehmen mehr Frauen an die Plätze zu stellen, an denen sie das Zusammenarbeiten innerhalb des Betriebes und die Art und Weise seines Kontaktes mit der Umwelt (Produktegestaltung, Kundenbeziehung, Verhältnis zwischen Beruf und Privatleben etc.) beeinflussen können. Es ist aber zweitens den so plazierten Frauen Raum und Gelegenheit zu geben, um ihr Verhalten leben zu können. Die Palette der entsprechenden Maßnahmen ist reich und bekannt:

- (Be-) förderung von Frauen mit Zielvorgaben und Quotenregelungen;
- Ausbildung von Frauen, insbesondere im Bereich der Persönlichkeitsentwicklung, d.h. Förderung des Selbstbewußtseins von Frauen im Sinne von: Bewußtwerden des eigenen Verhaltens und Erkennen von dessen Stärken;
- Mentoring, d.h. engagierte persönliche Begleitung und Unterstützung von Frauen durch wichtige Verantwortliche der Unternehmen;
- Coaching von Frauen in der für sie gesellschaftlich neuen Situation;
- Thematisierung der Unterschiede von Frauen und Männern mit der gleichen Intensität, Sorgfalt und Neugierde, mit denen Cross-Culture-Themen behandelt werden. Keine Marginalisierung des Themas durch Abschieben auf "Frauenbeauftragte" (diese werden dadurch nicht zwingend überflüssig). Permanente Diskussion mit Unterstützung der obersten Führungsebene;
- Förderung der Frauen durch Einsatz in Projektteams und Task Forces, d.h. an Stellen, wo ihre Fähigkeiten für sie selbst und ihre Umgebung sicht- und erlebbar gemacht werden können;
- Thematisierung geschlechtstypischer Unterschiede und Verhaltensweisen in sämtlichen Kaderausbildungen;
- Änderung betrieblicher Strukturen so, daß weibliche Lebens- und Laufbahnmuster darin Platz finden: Teilzeitarbeit, Kinderbetreuung. Änderung dieser Strukturen nicht nur für Frauen, sondern auch für Männer;
- Teamentwicklung in gemischtgeschlechtlichen Teams und in Teams mit weiblichen Führungskräften;
- Diskussion und Veränderung der Unternehmensethik.

All diese Maßnahmen sind ebenso bekannt wie bisher wenig verbreitet. Mit Renitenz schützen sich die Organisationen vor innerer Veränderung und damit verbundener Unruhe. Ob ihnen das langfristig gut bekommt, ist fraglich. Dazu noch einmal Müller-Stewens:

"Ich meine, daß wir der wachsenden Außenkomplexität unserer Unternehmen nur über eine Erhöhung ihrer Innenkomplexität begegnen können. Wenn wir dies bejahen, so sind massive Zweifel an unserer bisherigen Art des Organisierens und Führens angebracht. In der funktionalistischen Tradition der deutschen Organisationslehre versuchen wir jede Form von Widersprüchlichkeit und Redundanzen in Organisationen auszuschalten, mit dem Ziel der angeblichen Klarheit. Meiner Auffassung nach wird es diese Klarheit jedoch nie mehr geben können, wenn eine Unternehmung wandelfähig sein will [...] Unserer Aufgabenstellung können wir nur gerecht werden, wenn wir in das investieren, was viele als 'Unordnung' oder 'Chaos' bezeichnen würden. Ich möchte es jedoch als die notwendige Diversität des internen Kontextes bezeichnen, als bewußt unternommene Diversifikation in konkurrierende Sichtweisen und Eigenschaften. Deshalb kann ich eine Anreicherung des Repertoires an Leadership Eigenschaften um feminine Attribute nur begrüßen."(Müller-Stewens 1994: 6)

Die Unternehmen müssen - noch einmal - lernen. Dabei genügt es nicht, vorhandene Kompetenzen zu perfektionieren. Und es genügt auch nicht, sich in einem einmaligen Akt neue Kompetenzen anzueignen. Erforderlich ist die Fähigkeit, die eigenen Kompetenzen permanent auf ihre Angemessenheit zu hinterfragen und in einem ständigen Prozeß zu verändern. Die Organisationstheorie bezeichnet diese Art des Lernens als zweischlaufiges Lernen ("double-loop-learning", Argyris 1993) und ordnet ihm folgende Merkmale zu:

- Erkenntnis der Tatsache, daß das eigene Verhalten nicht "naturgegeben" ist, sondern daß ihm implizite spezifische Realitätskonstrukte zugrundeliegen;
- Hinterfragen und Relativieren dieser Konstrukte, indem auch andere Konstrukte als möglich und zulässig begriffen werden;
- nachhaltige Veränderung des eigenen Verhaltens durch die Möglichkeit, zwischen verschiedenen Wirklichkeitskonstrukten und ergo Verhaltensweisen zu wählen.

Der in den Unternehmen vorhandene und geförderte Diskurs zwischen verschiedenen Kulturen, zwischen männlichen und weiblichen Denk- und Handlungsmustern ist ein wunderbarer Nährboden für zweischlaufiges Lernen. Er erweitert das Verhaltensrepertoire der Unternehmung und befähigt sie zu sich selbst erneuerndem Lernen.

Die Diskussion um die Frauenförderung hat in den letzten Jahren an Intensität verloren. Sie hatte Hochkonjunktur in der Zeit, als der ausgetrocknete Arbeitsmarkt es dringlich erforderlich machte, nach neuen Arbeitskräfteressourcen zu suchen. Das quantitative Problem hat sich mit dem Einbruch der Wirtschaft entschärft, wahrscheinlich für lange Zeit.

Der qualitative Einbezug der Frauen jedoch kann nicht ad acta gelegt werden. Die von Männern hervorgebrachte Kultur des Zerlegens, der Abgrenzung muß ergänzt und korrigiert werden durch die weibliche Fähigkeit zur Verbundenheit. Zur Verbundenheit der Menschen untereinander, zur Verbundenheit von Arbeit und Leben, von Kopf und Körper, von Geist und Seele, zur Verbundenheit der Menschen mit Umwelt und Natur.

Unternehmen, die solche Verbundenheit suchen und fördern, werden fähig sein, den Bedürfnissen der Menschen zu entsprechen, auf lange Sicht sinnvoll zu arbeiten und produzieren. Zu suchen wäre also auch die Mutter der Dinge.

Literatur

Argyris, Chris (1993), *Defensive Routinen*. In: Fatzer, Gerhard (Hg.): Organisationsentwicklung für die Zukunft. Köln, S. 179-226

Beck-Gernsheim, Elisabeth (1981), *Der geschlechtsspezifische Arbeitsmarkt. Zur Ideologie und Realität von Frauenberufen*. Frankfurt/M.; New York

Binswanger, Hans Christoph (1994), *Der Gier des Geldes müssen Grenzen gesetzt werden*. In: Die Weltwoche Nr. 25/Juni 1994, S. 26

Gilligan, Carol (1984), *Die andere Stimme. Lebenskonflikte und Moral der Frau*. München

Jardim Anne/ Hennig, Margaret (1992), *Der neue Faktor auf den Chefetagen*. NZZ-Folio, März 1992, S. 16-20

Knobloch, Ulrike (1993), *Eine andere Wirtschaftsethik. Die Bedeutung der Frauenfrage für die Begründung einer grundlagenkritischen Wirtschaftsethik*. Institut für Wirtschaftsethik der Hochschule St. Gallen. Beiträge und Berichte Nr. 59/1993, S. 23 ff.

Lynch, Dudley/ Kordis, Paul (1992), *DelphinStrategien. Management-Strategien in chaotischen Systemen*. Fulda

Müller-Stewens, Günter (1994), Vortrag Tagung "*Feminine Leadership*", Forum Frau und Management an der Hochschule St. Gallen. Unveröffentlichtes Manuskript, Januar 1994

Martha P. Kaufmann

Leiterin Haushilfe wird Beruf - eine "typisch weibliche" Aufgabe entwickelt sich vom Ehrenamt zur professionellen Funktion

Ich möchte im folgenden ein größeres Organisationsentwicklungsprojekt aus meinem Praxisfeld beschreiben, in dem es um die Professionalisierung der Haushilfe als typischer Frauentätigkeit geht. Außerdem möchte ich zeigen, wie Frauen in diesem Projekt die Entwicklung der Organisation initiieren, mitgestalten und mittragen.

Das Projekt wurde durchgeführt mit einem kantonalen Teil der Schweizer Fachorganisation Pro Senectute, die speziell in der Altenarbeit tätig ist. Es verfolgte Ziele, die primär die Funktion der Leiterin Haushilfe betrafen. Das Profil und der Status der Leiterin Haushilfe in der Organisation veränderte sich im Laufe des Projektes wesentlich. Ich beschreibe die Differenzierungsarbeit in verschiedenen Projektgruppen, die dazu führte, daß die Organisation der Haushilfe als professionelle Dienstleistung einen völlig neuen Stellenwert erhielt.

1. Zur Entwicklung der Funktion "Leiterin Haushilfe/Hauspflege"

In der Schweiz bezeichnet der Begriff Spitex die ambulante Versorgung der Bevölkerung als spitalexterne Kranken- und Gesundheitspflege. Diese ist Aufgabe der Gemeinde. Die Schweiz zählt rund 3000 Gemeinden. Die Dienste für Hilfe und Pflege zu Hause haben zum großen Teil privatrechtliche, aber auch öffentlich-rechtliche Träger. 1992 boten in der Schweiz 931 private Organisationen ihre Dienste an. "Hilfe und Pflege zu Hause" umfaßt im engeren Sinne die Arbeitsgebiete Haushilfe, Hauspflege und Krankenpflege. Zum Teil werden diese Funktionen je von eigenständigen Trägern angeboten. So ist es möglich, daß für "Hilfe und Pflege zu Hause" auch in einer kleineren Gemeinde drei verschiedene Organisationen zuständig sind. Unter dem Druck des Schweizerischen Bundesamtes für Sozialversicherung, das ein Drittel der Personalkosten der privaten Anbieter subventioniert, hat in den letzten drei Jahren durch Fusion eine Reduktion der Spitex-Organisationen stattgefunden. Dadurch sind die einzelnen Spitex-Organisationen größer geworden. Zudem wächst bei diesen das Bewußtsein über die Notwendigkeit, die Arbeit mit den entsprechenden Partnerdiensten mehr zu koordinieren, um Kosteneffizienz, Transparenz ihrer Dienste und damit eine kostengünstigere und wirkungsvollere Arbeit zu gestalten. So finden sich die häuslichen und pflegerischen Dienste zunehmend unter einem Dach als sogenannte Spitex-Zentren (vergleichbar den deutschen Organisationen der Sozialstationen) zusammen und bieten damit der Bevölkerung *eine zentrale* Anlauf- und Triagestelle.

Die vermehrte Zusammenarbeit und Koordination der Spitex-Dienste (Krankenpflege, Hauspflege, Haushilfe, Mahlzeitendienst, Transportdienst usw.) rückt die Funktion der Leiterin Hauspflege/Haushilfe in eine *Schlüsselposition*: Koordinierte, integrierte und bedarfsorientiere Dienstleistungsangebote sind gefragt.

1.2 Zur Situation der Leiterin Haushilfe/Hauspflege

Um die heutige Situation der Leiterin Haushilfe/Hauspflege verstehen zu können, scheinen mir zwei Aspekte bemerkenswert zu sein: Sowohl bei den Klient/-innen, als auch teilweise bei den Leiterinnen selbst, in der Bevölkerung und beim Staat herrscht noch ein überwiegend "ehrenamtliches" Verständnis dieser Tätigkeit vor. Gleichzeitig werden an die Leiterin Haushilfe zunehmend Forderungen nach Professionalität gestellt. Ein professionelles Aufgabenprofil umfaßt die Kombination von Führungsaufgaben *und* Dienstleistungstätigkeit (z. B. Beratungs- und Vermittlungskompetenz gleichermaßen).

Noch vor fünf Jahren - zum Teil aber auch noch heute - kamen die Frauen quasi "nebenbei" zu solchen Leitungspositionen. Stellen als Leiterinnen Haushilfe/Hauspflege wurden ihnen als "Telefonjob" teilweise auch ehrenamtlich übertragen. "Es gibt eigentlich fast nichts zu tun, Sie müssen nur Ihre Telefonnummer zur Verfügung stellen", so kamen nicht selten sozial engagierte Hausfrauen in ihrer Gemeinde zu dieser Funktion. Hausfrauen und Mütter führen zwar tatsächlich das Unternehmen "Familie", haben daher möglicherweise gelernt, Abläufe zu organisieren und schöpferisch auf Veränderungen zu reagieren. Aber als Führungs- und Fachfrauen verstanden sich weder die Leiterinnen selbst noch betrachteten ihre Arbeitgeber diese Tätigkeit als berufliche Aufgabe. Die Frauen erkennen heute immer mehr, daß die Leitung der Haushilfe berufliches Wissen und Können voraussetzt. Sie fühlen sich in ihrer Aufgabe oft allein gelassen, überfordert und suchen Unterstützung.

Die neu eingeführte Kombination von Führungsaufgaben und Dienstleistungstätigkeiten, wie zum Beispiel Beratung in sozialen Notsituationen oder (Wissens-) Vermittlung bei der Gestaltung des Lebens in häuslichen Bezügen trotz erhöhten, zum Teil schweren körperlichen und/oder geistig-seelischen Beeinträchtigungen, führt in der Praxis dazu, daß als Leiterinnen solche Fachfrauen aus den Sozial- oder Gesundheitsberufen am Werk sind, die auf Führungsaufgaben wenig vorbereitet wurden. Oder wir treffen auf Personen mit Führungserfahrung, die dann jedoch bei der konkreten Dienstleistung "Beratung" auf Wissen und Können zurückgreifen müssen, das sie in ihrem ursprünglichen Beruf erlernt haben, z.B. in der Verwaltung oder im Verkauf, also Kenntnisse, die für den Gesundheitsbereich nur wenig Relevanz haben. Die Einstellung der Leiterinnen Haushilfe wird meist von einem ehrenamtlichen Laiengremium vorgenommen, das bei der Personalrekrutierung je nach Selbstverständnis den Führungs - oder den Dienstleistungsaspekt der Leitungstätigkeit mehr gewichtet. Es besteht somit kein einheitliches Konzept der Personalauswahl in diesem Bereich.

Bei der Führungsaufgabe gilt es eine weitere Besonderheit zu beachten: Die "Spitex-Organisation" ist ein Unternehmen, in dem die eigentliche Dienstleistung außerhalb der Organisation erbracht wird. Denn Haushelferinnen, Hauspflegerinnen und Krankenschwestern arbeiten tagtäglich in der Wohnung der Klient/-innen und haben zum Teil mehrere Tage keinen Kontakt mit ihren Kolleginnen. Diese Tatsache stellt besondere Anforderungen an die Aufgaben der Leiterinnen: In Bezug auf die Entwicklung und Steuerung der Dienstleistungen, für die Arbeits- und Qualitätskontrolle, für die individuelle Förderung und Entwicklung der Mitarbeiterinnen, für die Entwicklung einer Organisationskultur, für eine gemeinsame Ausrichtung hin auf die Organisationsziele, die sie unter solchen Arbeitsbedingungen kaum erfüllen können.

Die knapper werdenden Finanzen und eine steigende Nachfrage fordern die "Hilfe und Pflege zu Hause" heraus. Dienstleistungen werden gefordert, die wirtschaftlichen und unternehmerischen Kriterien genügen sollen und die sich vor allem durch Emphatie und Menschlichkeit auszeichnen müssen.

2. Das Organisationsentwicklungsprojekt

Das OE-Projekt zur Professionalisierung und Profilierung der Leiterin Haushilfe wurde von Pro Senectute im Kanton St.Gallen initiiert.

2.1. Überblick der Pro Senectute Kanton St. Gallen

Der Kanton St.Gallen umfaßt 90 Gemeinden mit 414 718 Einwohnerinnen. 1980 waren 13,7 Prozent der Bewohner und Bewohnerinnen 65-jährig und älter. Pro Senectute bietet auf dem Markt folgende Dienstleistungen an: Sozialberatung für Senioren und Seniorinnen; Haushilfe sowie Interessengruppen und Kurse für Seniorinnen und Senioren. Von über 150 Vollzeitstellen entfallen 50 Einheiten auf festangestellte, professionelle Mitarbeiterinnen, die in den zehn Regionalstellen und der Geschäftsstelle selbst tätig sind. Die übrigen 100 Stelleneinheiten (eine Stelleneinheit entspricht hundert Prozent Arbeitspensum) teilen sich auf in 150 ehrenamtliche Mitarbeiterinnen und 1300 Haushelferinnen.

Haushelferinnen sind Frauen, die Hilfe und Pflege bei der Klientin zu Hause erbringen. Es sind meistens Personen ohne entsprechende Ausbildung im Gesundheits- und Sozialwesen, die als Laien bezeichnet werden. Im Gegensatz dazu bezeichnen die zwei anderen Spitex-Funktionen "Hauspflege" und "Krankenpflege" Personen, die über eine entsprechende Berufsausbildung in der Krankenpflege oder häuslichen Pflege verfügen.

Die verschiedenen Mitarbeiterinnen und Mitarbeiter sind organisationsintern acht Regionalstellen zugeordnet, die zum Teil eine große fachliche und/oder organisatorische Autonomie haben. Eine kantonale Geschäftsstelle erbringt zentrale Dienstleistungen für die Regionalstellen. Der Geschäftsleiter ist den Regionalstellenleitern direkt vorgesetzt. Der Regionalstellenleiter ist der Vorgesetzte der Leiterinnen Haushilfe. Die 16 Leiterinnen

Haushilfe (ca. zehn Stelleneinheiten) führen die Haushilfedienste mit unterschiedlicher Größe, je nach Region. Bei einem Arbeitspensum von 100 Prozent leiten sie 70 bis 100 Haushelferinnen (auf 10 bis 20 Stelleneinheiten), die pro Monat in 200 bis 250 Haushalten im Einsatz sind. Im Kanton St.Gallen leisten die Haushelferinnen der Pro Senectute in den Wohnungen von Seniorinnen und Senioren pro Jahr rund 260 000 Arbeitsstunden. Von den 16 Leiterinnen Haushilfe sind neun Fachfrauen mit einer Berufsausbildung im Gesundheits- und Sozialwesen fest angestellt; die anderen sieben Mitarbeiterinnen werden auf Stundenlohnbasis für ihre Arbeit honoriert und haben den Status von ehrenamtlichen Mitarbeiterinnen.

2.2 Anlaß des OE-Projektes

Mit diesem Projekt wurde ein Bedürfnis besonders der Mitarbeiterinnen aufgenommen und umgesetzt: Der neue Geschäftsleiter der Pro Senectute wurde Ende 1991 von den Regionalstellenleiter/-innen und Fachmitarbeiter/-innen mehrmals mit dem dringenden Wunsch und Antrag konfroniert, dem Fachbereich Haushilfe vermehrte Unterstützung zukommen zu lassen. Die Fachstelle Haushilfe war seit Anfang April 1991 vakant. Mitarbeiter/-innen und Geschäftsleitung hatten sich entschieden, die Organisation der Fachstellen neu zu strukturieren und deshalb die Fachstelle vorerst nicht zu besetzen. Dafür wurde ich als externe Beraterin mit der Entwicklung der Haushilfe beauftragt.

2.3 Ziele des Projektes

Die anvisierten Ziele habe ich gemeinsam mit dem Geschäftsleiter Anfang 1992 wie folgt umschrieben:

- Der Geschäftsleiter und die Mitarbeiter/-innen klären, welche Unterstützung bei der fachlichen Entwicklung der Funktion Haushilfe und der Spitex-Arbeit in den Regionen für sie sinnvoll und nötig ist.
- Vorhandene Möglichkeiten und Ressourcen (Fähigkeiten, Fertigkeiten, Kompetenzen) der Pro Senectute-MitarbeiterInnen in verschiedenen Funktionen in Bezug auf die Haushilfe- und Spitexentwicklung werden erkannt und gefördert. Eine mögliche Aufgabenverteilung und gegenseitige Ergänzung wird geklärt.

- Die MitarbeiterInnen in den Regionen erhalten eine Ansprechpartnerin bei Fachfragen zu Spitex-Entwicklung und Haushilfe-Entwicklung.
- Diejenigen Mitarbeiter/-innen, die die Funktion "Leitung Haushilfe" als professionelle Arbeit ausführen, entwickeln ihr fachliches Handeln weiter und gestalten diesen "neuen Beruf" am eigenen Arbeitsplatz und für die ganze Organisation mit.
- Diejenigen Mitarbeiter/-innen, die die Funktion "Vermittlung Haushilfe" im traditionellen Sinne mit ehrenamtlichem Verständnis übernommen haben, werden in ihrer Tätigkeit individuell gefördert. Die Einbindung in die Organisation der Pro Senectute wird im Verlauf des Beratungsprozesses verbindlich geklärt.
- Der Status der Leiterin Haushilfe wird innerhalb der Organisation neu überdacht und neues Funktions- und Berufsbild wird eingeführt.
- In jeder Gemeinde des Kantons St. Gallen wird geklärt und vereinbart, wie die Arbeitsteilung der Spitex-Kerndienste (Haushilfe, Hauspflege, Krankenpflege) in der Praxis vollzogen wird und welche Trägerschaften dafür einstehen (Umsetzung des Leitbildes des Spitex-Konzeptes im Kanton St. Gallen). Neue notwendige Strukturen werden skizziert und realisiert.

2.4 Projekt-Organisation

Das Projekt wurde nach den Grundsätzen des gemeinsam erarbeiteten Verständnisses von Organisationsentwicklung durchgeführt. Das bedeutete insbesondere, daß ein Prozeß stattfinden sollte, an welchem alle betroffenen Mitarbeiter/-innen beteiligt waren: Entwicklung kann nicht delegiert werden, sondern nur innerhalb der Organisation stattfinden. Sie muß von allen Beteiligten getragen werden. Die personellen Ressourcen *innerhalb* der Pro Senectute Kanton St. Gallen sollten genutzt und gefördert werden.

Die Aufgaben wurden als Projekt organisiert. Die einzelnen Schritte wurden gemeinsam erarbeitet und festgelegt. Es erfolgten Zwischenevaluationen: Ergebnisse wurden zusammen mit den Beteiligten diskutiert und interpretiert. Notwendige Entscheidungen wurden gemäß der Kompetenzen innerhalb der Organisation gefällt.

Als Projektleiterin war ich dem Geschäftsleiter als Auftraggeber zugeordnet. Mein Auftrag als Projektleiterin bestand darin, zusammen mit den

Mitarbeiter/-innen der Pro Senectute Kanton St. Gallen die formulierten Ziele anzustreben, einen Prozeß in Gang zu setzen und zu begleiten sowie die dazu notwendigen Arbeitsschritte durchzuführen. Das Projekt wurde anfänglich auf ein Jahr begrenzt und später um zehn Monate verlängert. Es dauerte insgesamt 22 Monate von März 1992 bis Dezember 1993.

3. Prozeßphasen im Organisationsentwicklungsprojekt

1. Phase: Kontrakt/Auftrag (Dezember 1991 bis Februar 1992)

In dieser Phase wurde die Projektbeschreibung erarbeitet, die genannten Ziele formuliert, die Arbeitsorganisation und möglichen Interventionen mit dem Auftraggeber abgesprochen.

2. Phase: Analyse (März bis Mai 1992)

Hier ging es darum, daß ich die Beteiligten kennenlernte und Informationen zur Situation der Haushilfe-Dienste in den einzelnen Regionalstellen sammelte. Dies war möglich mit Hilfe von vorliegenden Grundsatzpapieren, internen Dokumenten und Leitbildern der Pro Senectute zu Haushilfe und zu Spitex-Fragen. Außerdem führte ich eigene Erhebungen und Befragungen durch. Ich besuchte die acht verschiedenen Regionalstellen, um herauszufinden:

- Wo befinden sich die Regionalstellen im Hinblick auf die zu erreichenden Ziele?
- Welche Ziele und Bedürfnisse haben die einzelnen Regionalstellen in Bezug auf die Haushilfe und das Projekt? Wer braucht von wem welche Unterstützung?

3. Phase: Diagnose (Mai/Juni 1992)

In dieser Phase ging es um die gemeinsame Interpretation von Daten, sowie der Entscheidunsfindung für erste Maßnahmen. Ein Diagnose-Meeting wurde durchgeführt. Es hatte folgende Ziele:

- Rückmeldung der Beteiligten zu meiner Diagnose
- Eine gemeinsame Sicht der Fragen, Feststellungen und Probleme zu erarbeiten
- Erste Vorgehensweisen und Interventionen zu diskutieren und wenn möglich zu entscheiden

Die von mir erstellte Diagnose deckte sich nicht mit den vom Auftraggeber anfänglich präsentierten Problemen und seiner anfänglichen Anfrage nach einer Experten-Beratung hinsichtlich der Lösung fachlicher Problemlagen. Vielmehr wurden bei der Sichtung der gesammelten Daten Führungsdefizite, Orientierungslosigkeit der Mitarbeiter und Mitarbeiterinnen aufgrund unklarer Entscheidungswege und fehlender Strukturen deutlich. Im ersten Diagnose-Meeting sollte es daher darum gehen, das Daten-Feedback und die erstellte Diagnose den Beteiligten mitzuteilen und daraufhin eine entsprechende Arbeitsvereinbarung zu treffen. Darüber hinaus mußte meine Rolle als Beraterin neu verhandelt werden.

Zu diesem Diagnose-Meeting, das im Rahmen einer der traditionellen Fachtagungen stattfand, wurden erstmals auch die Leiterinnen Haushilfe eingeladen. Alle anwesenden 21 Fachmitarbeiter/-innen (Leiterinnen Haushilfe, Sozialarbeiter/-innen und Regionalstellenleiter/-innen) nahmen zu jeder einzelnen dieser Fragen persönlich Stellung. Nach der gemeinsamen Interpretation der von mir vorgestellten Ergebnisse standen für die Mitarbeiter/-innen folgende zukünftig zu bearbeitende Themenschwerpunkte im Vordergrund:

Strukturen/Abläufe

- Aufgabenteilung und Zusammenarbeit zwischen der Geschäftsstelle und den Regionalstellen (Entscheidungswege und Kompetenzen)
- Trennung der professionellen und ehrenamtlichen Tätigkeiten für die fachliche Entwicklung der Leiterin Haushilfe (Professionalisierung)

Facharbeit Haushilfe

- Entwicklung im Gemeinwesen (z.B. Aufbau von Organisationen und Zusammenarbeit mit den Spitex-Partnern)
- Organisations- und Führungsfragen (z.B. Entwicklung des eigenen Dienstes, Leiterin Haushilfe als Arbeitgeberin von Teilzeitmitarbeiterinnen, Aufgabenverteilung)
- Fachfragen im Dienstleistungsprozeß der Haushilfe (Bedarfsklärung bis Auswertung)
- Bedürfnis nach mehr Austausch von Fachwissen und Erfahrungen untereinander
- Klärung der Verbindlichkeit bezüglich der bereits vorhandenen Grundlagenpapiere

Nach dieser gemeinsamen Sichtung beschlossen wir erste Maßnahmen, die im einzelnen in den nächsten Phasen beschrieben sind.

4. Phase: Erste Interventionen (Juli/August 1992)

Als erste Intervention fand ein zweitägiges Seminar statt, an dem alle neun professionellen Leiterinnen Haushilfe, ihre vorgesetzten Stellenleiter (7 Mitarbeiter) sowie der Geschäftsleiter teilnahmen. Die Prozeß-Ziele in diesem Seminar lauteten:

- Die Leiterinnen Haushilfe haben erstmals eine Plattform, um ihr Arbeitsverständnis darzulegen
- Die gemeinsame Zielrichtung in Bezug auf die Haushilfe-Entwicklung wird gefördert
- Ein Aktionsplan für weitere Schritte in der Haushilfe-Entwicklung wird erstellt

Die zwei Seminartage verliefen aus zweierlei Sicht erfolgreich für alle Beteiligten: Erstens wurde eine fruchtbare Diskussion zum Dienstleistungsprozeß in der Haushilfe geführt. Das gemeinsame fachliche Verständnis wurde gefördert. Zweitens entstanden vier Projektgruppen, an welchen sich alle Leiterinnen Haushilfe sowie die meisten Regionalstellenleiter beteiligten. Zudem entstand eine Interessensgruppe für die Leiterinnen Haushilfe, die sich regelmäßig zum Erfahrungsaustausch treffen wollten.

5. Phase: Projektmanagement und verschiedene Experteninterventionen (September 1992 bis Dezember 1993)

Aus sieben Regionalstellen hatten sich fünf Regionalstellenleiter und sieben Leiterinnen Haushilfe an der Arbeit in den vier Projektgruppen beteiligt. Dadurch wurde die Entwicklung auf breiter Basis abgestützt und mitvollzogen. Von September 1992 bis Dezember 1993 fanden in den Projektgruppen insgesamt 48 Arbeitssitzungen statt. Hier die wichtigsten Ergebnisse aus den einzelnen Projektgruppen:

Projektgruppe "Verträge für Haushelferinnen"

Von den erarbeiteten Ergebnissen hier nur einige: Zum einen wurden neue Arbeitsverträge für Haushelferinnen erarbeitet, welche die Rechte und Pflichten sowie die erforderlichen Kompetenzen ausführlich beschreiben. Die Pro Senectute professionalisiert den Bereich der Personalpolitik, in dem sie zweierlei Arbeitsverträge für Haushelferinnen einführt: Zum einen wird der Vertrag Haushilfe für Erwerbsarbeit, zum anderen Haushilfe im Sozialzeitvertrag beschlossen. Beide Verträge sind rechtlich korrekte Arbeitsverträge, die sich nach den Bedürfnissen der Mitarbeiterinnen richten in Bezug auf die Verpflichtung und die Sicherheit, was den Beschäftigungsgrad betrifft. Die Unterscheidung zwischen diesen beiden Arbeitsverträgen basiert auf der Entscheidung von Mitarbeiterinnen, entweder eine vereinbarte Teilzeitbeschäftigung anzunehmen, für die jeweils die entsprechende Bezahlung garantiert wird, oder das Arbeitspensum flexibler zu gestalten, was die Möglichkeit der Ablehnung bestimmter Arbeitsaufträge beinhaltet. Diese Regelung hat zur Folge, daß die Mitarbeiterinnen auf eine garantierte Stundenzahl verzichten, sofern sie sich für diesen Arbeitsvertrag entscheiden.

Darüber hinaus wurde ein neues Budget für den Haushilfe-Lohn eingeführt, das mehr Kostentransparenz darstellt und die Finanzpolitik der Pro

Senectute beeinflußt. Zum ersten Mal wurde überhaupt nachweislich gezeigt, daß der Bereich der Haushilfe seit Jahren effizienter wirtschaftet, als dies ursprünglich angenommen wurde: Der Dienstleistungszweig der Haushilfe trägt finanziell die anderen Dienstleistungen der Pro Senectute und ist deshalb für die Existenz der Gesamtorganisation der Pro Senectute von großer Bedeutung.

Projektgruppe "Kerndienste"

Hier wurde ein Grundlagenpapier "Pro Senectute und Spitex-Kerndienste, Impulse für die Praxis" erarbeitet, und in den entscheidenden Gremien sowie mit den Mitarbeiterinnen diskutiert. Dieses Papier trägt zur Klärung der Stellung von Pro Senectute Kanton St. Gallen im Spitex-Umfeld bei. Es zeigt neue Strategien auf und unterstützt die Mitarbeiter/-innen bei fachlich überlegtem Handeln in der Zusammenarbeit mit anderen Organisationen. Das Grundlagenpapier wurde auf einer Pressekonferenz vorgestellt und auch in der Öffentlichkeit verbreitet.

Projektgruppe "Stellenbild Leiterin Haushilfe"

Die Personalpolitik in Bezug auf die Professionalisierung der Vermittlungsfunktion der Leiterin Haushilfe wurde geklärt. Der Begriff "Leiterin Haushilfe" steht neu für die professionelle Vermittlerin; es wurde ein Stellenbild (Stellenbeschreibung) mit Zielen und Aufgaben für die Leiterin Haushilfe erarbeitet sowie ihr Status verändert. Zukünftig wird sie innerhalb der Organisation als Fachmitarbeiterin anerkannt.

Projektgruppe "Schulung der Leiterin Haushilfe"

Hier wurde von den Leiterinnen Haushilfe eine Qualifizierung in Gesprächsführung mit Gruppen gefordert. Mit dem Kurskonzept "Gesprächsgruppen aufbauen und leiten" wurde diesem Bedürfnis der Leiterinnen Haushilfe Rechnung getragen. Der Kurs war methodisch an der Themenzentrierten Interaktion (TZI) nach Ruth Cohn orientiert. 15 Leiterinnen Haushilfe und zahlreiche sog. Vermittlerinnen nahmen daran teil. (Vermittlerinnen sind Frauen, die auf Stundenlohn-Basis Teilaufgaben der Leiterin Haushilfe mit einem eher ehrenamtlichen, nicht professionellen beruflichen Verständnis wahrnehmen).

Im November startete die erste Gesprächsgruppe mit zwölf Sitzungen, die bis Ende 1994 dauerten. Eine TZI-Trainerin begleitete in diesem Kurs die Teilnehmerinnen beim Aufbauen und Leiten von Gesprächsgruppen. Darüber hinaus wurde an einem Schulungskonzept für die Leiterin Haushilfe gearbeitet, in dem über die Dauer von drei Jahren zusätzliche Kompetenzen für die Funktionsstelle Leiterin definiert wurden. Diese umfassen im wesentlichen: Instrumentarien und deren Anwendung zur Bedarfsklärung der Klienten, Führungskompetenzen, Beratungskompetenzen, Organisationsabläufe, EDV-Schulung, Gerontologische Kenntnisse.

Evaluative Aspekte aus den Projektgruppen

In allen Projektgruppen haben Lernprozesse stattgefunden, die die Teilnehmer/-innen so beschrieben:

- Ich fühle mich sicherer und habe Rückhalt für die Praxis
- Verständnis für prozeßhaftes Arbeiten mit Organisationen bekommen
- Die Struktur in der Pro Senectute wurde immer klarer
- Wir wissen jetzt, wie Entscheidungen in der Hierarchie verknüpft werden können (Entscheidungswege sind transparent)
- Wir haben Solidarität entwickelt
- Die Leiterin Haushilfe wird jetzt auch von Kollegen und Kolleginnen anderer Organisationen wahrgenommen (Gemeindeschwestern, Sozialarbeiter/-innen)
- In der kleinen Arbeitsgruppe habe ich gelernt, was in der grossen Pro Senectute-Gruppe zum Tragen kommen kann

Weitere Interventionen

Ich führte regelmäßige Gespräche mit dem Geschäftsleiter. Dabei standen der Austausch und die Verarbeitung von Informationen in diesem OE-Prozeß, der sowohl in Teilsystemen wie auch in der Gesamtorganisation stattfand, im Vordergrund. Diesen Entwicklungsprozeß haben wir in diesen Gesprächen gemeinsam geplant und/oder nachvollzogen. Meine Interventionen beim Geschäftsleiter sollten in folgende Richtung weiterführen:

- Klären und Entwickeln von Strukturen, Abläufen, Entscheidungswegen
- Verstehen und Neuorganisation von Verwaltungsabläufen
- Erkennen und Verstehen von Haushilfe- und Spitex-Zusammenhängen

6. Phase: Evaluation und Implementierung (März bis Dezember 1993)

Ab März ging es um die Fragen: Wie kann das Erarbeitete implementiert werden? Wie kann die weitere Entwicklung auch nach Projektende unterstützt werden? Der Geschäftsleiter, zwei Leiterinnen Haushilfe, vier Regionalstellenleiter und die Projektleiterin führten zuerst eine Evaluation des gesamten Projektes durch: Was hat sich im Laufe dieses Projektes verändert? Wie wird dies beurteilt? Was soll davon beibehalten und weitergeführt werden? Mit welchen Maßnahmen kann das Beibehalten und Weiterführen gewährleistet werden?

Die sorgfältige Auswertung auf der Grundlage der sieben Projektziele zeigte, daß wichtige Veränderungen stattgefunden hatten und Neues erarbeitet wurde. Für die Implementierung und Weiterführung dieser Entwicklung in den Regionalstellen braucht es jedoch noch Zeit. Der Antrag dieser Arbeitsgruppe an die Regionalstellenleiter-Konferenz lautete darum:

"*Das Projekt Entwicklung Haushilfe wird Ende 1993 abgeschlossen, die Weiterentwicklung des Fachbereiches Haushilfe jedoch wird (und soll) nie abgeschlossen sein.*" Dieser Grundsatz zeigt eine Pro Senectute-Kultur des "In-Fluß-Seins" und der "organischen Entwicklung". Durch diese Erkenntnis entwickelte sich ein neues Gremium "Koordination und Planung Fachbereich Haushilfe" (KOPF Haushilfe). Mitglieder in diesem Gremium sind vier Mitarbeiter/-innen (drei Leiterinnen Haushilfe, ein Regionalstellenleiter) mit Fachkompetenz und Berufserfahrung in der Haushilfe, sowie der

Fähigkeit zu koordinieren und die Mitbeteiligung in der Pro Senectute zu fördern. Diese vier Mitarbeiter/-innen erweitern ihr Arbeitspensum zusammen um 40 %, um die neuen Planungs-, Koordinations-, und Fachaufgaben zu übernehmen. Die Erfahrungen mit dem neuen Gremium KOPF Haushilfe sollen nach zwei Jahren, also Ende 1995 ausgewertet werden.

7. Phase: Abschluß (November/Dezember 1993)

Das Projekt Entwicklung Haushilfe wurde auf der Fachmitarbeiterinnentagung im November 1993 und mit allen Arbeitsgruppen abgeschlossen und gefeiert. Dadurch wurde es möglich, sich über das Gelungene zu freuen, über die Erfahrungen nachzudenken und diese in die Zukunft mitzunehmen.

4. Schlußbetrachtung: Wie kam es zur Professionalisierung der Leiterin Haushilfe durch dieses Entwicklungsprojekt?

Wenn man wahrgenommen werden will, muß man sich zeigen. Wenn man als Fachfrau wahrgenommen werden will, muß man sich in dieser Rolle Ausdruck geben. In diesem Projekt ging es nur zu einem kleinen Teil um die Erweiterung der Fachkompetenz. Im Vordergrund stand vielmehr :

Die *Differenzierung* des Dienstleistungsbereiches Haushilfe: Alle Projektgruppen arbeiteten an diesem Thema mit je unterschiedlichem Blickwinkel, fachliches Verständnis wurde beschrieben (Arbeitsverträge, Stellenbilder, Dienstleistungsprozeß, Kostenrechnung, Standpunkte in der Zusammenarbeit mit anderen). Dadurch gelang der Haushilfe *eine professionalisierte Selbstdarstellung*, die dazu führte, daß dieser Dienstleistungsbereich in seiner Besonderheit wahrgenommen wurde und im Rahmen der Gesamtorganisation ein klares Profil bekam. Profil bedeutet hier auch Kontaktfläche, Berührungpunkte, Möglichkeiten, sich damit auseinanderzusetzen. Durch diese *Kontaktaufnahme* wurde die Leiterin Haushilfe zur Partnerin, ihr *Status* bei den Sozialarbeiterkollegen, bei den Regionalstellenleitern, beim Geschäftsleiter wurde höher geschätzt.

Abschließend möchte ich stichwortartig die wichtigsten Erfahrungen und Ergebnisse aus dem Projekt zusammenfassen:

Differenzierung

Durch die detaillierte Beschreibung verschiedener Arbeitsbereiche der Haushilfe (Grundlagenpapiere) konnte Komplexität aufgebaut werden, was gleichbedeutend mit Aufschlüsselung und Aufwertung der vielfältigen Aufgaben dieser Dienstleistung ist. Vor dem Beratungsprojekt erfuhren die Tätigkeiten dieses Arbeitsfeldes sowohl von den Mitarbeiterinnen selbst wie auch von anderen Organisationsmitgliedern eine Reduktion und Banalisierung, die eine Wertschätzung dieser Arbeit nicht ermöglichte. Dies hatte u.a. zur Folge, daß allen Beteiligten bewußt wurde, daß es für die Funktion der Leiterin Haushilfe bedeutende *fachliche* Qualifikationen braucht. Man stellte fest, daß es Mitarbeiterinnen gab, die diesen hohen fachlichen Anforderungen genügten (Leiterinnen Haushilfe) und andere (Vermittlerinnen), die noch eine andere Ausrichtung und ein anderes Verständnis ihrer Arbeit hatten. Im Verlauf des Projektes differenzierten sich zwei Gruppen heraus: De größere der Gruppen hat sich bereits eine fachliche Qualifizierung angeeignet und ist weiterhin bereit, ihre Professionalisierung zu vervollständigen. Eine zweite, kleinere Gruppe hält demgegenüber an einem traditionell ehrenamtlichen Verständnis der Arbeit fest. Diese Trennung war für die Professionalisierung wesentlich.

Selbstdarstellung

Die Leiterinnen Haushilfe bekamen die Möglichkeit, die Haushilfe und ihr fachliches Verständnis an der Fachmitarbeiterinnentagung darzustellen. Sie haben mehrere Tagungen selber gestaltet und moderiert. Gleichzeitig wurde damit ermöglicht, daß alle Mitarbeiter/innen der Organisation auf allen Hierarchieebenen am Lernprozeß teilnehmen konnten.

Profil

Die Haushilfe als Dienstleistungszweig wurde von der Pro Senectute als überlebenswichtiger, wertschöpfender Organisationszweig erkannt. Durch die organisationsinterne Abgrenzung (z.B. in der Kostenrechnung) wurde ein eigenes Profil erst möglich. So konnte auch erkannt werden, daß die

Haushilfe als einziger Dienstleistungszweig die Kosten der anderen Organisationsteile mitfinanziert.

Berührungspunkte, Kontaktmöglichkeit

Die Leiterin Haushilfe kann nun in ihrer neuen professionellen Funktion kollegialen Kontakt zu den verschiedenen Kolleg/-innen aufnehmen. Wie in jedem Selbstwerdungsprozeß mußten und müssen die entsprechenden Konflikte ausgetragen werden. So entstand Verunsicherung auf der Seite der Sozialarbeiterkollegen und Regionalstellenleiter. Die bisher in der Rolle der unterstützenden "Eltern" agierenden Kollegen und Mitarbeiter wurden nun überflüssig und hatten noch keine neue Rolle gefunden. Die Leiterin Haushilfe forderten nun partnerschaftliche Zusammenarbeit ein: "Wie können wir echten fachlichen Austausch regeln?"

Die Leiterin Haushilfe wurde von der Betroffenen zur Beteiligten und zur Mitgestaltenden

Das neue Gremium "Koordination und Planung Fachbereich Haushilfe" (KOPF Haushilfe) ist weniger eine Struktur, als vielmehr eine "Veranstaltung", um das Wissen und Können in der Organisation möglichst allen Mitarbeitern und Mitarbeiterinnen zugänglich zu machen. Hier zeigen Frauen, daß sie Macht wollen, um ihre Probleme zu lösen. Sie arbeiten daran, daß sie mit ihren Kolleginnen und Kollegen Antworten auf brennende Fragen finden. KOPF Haushilfe ist auch Ausdruck davon, daß Frauen Macht teilen können und wollen: Drei Frauen und ein Mann arbeiten zusammen. Geben und Nehmen ist bewußt geregelt. Den Mitgliedern wurde nicht einfach mehr Arbeit zum gleichen Lohn zugemutet, alle Leiterinnen Haushilfe in diesem Gremium haben ihr Arbeitspensum erhöht und erhalten hierfür eine entsprechend höhere Bezahlung.

In diesem Projekt entwickelten sich die anfangs eher sprachlosen, abhängigen und ohnmächtigen Leiterinnen Haushilfe zu anerkannten Fachmitarbeiterinnen, die eigenverantwortlich handeln und die Entwicklung in der Organisation aktiv mitgestalten und mittragen.

Susanne J. Petersen

Beratungsseminare: Entwicklung neuer Lernkultur in Organisationen

"Es ist nicht gesagt, daß es besser wird,
wenn es anders wird.
Wenn es aber besser werden soll,
muß es zunächst erst einmal anders werden."
Georg Christoph Lichtenberg

Seit einigen Jahren stehen betriebliche Weiterbildungskonzepte im Kreuzfeuer der Kritik (Trebesch 1993). Diese zielt grundsätzlich auf zwei Aspekte: Erstens wird das Verfehlen des bildungspolitischen Anspruchs dieser Weiterbildungskonzepte bemängelt. Zweitens werden nach wie vor Nutzen sowie Lern- und Anwendungstransfer der angebotenen Weiterbildungsinhalte in Frage gestellt. Beide Kritikpunkte sind Anlaß der gegenwärtigen Diskussion hinsichtlich eines verstärkten Bildungscontrollings, das nicht nur die Steuerung und Auswertung von Bildungsmaßnahmen ins Auge faßt. Vielmehr geht es auch um die Neugestaltung der Lernfelder in Weiterbildung, Personalentwicklung und Organisationsentwicklung.

Mein Beitrag geht auf diese Diskussion ein, indem ich das gängige Spektrum des Lernens in Organisationen darstelle und einen Ansatz zur Gestaltung neuer Lernkultur skizziere. Ich zeige bisher nicht genutzte Potentiale hinsichtlich geplanter und organisationsrelevanter Lernprozesse auf.

Meine berufliche Herkunft ist ursprünglich in einer Unternehmensberatung angesiedelt, in der ich vielfältige Erfahrungen über organisationale Zusammenhänge gesammelt habe. Durch die anschließende freiberufliche Arbeit als externe Trainerin habe ich die Erkenntnis gewonnen, daß Bildungsarbeit im herkömmlichen Sinne den vernetzten und komplexen Bezügen von Organisationen nur bedingt hilfreich ist. In meiner heutigen Tätigkeit als Organisationsberaterin sind die Probleme, die durch die zunehmende Komplexität der Organisationszusammenhänge geschaffen werden, mein zentrales Aufgabenfeld.

Deshalb werde ich zunächst die unterschiedlichen Weiterbildungsangebote typisierend beschreiben und die Leistungen traditioneller Weiterbildung skizzieren. Anschließend werde ich die in Deutschland seit den siebziger Jahren als Begriff eingeführte und mittlerweile institutionalisierte Personalentwicklung (PE) in Organisationen auf zwei Ebenen aufzeigen: Auf der einen Ebene stelle ich die Funktionen der Personalentwicklung als einer etablierten personalwirtschaftlichen Teildisziplin der Organisationsführung mit den ihr zugrundeliegenden betriebswirtschaftlichen Interessen und Intentionen dar. Auf der zweiten Ebene betrachte ich die Personalentwicklung als ergänzendes Feld der Organisationsentwicklung (OE) mit ihrem humanistischen Anspruch, die individuelle und kollektive Lern- und Veränderungsprozesse innerhalb von Organisationen in den Vordergrund stellt.

Aus meiner Erfahrung in der Seminar- und Beratungstätigkeit, aber auch aus der kritischen Auseinandersetzung mit den Lernfeldern der Weiterbildung und Personalentwicklung ergeben sich neue Anforderungen an die Lernkultur von Organisationen. Deshalb stelle ich ein Arbeitssetting vor, das eine Schnittstelle von Personalentwicklung und Organisationsentwicklung bildet: die Beratungsseminare. Gestaltung und Konzeption der Beratungsseminare gehen über die Grenzen der gängigen betrieblichen Weiterbildung hinaus, indem sie auf den Arbeitszusammenhang der Teilnehmenden verstärkt Bezug nehmen und die Kultur des Lernens auf kollektiver Ebene fördern. Beratungsseminare biete ich überwiegend in Organisationen an, die gezielte Weiterbildungsveranstaltungen für Frauen entwickelt und in das bestehende Programm zur Qualifizierung ihrer Mitarbeiterinnen aufgenommen haben.

Konzeptionelle Muster der Weiterbildungsmaßnahmen

Der Defizit-Ansatz

Die meisten Angebote und Inhalte traditioneller betrieblicher Weiterbildung folgen dem "Konzept des Defizitären." Ein Beispiel: Während der Trainings oder Seminare, die ich in unterschiedlichen Organisationen durchführe, kann ich beobachten, wie die Teilnehmerinnen den Defizitansatz offensichtlich internalisiert haben. So formulieren Frauen häufiger als ihre männlichen

Kollegen ihre tatsächlichen oder vermeintlichen Unzulänglichkeiten. Sie sprechen offen an, was ihnen Unbehagen, Angst oder Unsicherheit im Arbeitsleben bereitet; weniger häufig dagegen stellen sie ihre Kompetenzen oder ihr erworbenes Wissen dar. Frauen fordern auch seltener eine Vertiefung oder den Ausbau vorhandener Fähigkeiten ein. Das Interesse von Frauen in diesen Seminaren richtet sich weitgehend auf Instruktion oder Anweisung; der Tausch von "Tips und Tricks" steht hoch im Kurs. Das strukturell vorhandene Problemlösungsverhalten innerhalb der Organisationen findet seine Spiegelung im Verhalten der Teilnehmerinnen in Seminaren wieder: "Wir haben das Problem nicht verstanden, aber wir brauchen eine schnelle Lösung."

Bei diesem Defizit-Ansatz werden offensichtlich gewordene Unzulänglichkeiten einer Organisation zum Anlaß genommen und als Grundlage von Weiterbildungsinhalten definiert. Das Motto lautet dann: Alle Probleme sind lösbar, wenn die erkannten "Defizitlöcher" gestopft sind. Das Defizitäre wird personalisiert und als Grundannahme definierter Mitarbeiter/-innen-Inkompetenz imaginiert. Eine so organisierte Weiterbildung hinterfragt kaum die Zusammenhänge eines auftretenden Problems und differenziert zu wenig ihre theoretischen und methodischen Ansätze. Ein solches Weiterbildungsrepertoire trägt häufig das Prädikat der Effizienzsteigerung, Erfolgsgarantie oder Problemlösung. Durch die Bezeichnung "Training" bzw. "Technik" wird darüber hinaus eine schnelle, umkompliziert-rezeptuale Vermittlung und Anwendung ausgeschriebener Weiterbildungsinhalte suggeriert. Auf diese Weise werden kollektive Inkompetenzphantasien genährt, die den defizitären Ansatz folgerichtig rechtfertigen.

Der Defizitansatz blendet quasi naturgemäß bislang gemachte Erfahrungen und erprobte Vorgehensweisen aus und negiert vorhandenes Wissen von einzelnen, Gruppen oder das Organisationswissen. Darüber hinaus wird per Definition die Konzentration auf Schwäche, Unvermögen oder Fehler gelenkt und die Unfähigkeit, aus Fehlern zu lernen, gefestigt.

"Als Resultat sind fundamentale Regeln aufgebaut worden, die zum Ignorieren von Fehlern führen, diese Fehler nicht diskutierbar werden lassen sowie über die Nicht-Diskutierbarkeit nicht diskutiert wird. Des weiteren werden Inkonsistenzen bei Handlungen schlicht ignoriert." (Probst 1994:308)

Der Mode-Ansatz

Ein weiterer Ansatz der Weiterbildung läuft Gefahr, sich an Mode-Themen zu orientieren. Methoden, die dem Prinzip "Mehr des Gleichen" folgen, können Stilblüten treiben, wie es u.a. die folgenden Trainingsofferten eines Konzerns dokumentieren. Die dort beschäftigten Mitarbeiter/-innen können zwischen folgenden, hausintern angebotenen Veranstaltungen wählen, die jeweils zwanzig bis dreißig Stunden dauern: "Motivationstraining", "Erfolg aus eigener Kraft", "Selbstsicherheit und Kontaktsicherheit", "Selbstsicherheitstraining für Damen und Herren", "Der Umgang mit mir selbst und anderen".

Quantität muß nicht mit Qualität einhergehen. Je mehr Weiterbildung also angeboten wird, desto größer kann die Gefahr sein, nur Variationen des Immergleichen zu offerieren, und umso geringer die Chance, tatsächliche Veränderungspotentiale der Mitarbeiter/-innen festzustellen und Veränderungsprozesse zu fördern. Auf diese Weise findet auf breiter Bildungsplattform eine Wissensverarmung statt; obsolet gewordene Organisationsverhältnisse können eher zementiert als aufgebrochen werden. Die Kristallisierung sogenannter "defensiver Routinen" (Argyris 1993a) in den Organisationen verhindert das Entdecken und Reflektieren "eingeübter Inkompetenzen" (Argyris 1993b) oder kontraproduktiver Arbeits- und Entscheidungsabläufe.

Die inflationäre Verwendung bestimmter Begriffe wie "ganzheitlicher Ansatz" oder "Prozeßorientierung" sorgt darüber hinaus für babylonische Sprachverwirrung einerseits, für Mißverständnisse über Inhalte, Methoden und Ziele angebotener Trainings und Seminare andererseits. Zur Illustration des hier Beschriebenen ein weiteres Beispiel.

Es handelt sich um ein von einem Frauenprojekt angebotenes Seminar, das sich an Frauen aus technischen Berufen, bzw. speziell an Ingenieurinnen richtet. Auffällig ist hier die ungeheure Vielfalt der in Aussicht gestellten Lernziele, die innerhalb eines Tages erreicht werden sollen:

"Smart arbeiten - nicht hart arbeiten." - Lebens- und Erfolgsplanung, Zeitmanagement.

Sie möchten im Beruf weiterkommen, erfolgreich sein oder auch nur für den oft hohen eigenen Einsatz bewertet werden. Viele Barrieren scheinen Sie davon abzuhalten, diese Ziele zu erreichen. Dieses Seminar wird Ihnen helfen, Ihre Erfolgsbarrieren zu erkennen und konkret zu beschreiben. Danach werden Sie eine Strategie erarbeiten, die Ihnen erlaubt, diese Barrieren zu relativieren. Damit können Sie Ihr persönliches Potential erfolgreich einsetzen. Sie haben Gelegenheit, besonders wichtige Situationen vor der Videokamera zu trainieren und können so schon die Realität vorbereiten.

Dieses Seminar ist richtig für Sie, wenn Sie
- konkret im Beruf weiterkommen wollen (Beförderung, Neuorientierung, Firmenwechsel, Bewerbung,...)
- als Freiberuflerin oder selbständige Unternehmerin Umsatz und Erfolg nachhaltig steigern wollen
- trotz hohen Arbeitseinsatzes in der derzeitigen Position nicht entsprechend bewertet werden
- wegen des konstant hohen Arbeitspensums gesundheitlich und geistig in eine Problemzone geraten sind
- allgemein von Ihrer Umwelt (Familie, Partner) im Verwirklichen Ihrer eigenen Lebensvorstellung behindert werden.

Bitte beachten Sie: Dies ist kein simples Zeitmanagement-Seminar oder ein mechanistisches Effizienztraining. Dieses Seminar wird sich vielmehr ganzheitlich mit Ihrer Persönlichkeit auseinandersetzen und von diesem Ansatz her pragmatische und durchsetzungsfähige Lösungen erarbeiten.

Datum: Samstag, ... 1995, Uhrzeit: 9-18 Uhr, Kosten: DM 300,--/Anzahl der Teilnehmerinnen: 10-12"

Der Patchwork-Ansatz

Ein drittes Konzept betrieblicher Weiterbildung beschreibt den auf Organisationsstrategien basierenden Ansatz. Dieser Ansatz überträgt einen Teil der Themenschwerpunkte des strategischen Managements einer Organisation auf die Gestaltung und Inhalte der Weiterbildungsangebote. Das bedeutet, daß die Ziele des strategischen Managements, die der Existenz- und Zukunftssicherung der Organisation dienen, nur teilweise in die Inhaltsplanung der Weiterbildungsangebote Eingang finden. Die gegebene Situation der Organisation, also ihre Marktposition, Organisationsmethodik, Technologieorientierung, sowie ihre Dynamik werden zu wenig beachtet (Gomez/Zimmermann 1993). Dieser Konzeptvariante begegnet man häufig in Veränderungssituationen von Organisationen im Übergang vom Alten zum Neuen. Insbesondere diese Übergangsphasen erfordern aber die Berücksichtigung tradierter Werte und des vorhandenen Know-hows der gesamten Organisation. Der hier dargestellte Weiterbildungsansatz läßt jedoch die Komplexität der angestrebten Veränderungen unter kulturellen, strukturellen und strategischen Aspekten unberücksichtigt. Er vernachlässigt die Auseinandersetzung mit übergeordneten und strategischen Leitzielen und hinterfragt die Bedeutung von Veränderungen nicht. Somit werden künftige Strukturen nicht gesichert. Durch partielle oder temporäre "Flickarbeit" trägt dieses Weiterbildungskonzept zur Mehrung des Widerstandspotentials von Organisationsmitgliedern bei, da die organisationsrelevanten Zusammenhänge nicht hinreichend erklärt und daher nicht nachvollzogen werden können.

Solchen Trainings- und Seminarinhalten wird dann eine überdimensionierte Bedeutung hinsichtlich künftiger Veränderungen zugeschrieben. Sie äußert sich u.a. in Aussagen vieler teilnehmenden Frauen, wenn sie berichten, welche abteilungsinternen Reaktionen das Bekanntwerden ihrer Teilnahme am Seminar ausgelöst hat. Ein solcher Anspruch sowohl seitens der Vorgesetzten als auch vieler Kolleg/-inn/en manifestiert sich im sogenannten "unmöglichen Auftrag", der nach dem Beenden des Seminars ausgeführt werden soll. Dabei sollen die Teilnehmenden nach dem Seminarbesuch innerhalb ihrer Abteilung z.B. die Seminarinhalte vermitteln oder sogar umfassende Veränderungen abteilungsrelevanter Arbeitsprozesse initiieren. Dieser "unmögliche Auftrag" dokumentiert das Nebeneinander organisationaler Prozesse: Auf der einen Seite ein bißchen Veränderung, auf der anderen Seite ein bißchen Weiterbildung - ohne inhaltlichen und strategischen Bezug zueinander.

Die Schwerpunkte in Trainings dieses Ansatzes bilden u.a. Themen wie Kooperation, Team- oder Gruppenarbeit. Zur Verdeutlichung dieser Arbeitsweisen werden Übungen durchgeführt, bei deren Auswertungen dann sicherlich viele Teilnehmerinnen interessante Hinweise und Rückmeldungen über das eigene Verhalten und Agieren erhalten. Durch zusätzliche Theorie-Inputs, wie z.B. über die Methodik von Einigungsprozessen, kann das Gelernte untermauert werden. Solche Übungssituationen sind trotz situativer "Aha-Effekte" oft nur bedingt auf die Arbeitssituationen im Alltag der Teilnehmenden übertragbar. Hier wird kein Raum gelassen für Reflexion und Hinterfragen von Themen wie: "Wie organisieren wir uns?" - "Wie gestalten wir bestimmte Kundenkontakte?" - "Was verhindern wir erfolgreich?" Es drohen der Rückzug auf Routine sowie der Rückgriff auf Regelwerke zur problemlosen Organisation des Tagesgeschäftes.

Zwischenbilanz

Den hier skizzierten Ansätzen und Konzepten traditioneller Weiterbildung ist folgende Gefahr gemeinsam: Sie sind entweder häufig theoretisch überfrachtet und pflegen ein hohes Abstraktionsniveau oder aber sie fokussieren zu sehr die bloße Anwendung von Techniken. Dadurch erweisen sie sich als wenig anschlußfähig an die berufliche Realität der Teilnehmenden. Somit kann sich die Diskrepanz zwischen den Weiterbildungsinhalten und der Organisationsrealität verstärken. Die dargestellten Ansätze der Weiterbildung basieren vorwiegend auf monokausalen Erkärungsmustern von Organisationszusammenhängen, welche die Reaktivität als Verhaltensrepertoire nutzt. Unter dem Aspekt der Lernkultur sind diese Konzepte überwiegend auf der Stufe des individuellen Lernens und der Wissensaneignung angesiedelt, welche individualisierte Problembewältigungen forcieren. Wissen und Erfahrungen anderer werden hierbei zu wenig genutzt.

Trainings und Seminare dieser Ansätze werden i.d.R. ohne Beteiligung der Teilnehmenden und der Durchführenden geplant. Auf diese Weise sind die elementarsten Erkenntnisse der Lernforschung konzeptionell nicht berücksichtigt: So herrscht bis zum Beginn der Veranstaltung Unkenntnis über die Zusammensetzung der Lerngruppe, konkrete Lernziele und deren Bezug zur Arbeit, Absprachen über methodische Vorgehensweisen und Lerntransfer bleiben ausgespart.

Personalentwicklung als Dienerin zweier Herren?

Seit den siebziger und vorwiegend in den achtziger Jahren wurde die betriebliche Weiterbildung um die zentrale Aufgabe der Mitarbeiter/-innen-Qualifizierung, der Personalentwicklung (PE), angereichert. In der fortwährenden Diskussion über Felder, Inhalte und Intentionen der PE wurde bislang kein endgültiger Konsens gefunden. Dies liegt u.a. daran, daß es grundsätzlich zwei unterschiedliche Grundannahmen über die Bedeutung und Funktion der Personalentwicklung gibt. PE ist einerseits Teildisziplin des betriebswirtschaftlich orientierten Personalwesens und somit ein Instrument der Organisationsführung (Thom 1987). Andererseits ist die PE als wesentlicher Bestandteil der Organisationsentwicklung ein Instrumentarium zur spezifischen Entwicklung der Mitarbeiter und Mitarbeiterinnen.

PE als ein Instrument der Organisationsführung nutzt Informationen über Personen und Personengruppen innerhalb und außerhalb der Organisationseinheiten sowie der entsprechenden Bildungsmärkte. So werden beispielsweise Akquisition und Sicherung des Personalbestandes mit Hilfe dieser Daten gesteuert. Darüber hinaus wird die Kenntnis und Kopplung der Daten aus Personalinformationssystemen zu Potentialbeurteilungen und -bewertungen, Entwicklungsförderungen oder -absichten von Mitarbeiter/-inne/n verwendet. Die Organisation selbst nutzt diese Informationen: für Anforderungsprofile an bestehende oder geplante Organisationseinheiten, die Konzipierung von Stellenbesetzungsplänen oder sogenannten Laufbahnlinien, um nur einige zu nennen.

Der inhaltliche und strategische Bezugsrahmen und die enge Verknüpfung der PE mit Organisationsentwicklung (OE) wurden bereits Anfang der achtziger Jahre formuliert (Kitzmann/Zimmer 1982). Interessanterweise nehmen gegenwärtig nur wenige Publikationen diesen Zusammenhang thematisch auf (u.a. Neuberger 1994; Looss 1992; Sattelberger 1989a); die meisten Autoren beschränken sich auf eine bloße Zuordnung der PE zur OE. Daß diese Anbindung zweier voneinander nicht zu trennender Praxisfelder in ihrer Gesamtheit eher selten zum Weiterbildungsanlaß genommen wird, liegt gleichwohl darin begründet, daß die PE als Teildisziplin der Personalwirtschaft ihre Aufgaben und Ziele vorrangig betriebswirtschaftlich akzentuiert. Diese Anwendungspraxis, welche die Personaldaten ausschließlich für Belange der Organisation nutzt, ist auch starker Kritik seitens der Gewerkschaften ausgesetzt (Perner 1991).

Externe PE- und OE-Berater/-innen hingegen bevorzugen in ihren PE-Konzepten personenzentrierte Lern- und Entwicklungsarbeit. Damit vermeiden sie weitgehend die Berücksichtigung und Einbeziehung struktureller Bedingungen. Man könnte sogar so weit gehen, den Vorwurf zu formulieren, daß viele externe Personalentwickler/-innen die organisatonsinternen Regelungen als gegeben hinnehmen und somit die daraus resultierenden strukturellen Probleme der Mitarbeiter/-innen in ihren PE-Konzepten nicht berücksichtigen (Neuberger 1994).

Personalentwicklung als Basisarbeit für Veränderungsprozesse

PE und OE als Disziplin sind beide fortwährendem Wandel ausgesetzt. Dadurch werden auch neue Arbeitsfelder dieser Bereiche definiert: Wissenschaftliche Forschung und erfahrungsorientierte Dokumentation von Prozessen der Veränderung stellen vielfältige Ansätze zur Durchführung und Begleitung notwendiger Entwicklungen in Organisationen vor. Neben theoretischen Grundlagen zeigen sie Handlungskonzepte zur Bewältigung komplexer Zusammenhänge in Organisationen auf (Doppler/Lauterburg 1994; Glasl/Brugger 1994; Grossmann u.a. 1995). Sie beschäftigen sich mit auftretenden Ambivalenzen, welche zwischen Innovation und Bewahrung, Flexibilisierung und Statik, "planned change" und "unplanned chaos" pendeln und die in Veränderungssituationen ganze Organisationen erfassen. PE nimmt bewußt die durch Veränderungen ausgelösten Widerstände auf, die emotional bedeutsame Erfahrungen der Organisationsmitglieder aktualisieren oder auslösen. Diese können beispielsweise Ängste vor Machtverlust, vor zuviel oder zuwenig an Verantwortung oder vor dem Neuen, Unbekannten sein, die sich häufig im Machterhaltungsstreben dokumentieren. Nur durch entsprechende Bearbeitung der Widerstände können Barrieren gelöst und freigewordene Potentiale für Veränderungsprozesse genutzt werden. Eine der Hauptaufgabe der PE ist daher die kritische Betrachtung manifester oder latenter Strukturen und Rituale, welche bestimmte Funktionen, Berufsrollen und (Sprach-) Verhaltensweisen hervorbringen. Somit arbeitet die PE schon immer entlang der Muster und Strukturen von Kommunikation als der "Sprache der Autorität" (Bourdieux 1990).

Die lernende Organisation

Seit den neunziger Jahren wird in Deutschland zunehmend die Organisation selbst als spezifischer Lernort betrachtet. Zum ersten Mal werden unter Einbeziehung gegebener Organisationsstrukturen und ihrer jeweiligen Kultur organisationsrelevante Lernprozesse in einer Dimension gesehen, die den vernetzten Bezügen Rechnung trägt. Unter dem eingeführten Begriff der "lernenden Organisation" (Sackmann 1993; Sattelberger 1991b; Senge 1990) wird das Lernen nicht nur in der bisherigen Eindimensionalität der individuellen Wissensaneignung, sondern als kollektiver Lernprozeß innerhalb der Organisation auf den Stufen der einzelnen Personen, Gruppen, letztlich ganzer Organisationen verstanden. Die Einbeziehung der Arbeitsprozesse sowie Arbeitsbedingungen in die Lernfelder der Personal- und Organisationsentwicklung erweitert die Grenzen organisationsrelevanter Lernprozesse. Somit ist der Rahmen des Lernens um die Komponenten der Strategie, Kultur und Prozesse erweitert worden. Organisationsbezogene Lernprozesse orientieren sich an der gegebenen Organisationskultur bzw. Lernkultur und nehmen diese als Basis ihrer Qualifizierungs-, Personal- und

Organisationsentwicklungskonzepte an. Der Hauptaspekt der PE und OE fokussiert die Aktivierung und Nutzung des vorhandenen Wissens der Mitglieder einer Organisation hinsichtlich geplanter Veränderungen als zukunftssichernde Strategien.

Es bedarf keiner umfassenden Kenntnis von Organisationen, um zu verstehen, daß mit Organisationsentwicklung als Beratungsform häufig geliebäugelt wird, zumal die Begriffe Beratung und Organisationsentwicklung im Bildungsmarkt inflationär verwendet werden. Häufig jedoch revidiert eine anfragende Organisation den Beratungsauftrag wieder, wenn in Kontaktgesprächen die Rahmenbedingungen und Vorgehensweisen genauer besprochen werden. Solche Gespräche verdeutlichen, daß diese Beratungsform einen hohen Einsatz aller Beteiligten als Voraussetzung für eine erfolgreiche Zusammenarbeit erfordert, in der vorgefertigte Lösungen oder Rezepte nicht vorgesehen sind. Angesichts dessen formuliert dann die anfragende Organisation häufig wieder den Wunsch nach bekannten Formen der traditionellen Weiterbildung. Aus meiner Sicht ist die Zurücknahme einer Anfrage nach OE insofern nachvollziehbar, als ich zu Beginn einer möglichen Arbeitsvereinbarung nicht mit Sicherheit sagen kann, was von den dargestellten Problemen tatsächlich bearbeitet und an genannten Veränderungswünschen umgesetzt werden kann. Daher ist es verständlich, daß die Organisationsleitung und ihre Mitglieder mit diesem Wissen neu entscheiden, ob und zu welchem Zeitpunkt sie einen solchen Beratungsprozeß für sich in Anspruch nehmen wollen.

Aus meiner Sicht ist die Verlagerung der Qualifizierungsinhalte auf die Ebene des kollektiven Lernens ein weiterer, wichtiger Schritt, um über die individuellen Lernerfahrungen hinaus das Lernen in und von der Organisation zu fördern. Ein Arbeitssetting, welches diese Thematik aufnimmt, nenne ich Beratungsseminare.

Beratungsseminare

Beratungsseminare bilden eine Schnittstelle zwischen PE und OE, indem sie sowohl Themen als auch methodische Aspekte der Seminararbeit mit Beratungssequenzen verknüpfen. Aufgrund ihrer Methodenvielfalt bieten sie die Möglichkeit zur spezifischen Themeneingrenzung bei gleichzeitiger Vertiefung der Bearbeitung von als problematisch erlebten Arbeitssituationen. Diese Seminare orientieren sich primär an den Bedürfnissen der Teilnehmenden, die vorab erhoben und als Grundlage von Zielvereinbarungen des Beratungsseminares formuliert werden.

Aus meiner Sicht sind Beratungsseminare dann sinnvoll, wenn eine Organisation entweder noch keine Erfahrungen mit OE als Beratungsform hat oder aber diese zum gegenwärtigen Zeitpunkt als überfordernd eingeschätzt wird. Wenn Beratungsseminare als Arbeitsform von der anfragenden Organisation akzeptiert sind, folgt in mehreren Phasen die Erarbeitung einer gemeinsamen Problemdefinition, die für alle Beteiligten transparent und verstehbar ist.

In der ersten Phase der Beratungsseminare erörtere ich sowohl mit den Auftraggeber/-inne/n als auch mit den Teilnehmerinnen die institutionellen Rahmenbedingungen, zum Beispiel die gewachsene Struktur der Organisation mit ihren etablierten Leitungsstilen. Darüber hinaus müssen bestimmte Charakteristika der Organisation berücksichtigt werden, beispielsweise ihre Position im Markt oder die Positionierung ihrer Produkte.

Die Beratungsseminare verlagern die Lern- und Veränderungsprozesse von der individuellen auf die kollektive Ebene unter Einbeziehung des organisationalen Rahmens, also vorhandener Strukturen, Arbeitsprozeduren, Kulturmerkmale, formaler und informeller Kommunikations- und Entscheidungswege. Die Bedingungen der Tagesgeschäftspraxen können dann in Beziehung zu individuellen Handlungen gesetzt und auf ihre nützliche Anwendung hin überprüft werden.

Kontraktphase der Beratungsseminare

Die meisten Beratungsseminare führe ich in Organisationen durch, die in ihren Personalentwicklungskonzepten Frauen besonders fördern. Diese Organisationen sind primär im Nonprofit-Bereich angesiedelt: Es sind u.a. Ministerien, Hochschulen oder freie Wohlfahrtverbände. Der Anfrage zur Personalentwicklung geht meistens eine durch externe Unternehmensberatung initiierte Reorganisation voraus, die aufgrund struktureller Veränderungen einen Wechsel auf der Leitungsebene oder die Neubesetzung bestimmter Führungspositionen nach sich zieht. Auf diese Weise betraut man zunehmend mehr Frauen mit Leitungsaufgaben, auf die sie allerdings nicht vorbereitet sind. Um keinen falschen Eindruck zu vermitteln: Bei der Neubesetzung handelt es sich vorwiegend um Positionen des unteren und mittleren Managements. Der Bereich des Topmanagements weist auch im Nonprofit-Bereich nach wie vor eine eklatante Unterrepräsentanz von Frauen auf (vgl. Reinbold 1994).

Die meisten der an den Beratungsseminaren teilnehmenden Frauen sind in den klassischen "Sandwich-Positionen" angesiedelt. Es sind Führungskräfte auf der mittleren Managementebene der Abteilungs-, Referats- oder Projektleitung. Sie stehen meistens qua Position im hierarchischen Gefüge der Organisation unter hohem Leistungs-, Entscheidungs- und Handlungdruck und entwickeln eine Wissens- und Lernmotivation, die bisher offensichtlich nur unzureichend in den internen Weiterbildungen berücksichtigt wurde. Erfahrungsgemäß schenkt man in diesen Organisationen der gezielten Qualifizierung von Mitarbeiterinnen noch wenig Beachtung. Es scheint nach wie vor unüblich zu sein, in Personalförderungs- und -beurteilungsgeprächen die strategische Bedeutung geplanter Maßnahmen zur Personalentwicklung zu professionalisieren und zu institutionalisieren.

Jedem Beratungsseminar geht mindestens ein Erstkontaktgespräch voraus, an dem die Geschäftsleitung, wahlweise der Vorstand, Teilnehmerinnen und eine Beraterin bzw. ein Beraterinnen-Team teilnehmen. Im Erstkontaktgespräch werden Motivationen und Erfahrungen aus der bisherigen Seminar- oder Beratungsarbeit erfragt, aktueller Anlaß und gewünschte Ziele der Auftraggeberinnen und Teilnehmerinnen berücksichtigt. Im anschließenden Kontraktgespräch werden Arbeitsinhalte, Arbeitsmethodik sowie die Verantwortlichkeiten geklärt, Erfolgskriterien und Ziele erarbeitet. Weitere Absprachen des Kontraktgesprächs betreffen Ablauf und Vorgehensweise hinsichtlich der zu bearbeitenden und zu reflektierenden Inhalte. Auch die formalen Punkte, wie die zeitliche Planung des Beratungsseminares, geplante Arbeitsdauer sowie Honorarmodalitäten, gehören zu den Arbeitsvereinbarungen. Auf diese Weise wird die nötige Transparenz sowohl der auftraggebenden Organisation gegenüber wie auch gegenüber den Teilnehmerinnen gewahrt. Die im Kontraktgespräch konkretisierten Arbeitsinhalte und getroffenen Vereinbarungen liegen den Teilnehmerinnen als Arbeitsvereinbarung in schriftlicher Form vor Beginn des Beratungsseminares vor.

Inhalte der Beratungsseminare

Die Inhalte der Beratungsseminare fokussieren Themen des (Sozial-)Managements, wie Leitungskompetenz, Leitungsstile, Förderung und Entwicklung von Mitarbeiter/-inne/n, Projektmanagement und organisationsrelevante Arbeitsabläufe.

Der Schwerpunkt der Seminararbeit liegt in der Vertiefung von Managementmethoden und -modellen, um die eigene Leitungskompetenz der Frauen um diese Anteile anzureichern. Beratung in Form der Anleitung zur Reflexion professionellen Entscheidens und Handelns biete ich bevorzugt dann an, wenn das eigene Leitungshandeln der Beteiligten mit den strukturellen Erfordernissen der Organisation kollidiert oder die Leitungsrolle, zumindest zeitweilig, nicht ausgefüllt werden kann. Die Beratungssequenzen eignen sich besonders zur Betrachtung latenter oder aktueller Krisen, um diese reflektieren und Handlungsstrategien entwickeln zu können. Auch bei Konflikten im Umgang mit Vorgesetzen oder Mitarbeiter/-inne/n wird die Individualisierung auftretender Probleme vermieden und der Blick sukzessive auf die vorhandenen Strukturen und tradierten Muster innerhalb der Organisation gelenkt: Das jeweils individuelle Vorgehen oder Verhalten einzelner Personen wird im organisationalen Bezugsrahmen erweiternd reflektiert.

Die Beratungssequenzen folgen weitgehend der Methodik nicht-direktiver Beratungsform, wie sie beispielsweise in Team- oder Gruppensupervisionen Anwendung finden. Bevor eine solche Sequenz innerhalb des Beratungsseminares stattfindet, wird neben Thema und Fragestellung geklärt, welcher Schwerpunkt im Vordergrund der Beratung stehen soll: Falldarstellung, Selbstthematisierung oder Institutionsanalyse (Rappe-Giesecke 1990).

Die Falldarstellung und -bearbeitung reflektiert primär die Psychodynamik der Arbeitsbeziehung zwischen der Führungskraft und den Mitarbeiter/-inne/n oder Kunden mit gleichzeitig angestrebter Verbesserung professioneller Feldkompetenz. Die Selbstthematisierung dagegen fokussiert das Verstehen und die Verarbeitung des eigenen Erlebens im organisationalen Zusammenhang. Die Institutionsanalyse stellt die Rahmenbedingungen der Organisation, wie Struktur, Strategie und Kultur in den Vordergrund ihrer Arbeit. Themen und Problemsituationen der Teilnehmerinnen werden also nicht willkürlich gewählt, sondern stehen immer im direkten Zusammenhang mit den Inhaltsschwerpunkten des gesamten Beratungsseminares. Mit Hilfe dieses Arbeitssettings werden sowohl individuelle Dispositionen als auch organisationale Rahmenbedingungen hinterfragt. Die Gruppe der Teilnehmenden nutzt verstärkt das vorhandene Wissen über die bzw. der Organisation sowie die Kenntnisse der offenen wie verdeckten Praxen im Tagesgeschäft.

Beratungsseminare biete ich nicht anstelle von Supervision, sondern als eine Möglichkeit, supervisorische oder beraterische Arbeit im themenzentrierten Rahmen kennenzulernen. Je nach Erfahrung der Teilnehmerinnen können Setting und Methodik während eines Beratungsseminares um kollegiale Beratung erweitert werden. Das heißt, die Teilnehmerinnen nutzen die Ressourcen der Gruppenmitglieder, welche die individuell überlagerte Wahrnehmung einer Problemsituation mitaufdecken helfen. Zusätzlich bietet die kollegiale Beratung ein geeignetes Übungsfeld zur Vertiefung und Professionalisierung der eigenen Beratungskompetenz.

Beispiel eines Beratungsseminars

Im folgenden möchte ich exemplarisch ein Beratungsseminar vorstellen, das mit "Leitungskompetenzen und Leitungsaufgaben" betitelt ist. Aufgrund der Reorganisation ganzer Geschäftsbereiche werden diese neu gegliedert und die geschaffenen Führungspositionen weitgehend mit weiblichen Leitungskräften besetzt. Das gemeinsame Problem der Frauen besteht darin, im ministerialen Bereich beschäftigt zu sein, in dem sich auch bei radikalen Umstrukturierungen an der Personalsituation vorerst nichts ändert. Plötzlich und unvorbereitet sind sie Vorgesetzte von älteren, erfahreneren männlichen Mitarbeitern, ehemaligen Kollegen geworden. Hier wirken sich die gewachsenen, umgewälzten Strukturen und Arbeitsabläufe besonders belastend für die Frauen aus: Vor allem die Irritation einer über Jahre entstandenen, nun deutlich sich umkehrenden Mann-Frau-Hierarchie, konfrontiert die neuen Führungsfrauen. Hierfür eignet sich folgende Themenkombination:

Organisationsziele, Organisationskultur und Organisationspräsenz in der Öffentlichkeit

Das Leitmotiv dieser Arbeitssequenz betrifft die übergeordneten Ziele der Organisation sowie die Darstellung ihrer Produkte bzw. Dienstleistungen nach außen. Darüber hinaus handelt es sich um Fragestellungen nach Leitbild und Kulturmerkmalen der Organisation, die u.a. die Grundhaltung zur Arbeit und die Wertschätzung der erbrachten Leistungen beeinflussen. Einen weiteren Themenkreis stellt die Betrachtung der hierarchisch angesiedelten, formalen wie informellen Frauen- bzw. Männerdomänen dar mit dem kritischen Blick auf die Unterrepräsentanz von Frauen in Leitungspositionen. Dieses Faktum bildet die Grundlage einer Analyse der Organisationsstruktur und -kultur sowie ihrer möglichen Auswirkungen auf die Gestaltung und Ausführung des Tagesgeschäftes.

Leitungsfunktionen und ihre unterschiedlichen Ausprägungen im Tagesgeschäft

Die Zielsetzung innerhalb dieser Arbeitsphase ist die Ausarbeitung der vielfältigen Anforderungen und Erwartungen an die jeweilige Leitungsrolle. Das eigene Selbstverständnis der Leitungsfunktion wird zunächst beschrieben mit der Möglichkeit, diejenigen Anteile der Berufsrolle, die als problematisch erlebt werden, in einer späteren Beratungssequenz reflektierend zu bearbeiten.

Strategische Funktionen der Leitungsrolle

In Ableitung der Organisationsziele kann jetzt die jeweils eigene Leitungsfunktion hinsichtlich der strategischen Anteile beleuchtet werden. Hierbei geht es primär um Sinngebung und Wertschöpfung der Arbeit. Darüber hinaus steht die Gestaltung der Arbeitsbeziehungen nach außen, also zu Kunden, kooperierenden Institutionen und relevanten politischen Organisationen, im Zentrum. Desweiteren betrachtet man die Gestaltung der Arbeitsbeziehungen nach innen - hinsichtlich der Mitarbeiter/-innen-Entwicklung sowie des eigenen Beitrags zur Organisationsentwicklung.
An dieser Stelle ist eine detaillierte Arbeit an den Strukturen, beispielsweise

den Organigrammen des jeweiligen Geschäftsbereichs im Bezugsrahmen zur Gesamtorganisation, nicht nur hilfreich, sondern notwendig. Diese Arbeitssequenz macht bewußt, wieviel formales wie informelles Wissen im Hinblick auf die Organisationskultur, ihre Ziele und Aufgaben in der Arbeitsgruppe vorhanden ist. In diesem Zusammenhang können Fragen, die die ungeklärten Entscheidungswege und Kompetenzabgrenzungen betreffen, sowie die sichtbar gewordenen widersprüchlichen Ziele der Organisation auf unterschiedlichen Hierarchieebenen verstanden und ihre Folgen innerhalb und außerhalb der Organisation diskutiert werden. Zur Abrundung dieser in Organisationen häufig vorkommenden Phänomene können nun Modelle der Aufbau- und Ablauforganisation, Bedeutung der Hierarchie, Zielvereinbarungen und Verteilung von Aufgaben als Orientierung an den bestehenden Organisationszielen thematisiert werden.

Operative und administrative Felder der Leitungsfunktion

Die täglich anfallenden Aufgaben, Tätigkeiten und Muster der Problembewältigung im Tagesgeschäft sind zentrales Thema dieser Arbeitseinheit. Hier spielen speziell die Dienst- und Fachaufsicht sowie die Anweisung und Delegation bestimmter Aufgaben eine besondere Rolle. Der Umgang mit Kontrolle und Einsatz unterschiedlicher Kontrollinstrumente zeichnen den erweiterten Rahmen der Ausgestaltung der jeweiligen Leitungsfunktion, zu deren operativem Geschäft auch die Erstellung und Sicherung der Dienst-, Zeit- und Arbeitspläne gehört. Besondere Wichtigkeit wird dem Bereich der Aufgabendelegation und Zielvereinbarung zuteil, zumal der Aspekt der Unterstützung und Entlastungsmöglichkeit für Mitarbeiter/-innen im Mittelpunkt der Beratungsseminare steht.

Eigener Leitungsstil und Umgang mit Mitarbeiter/-innen-Verhalten

In dieser Arbeitsphase tritt die beraterische Arbeit in den Vordergrund. Die Leitungskräfte bringen problematische Situationen aus dem Tagesgeschäft ein, die sie in ihrer Rolle und Funktion als Vorgesetzte beeinträchtigen. Sie nutzen die Möglichkeit, über die Ausgestaltung ihrer Rolle zu reflektieren sowie bestimmte Verhaltensweisen von Mitarbeiter/-inne/n nicht nur als individuelle Probleme zu sehen, sondern diese Verhaltensweisen in Kontext der Organisationsbedingungen zu begreifen.

Abschluß, Evaluation und Follow-up

Das Beratungsseminar endet mit der Auswertung und Feedback-Prozessen seitens der Lerngruppe sowie der Erstellung von Aktionsplänen. In einer Follow-up-Veranstaltung, die im Abstand von ca. drei Monaten stattfindet, werden jetzt noch einmal die Prozesse der Veränderungen respektive die Konsequenzen der jeweils erfolgten Umsetzung reflektiert. Für die neuen Probleme, die die Lösungen von heute nach sich ziehen, zeigt diese Veranstaltung weitere Initiativen und Alternativen auf.

Ausblick

Die oben beschriebenen Lernfelder und Lernebenen der Beratungsseminare, die aufgrund der Methodenvielfalt zwischen Wissensaneignung, Erfahrungslernen, Reflexion und anschließender Auswertung wechseln, erlauben ein lebendiges Lernen. So können beispielsweise die eigenen "eingeübten Inkompetenzen" angesprochen und überdacht werden, ohne Gefahr zu laufen, lediglich als Anekdoten aus dem Arbeitsalltag zu fungieren. Mit konzentriertem Blick auf strukturelle und kulturelle Besonderheiten der Organisation werden Entscheidungs- und Handlungsweisen sichtbar, welche die ausschließlich individuelle Modifikation kritisch hinterfragen und Veränderungen unter strukturellen und strategischen Aspekten in den Vordergrund stellen.

Aufgrund meiner Erfahrung mit traditioneller Weiterbildung und in Anbetracht der Bilanz des hier skizzierten Beratungsseminars bestätigt sich die These: Traditionelle Weiterbildung, als Mittel zur schnellen Symptombehebung angeboten, ist für komplexe Arbeits- und Lebenszusammenhänge nicht ausreichend. Beratungsarbeit setzt eine hohe Reflexionsfähigkeit aller Beteiligten voraus, die eine entsprechende Lernkultur und Entwicklungszeit benötigt.

In der methodischen Verquickung von Seminararbeit und Beratungssequenzen werden Lernebenen und Lernfelder angesprochen, die kollektive Lernprozesse und strategische Entscheidungen begünstigen. Die Probleme innerhalb der Strukturen werden sichtbar und können einen weiterführenden Veränderungswillen seitens der Organisationsmitglieder auslösen. Die Einbeziehung strategischer, struktureller und kultureller Bedingungen in die Thematik der Beratungsseminare reichert das Wissen über die bzw. der Organisation an - sie wird zur lernenden Organisation. Mit anderen Worten: Beratungsseminare fördern das Lernen und die Veränderung bzw. das Lernen der Veränderung. Beratungsseminare können somit einen Einstieg in globale OE-Prozesse darstellen.

Literatur

Argyris, Chris (1993a), *Defensive Routinen.* In: Fatzer, G. (Hg.), Organisationsentwikklung für die Zukunft - ein Handbuch, Köln, S. 179-226

Argyris, Chris (1993b), *Eingeübte Inkompetenz - ein Führungsdilemma.* In: Fatzer, G. (Hg.), Organisationsentwicklung für die Zukunft - ein Handbuch, Köln 1993, S. 129-144,

Bourdieu, Pierre (1990), *Was heißt sprechen? Die Ökonomie des sprachlichen Tausches*, Wien

Doppler, Klaus/ Lauterburg, Christoph (1994), *Change Management. Den Unternehmenswandel gestalten*, Frankfurt am Main

Fatzer, Gerhard (1993), *Organisationsentwicklung für die Zukunft - ein Handbuch,* Köln

Glasl, Friedrich/ Brugger, Erich (Hg.) (1994), *Der Erfolgskurs Schlanker Unternehmen. Inpulstexte und Praxisbeispiele*, Bern und Stuttgart

Gomez, Peter/ Hahn Dieter/ Müller-Stewens, Günter/ Wunderer, Rolf (Hg.) (1994), *Unternehmerischer Wandel. Konzepte zur organisatorischen Erneuerung,* Wiesbaden

Gomez, Peter/ Zimmermann, Tim (1993), *Unternehmensorganisation. Profile, Dynamik, Methodik,* Frankfurt am Main

Grossmann, Ralph/ Krainz Ewald E./ Oswald, Margit (Hg.) (1995), *Veränderungen in Organisationen. Management und Beratung*, Wiesbaden

Kitzmann, Arnold/ Zimmer, Dieter (1982), *Grundlagen der Personalentwicklung. Die Antwort auf die technologische, wirtschaftliche und soziale Herausforderung,* Weil der Stadt

Looss, Wolfgang (1992), *Coaching im Kontext von Organisations- und Personalentwicklung,* In: Wimmer, Rudolf (Hg.) Organisationsberatung. Neue Wege und Konzepte, Wiesbaden, S. 170-176

Maelicke, Bernd (Hg.), *Beratung und Entwicklung sozialer Organisationen*, Baden-Baden 1994

Neuberger, Oswald (1994), *Personalentwicklung. Basistexte Personalwesen,* Stuttgart

Perner, Detlef (1991), *Mehr als eine Modeerscheinung. Unternehmenskultur - eine gesellschaftliche Gefährdungsskizze,* express Nr. 1. In: Neue Unternehmenskulturen: Klaglose Kooperation oder Weg zur selbstbewußten, selbstbestimmten Erwerbsarbeit?, Dokumentation und Reader, Rüsselsheim 1992

Probst, Gilbert J.B. (1994), *Organisationales Lernen und die Bewältigung von Wandel.* In: Unternehmerischer Wandel. Konzepte zur organisatorischen Erneuerung, Wiesbaden, S. 295-320

Rappe-Giesecke, Kornelia (1990), *Theorie und Praxis der Gruppen- und Teamsupervision*, Berlin

Reinbold, Brigitte (1994); *Frauen und Leitung in der Freien Wohlfahrtspflege*, In: Maelikke, B. (Hg.), Beratung und Entwicklung sozialer Organisationen, Baden-Baden 1994

Sackmann, Sonja A. (1993), *Die lernfähige Organsation: Theoretische Überlegungen, gelebte und reflektierte Praxis.* In: Fatzer, G. (Hg.), Organisationsentwicklung für die Zukunft - ein Handbuch, Köln 1993, S. 227-254

Sattelberger, Thomas (1989a), *Innovative Personalentwicklung,* Wiesbaden

Sattelberger, Thomas (Hg.) (1991b), *Die lernende Organisation. Konzepte für eine neue Qualität der Unternehmensentwicklung,* Wiesbaden

Senge, Peter M. (1990), *The Fifth Discipline. The Art and Practice of the Learning Organization*, New York und London

Thom, Norbert (1987), *Personalentwicklung als Instrument der Unternehmensführung: Konzeptionelle Grundlagen und empirische Studien*, Stuttgart

Trebesch, Karsten (1993), *Wieviel Weiterbildung verträgt ein Unternehmen?* In: Organisationsentwicklung, 12. Jg., Nr. 2, S. 44-49

Wimmer, Rudolf (Hg.) (1992), *Organisationsberatung. Neue Wege und Konzepte*, Wiesbaden

Sabine Stadelmann

"Man wählt den Beruf ja nicht umsonst." Aus der Praxis einer Organisationsberaterin zwischen zwei Welten. Ein Interview von Ariane Bentner

Vorbemerkung der Herausgeberinnen: Sabine Stadelmann (35) arbeitet seit sieben Jahren als Organisationsberaterin vorwiegend in Männerdomänen. Sie ist verheiratet und hat eine dreijährige Tochter. Das folgende Interview zeichnete Ariane Bentner im Winter 1994 in der Beratungssozietät Lanzenberger, Dr. Looss, Stadelmann in Darmstadt auf. Silvia Ganss besorgte die sorgfältige und schnelle Transkription. Dafür möchten wir ihr an dieser Stelle danken.

Du bist Organisationsberaterin und arbeitest auch in der Personalentwicklung. Welche Personen und Organisationen berätst Du?

Ich verbringe ungefähr fünfzig Prozent meiner Arbeitszeit in der Industrie; dort hauptsächlich in Großunternehmen mit technischer Orientierung. Die andere Hälfte meiner Arbeitszeit bin ich im Gesundheitswesen, im Bereich der freien Wohlfahrtspflege, in Schulentwicklungsprojekten und in der Verwaltung tätig. Du hast gefragt, ob ich mit Personen und Gruppen arbeite, ich mache beides, es kommt immer auf den Kontext an. Mit Einzelpersonen arbeite ich hauptsächlich in Coachingprozessen (Einzelberatung für Führungskräfte, A.B.) und zum Teil bei Einzelassessments (Personalauswahl, A.B.), ansonsten sind achtzig Prozent meiner Tätigkeit gruppenbezogen.

Du verbringst die Hälfte Deiner Zeit in technisch orientierten Wirtschaftsunternehmen. Ich gehe davon aus, daß ein Großteil Deiner Kunden dort männlich sind. Lassen sich Männer von Dir etwas sagen?

Mittlerweile macht es mir kaum noch Probleme, mit Männern zu arbeiten. In Industrieunternehmen ist die Führungsebene zu neunzig Prozent mit Männern besetzt. Als ich vor ungefähr sieben Jahren mit dieser Arbeit begonnen habe, war ich zunächst häufig in der Rolle der Co-Trainerin und Co-Beraterin. Da war es schon schwieriger, auf Akzeptanz zu stoßen, was sicherlich auch viel mit meinem jugendlichen Alter und meinem Geschlecht zu tun hatte.

Ich habe erlebt, daß es für Männer sehr schwierig ist, sich von einer jungen Frau etwas sagen zu lassen. Das hat auch damit zu tun, daß Männern in Wirtschaftsunternehmen unsere Art der Beratung häufig noch fremd ist. Expertenberatung kommt ihrem hergebrachten Managementverständnis näher. Da war es nachvollziehbar, daß sie sich gefragt haben, wie kann denn eine Frau in dem Alter überhaupt genug Erfahrung und Hintergrundwissen haben, um uns beraten zu können?

Für mich stellte sich anfangs immer wieder die Frage, ob ich dieses Widerstandspotential durchstehen will. Zwischendrin habe ich ab und zu gedacht, hoffentlich bist du bald 35 oder 40 und hast die ersten grauen Haare. Ich habe eine ganze Weile gebraucht um zu lernen, wie mächtige Männer in Industrieunternehmen überhaupt funktionieren. Mein Kollege Wolfgang Looss hat einmal einen Satz gesagt, der für mich sehr erhellend war und an den ich immer mal wieder denke, wenn ich mit Männern arbeite. Er sagte, Männer wollen dominiert werden. Das hat sich in meiner Beratungspraxis tatsächlich an vielen Stellen bestätigt.

Gerade am Anfang eines Projektes geht es oft um eine Art Schlagabtausch, bei dem die Teilnehmer austesten, ob sie sich dem von mir geleiteten Arbeitsprozeß überlassen wollen. Da ist es schon mal nötig, den Männern gegenüber recht forsch aufzutreten, vielleicht forscher, als ich das eigentlich für angebracht halte, bis eine Grundakzeptanz da ist. Wenn das geschafft ist, sind wir arbeitsfähig. Ich glaube, für Männer ist es wichtig, in der gemeinsamen Arbeit wahrzunehmen, daß ich ihre Spielregeln kenne, weitgehend beherrsche und ihre Sprache spreche. Mir kommt es darauf an, dies mit aller Wertschätzung für die Unterschiede zwischen Männern und Frauen zu tun, auch damit spielen zu können, ohne meine weibliche Identität dabei zu verlieren.

Hat es damit zu tun, daß Du als externe Beraterin von außen in so ein System hineinkommst und nicht dazugehörst?

Für mich ist die These, daß Männer dominiert werden wollen, häufig eine hilfreiche und nützliche Wirklichkeitskonstruktion, die mir den Zugang erleichtert. Als Externe komme ich durch meine Beratungsarbeit stark in ein quasi-autoritäres Verhältnis zu meinen Klienten. Aber die Probleme der Anfangsakzeptanz sind nicht ausschließlich mit dem Geschlecht erklärbar. Jeder externe Berater und jede externe Beraterin kommt durch die Notwendigkeit, eine Beratungsbeziehung aufzubauen in ein autoritätsähnliches Verhältnis zu den Teilnehmern.

Beratung anzufordern heißt immer, etwas von außen zu benötigen, was man selbst nicht leisten kann. Für viele Männer sieht diese Situation erst einmal so aus, daß da jemand kommt, die oder der es besser weiß, die oder der ihre Probleme erklären kann und ihnen Unterstützung und Anregungen gibt, wie sie es besser machen könnten. Und das ist für tüchtige Männer tendenziell schwieriger anzunehmen als für Frauen. Männer helfen sich deswegen mit der Konstruktion, den/die Berater/-in zum Experten zu machen. Offenbar ist es für sie so weniger kränkend, sich von einer Beraterin, einem Berater in der Begrenztheit ihrer Kompetenz entdecken zu lassen. Da ich nun von meinem Beratungsansatz als Prozeßberaterin diese Erwartung an Expertenberatung zwangsläufig enttäusche, muß ich ein anderes vertrauensvolles Beziehungsangebot machen, das meine Klienten als unterstützend und zielführend erleben.

Wie sieht es aus im sozialen Bereich, im Gesundheitsbereich, in der Verwaltung? Gibt es dort andere Muster zwischen den Geschlechtern oder zwischen der Gruppe und Dir unter dem Geschlechteraspekt?

Es fällt mir schwer, das im Unterschied zu definieren, weil ich wenig Männer und Frauen in Industrieunternehmen gemeinsam erlebe. Die Frauen sind eher vereinzelt und haben besondere Rollen. Wenn sie die Führungsebene erreicht haben, dann haben sie ihren Weg bereits gemacht, sei es über Anpassung oder Exklusivität. In jedem Fall sind sie bereits akzeptiert.

Auch im Gesundheitsbereich arbeite ich meistens auf der leitenden Ebene, zum Beispiel mit Pflegedienstleitungen in Krankenhäusern. Das sind hauptsächlich Frauen. Es gibt immer mal wieder Männer, die Pflegedirektoren und Pflegedienstleiter sind. Aber die Pflege würde ich noch als weibliche Domäne bezeichnen. Im Gegensatz zum ärztlichen Bereich im Krankenhaus, der vor allem auf der leitenden Ebene eindeutig männlich dominiert ist. Das ist eine der letzten Enklaven ungebrochen männlicher Dominanz und klassisch hierarchischer Strukturbildung. Da gibt es den Chefarzt, der bestimmt, dann kommt lange Zeit nichts, und am Ende der Leiter stehen die Assistenzärzte, deren Status von extremer Abhängigkeit vom Wohlwollen des Chefs gekennzeichnet ist.

Im sozialen Bereich gibt es grundsätzlich aus der Tradition heraus mehr Frauen in leitenden Positionen. In der Verwaltung und im Schulbereich jedoch sind Führungspositionen nach wie vor sehr viel stärker von Männern besetzt. Auch dort gelten noch eher klassisch-männliche Hierarchiemuster.

Ich würde nicht sagen, daß im Nonprofit-Bereich die Gleichstellung von

Frauen und Männern in leitenden Positionen so viel weiter fortgeschritten wäre als in der Industrie.

Gibt es spezielle Probleme, die Frauen aus dem sozialen Bereich oder aus der Wirtschaft an Dich herantragen?

Ich habe früher in meiner Beratungstätigkeit viel stärker einen missionarischen Ansatz im Sinne der Frauen vertreten. Daß es da Unterschiede gibt, die man thematisieren muß, daß es den Frauen viel schlechter geht als den Männern, und daß man die Frauen besonders stützen und fördern müßte. Das mache ich heute bewußt nicht mehr so. Ich habe früher versucht, verstärkt Personalentwicklung für Frauen in Organisationen anzubieten. Häufig ist es bei guten Absichten in Unternehmen geblieben. Heute gehe ich damit so um, daß ich das Thema impliziter anspreche. Ich greife es auf, wenn es von Männern oder Frauen in Organisationen eingebracht wird, aber ich führe das Thema nicht mehr als Glaubensbekenntnis ein.

In Coaching-Situationen ist es anders. Zu meinen Klientinnen gehören auch Frauen in Führungspositionen, mit denen ich vorwiegend an ihrer Rolle als Führungskraft arbeite und dies vor allem unter dem Geschlechter-Aspekt.

Es gibt für mich einen Punkt, der mir für Frauen schwieriger gestaltbar erscheint. Das ist das Thema Umgang mit Konflikten. Frauen in Führungspositionen gehen aus meiner Sicht vorsichtiger und indirekter mit Konflikten um. Sie haben häufig einen unbewußten Zugang zur Macht oder lehnen sie sogar ab. Das halte ich für hinderlich bei der Gestaltung der eigenen Führungsrolle. Wenn man sich für eine leitende Position entscheidet, muß man sich gleichzeitig dafür entscheiden, daß man auch Macht hat und mit der umgehen muß, und zwar mit aller Wertschätzung und aller Ethik. Als Frau in einer leitenden Position muß ich mir gewahr sein, daß es dort um Machtspiele geht, die sehr stark von männlichen Spielregeln dominiert sind, weil Männer einfach die längere Erfahrung haben. Ich muß mich auf diese Machtspiele ein Stück weit einlassen, sonst bin ich nicht anschlußfähig.

Frauen haben aus meiner Sicht größere Probleme damit, Macht auch als ein begehrenswertes, positiv zu besetzendes Instrument zu erleben, auf dessen Handhabung frau auch neugierig sein darf. Frauen gehen eher informell mit Macht um. Wenn sie Konflikte angehen, tun sie es eher indirekt, indem sie zum Beispiel einen Bypass um einen Konflikt herumführen, und hoffen, daß der Konflikt sich von alleine löst. Dies führt jedoch häufig zu Rollenkonflikten und Akzeptanzproblemen in der Führungsposition. Wobei ich festhalten möchte, daß es natürlich genauso männliche Führungskräfte mit dieser Herangehensweise gibt.

Was müßte aus Deiner Sicht passieren, damit sich in Organisationen sowohl in der Wirtschaft als auch im sozialen Bereich die Geschlechterverhältnisse verbessern?

Wenn ich das jetzt mal provozierend sage - obwohl ich ja hier mit Dir ein Interview führe, was in einem vorwiegend an Frauenthemen orientierten Buch erscheint - manchmal denke ich, man sollte aufhören, Bücher über Frauen zu schreiben. Es ist mit viel Kompetenz und sachlicher Differenziertheit bald alles darüber gesagt, wie die Frauen sind, wie sie nicht sind, warum sie so sind, wie die Männer so sind, warum sie so sind und was die Unterschiede ausmacht.

An dieser Stelle kommt sicher auch meine eigene Ungeduld zum Tragen. Es geht doch darum, jetzt endlich etwas zu tun. Eine Organisation verändert dann etwas an ihrer Struktur, wenn sie einen bestimmten Grad von Leidensdruck oder Veränderungsdruck hat. Zum Beispiel weil die Effizienz schlecht ist, weil die Ökonomie nicht stimmt oder die Zusammenarbeit nicht mehr gewährleistet ist.

Auf der Seite des Geschlechterverhältnisses ist es gesellschaftlich betrachtet so, daß der Leidensdruck sehr viel stärker auf der Seite der Frauen als der Männer angesiedelt ist. Obwohl ich in meiner Arbeit in Organisationen heute sehr viel öfter höre, daß auch Männer den klassischen Rollenanforderungen nicht mehr gerecht werden wollen. Auch männliche Führungskräfte wollen nicht mehr nur eindeutig den klassischen Bildern entsprechen und leiden unter dem Druck, dem sie ausgesetzt sind. Sie wünschen sich einerseits in ihrer privaten Beziehung, daß auch ihre Lebenspartnerin mehr Verantwortung für die gemeinsame Existenzsicherung übernimmt. Andererseits sind sie wenig bereit, einen hohen Preis zu zahlen, wenn es dann zum Beispiel um die Kinderversorgung geht. Das ist immer noch ein ungeklärtes und den individuellen Aushandlungsprozessen überlassenes Thema.

Für mich geht es auf der Seite der Frauen inzwischen primär um konkretes Handeln und weniger um noch mehr Aufklärungsarbeit. Sehen wir uns einmal die aktuelle Situation in der Wirtschaft an: Rezession, turbulente Zeiten, zunehmende Komplexität, enorm große Verunsicherung. Die Strukturen sind heute nicht mehr so eindeutig, wie sie mal waren. Auch Rollenzuschreibungen und klassische Karrierewege sind nicht mehr so vorgezeichnet, wie sie es lange waren. Obwohl in schlechten Zeiten vor allem die Frauen ihre Arbeitsplätze verlieren, bin ich davon überzeugt, daß sich heute viele Frauen nicht mehr so leicht an Heim und Herd zurückschicken lassen. Sie sind heute etablierter als je zuvor und kämpfen um ihre Positionen.

Sicher werden der Druck und die Verunsicherung weiter zunehmen. Meine These dazu ist, daß die klassischen Rollenbilder für Männer und Frauen weiter aufweichen werden und es wird einen Punkt geben, wo sich vor allem die Männer dem Druck der Verhältnisse gar nicht mehr alleine aussetzen wollen. Das wird sicher auch eine neue Herausforderung für uns Frauen, nicht wieder zu Bewältigungshelferinnen zu werden, sondern diesen Druck stehen zu lassen. Das wird sicher noch stärker unsere Privatbeziehungen belasten, die Auseinandersetzungen in den Beziehungen, den Ehen und Familien werden eine stärkere Turbulenz bekommen, die durchgestanden werden muß.

Ein zweiter Zugang wäre, daß Männer und Frauen in der Zusammenarbeit in Organisationen viel intensiver streiten.

Gibt es aus Deiner Beratungspraxis Unternehmen oder Organisationen, wo Du Ansätze siehst für eine Organisationskultur, die Du vorbildhaft nennen würdest?

Das gibt es für mich nicht. Es gibt keine vorbildhafte Organisation im Sinne eines Modells, sondern es gibt für mich nur die Möglichkeit, daß jede Organisation ihre ganz spezifischen Eigenheiten selbst erkennt und sich ihrer eigenen Kultur entsprechend weiterentwickelt.

Ich habe solche Organisationen kennengelernt, die mit ihren spezifischen Bedingungen bestmöglich umgehen. Die also ihre Aufgaben bewältigen, dafür sorgen, daß die ökonomische Seite stimmt, daß die Menschen gut zusammen arbeiten und daß es den einzelnen Personen in der Organisation gut geht. Also, ob die Schnittstelle Person-Organisation zur Zufriedenheit aller gestaltet wird, ob die einzelnen in der Organisation das Gefühl haben, sie können sich entwickeln und sind dadurch auch selbst motiviert, interessiert und behalten ihre Neugier an der Organisation. Wenn das der Fall ist, ist es für mich ein gut funktionierendes System.

Hast Du schon mal so eine Organisation kennengelernt?

Es gibt immer wieder Ansätze in Organisationen, diesem Zustand näher zu kommen. Es gibt Organisationen, die sich sehr stark mit sich selbst auseinandersetzen, die viel Interesse daran haben, das zu gestalten, weil sie für sich erkannt haben, daß es - ganz pragmatisch - zur Leistungssteigerung und zur Effizienzsteigerung beiträgt. Ich würde allerdings nicht sagen, daß es eine größere oder geringere Bereitschaft dazu in der Industrie oder im Nonprofit-Bereich gibt. Hier wie dort gibt es bewußtere und selbstblinde Organisationen.

Kennst Du so etwas wie eine weibliche Organisationskultur?

Du meinst eine Organisation, die hauptsächlich von Frauen geprägt ist und die auch in ihren Führungsstrukturen, in ihrem Aufbau von Frauen geprägt ist? Der Pflegebereich ist schon in großen Teilen eine weibliche Organisationskultur.

Könntest Du ein paar Charakteristika nennen und auch bewerten, die Du dort vorfindest, die typisch sind? Und was daran das Weibliche wäre im positiven wie im negativen?

Wenn wir einmal von der Leitungsspitze ausgehen, so sind es hauptsächlich Frauen, die in den leitenden Positionen sind als Pflegedirektorinnen oder Pflegedienstleiterinnen. Unter den Pflegenden finden wir mehr und mehr Männer, was in anderen Organisationskulturen ja eher umgekehrt ist. Charakteristisch für den Pflegebereich scheint mir, daß man sich sehr stark mit seiner Rolle und Funktion auseinandersetzt, also sehr bemüht ist um Veränderung.

Ich sage das auch mit etwas Ironie, weil wenn man den ärztlichen Bereich als die männlich dominierte Kultur im Krankenhaus dagegensetzt, ist es eher so, daß sich die Männer in leitenden Positionen dort sehr wenig mit anstehenden Veränderungen auseinandersetzen. Die erleben sich noch viel ungefährdeter in ihren Positionen.

Der Pflegebereich ist für mich gekennzeichnet durch sein Lerninteresse und seine Fähigkeit zur Selbstreflexion im Sinne von Anpassung an veränderte Anforderungen und Aufgaben. Andererseits ist die Pflege ein Bereich der starken Mütter, manchmal habe ich sogar das Bild einer verschlingenden Gäa, in dem Sinne, daß es dort viele sehr starke, informell mächtige Frauen gibt. Sie setzen ihre Macht eher nach dem klassischen Familienmodell ein, was zwangsläufig dazu führt, daß die Männer, in diesem Fall die Ärzte, geschont werden. Nach diesem Bild schonen die Mütter die Väter, indem sie die Kinder beim Vater erst vorsprechen lassen, wenn sie sichergestellt haben, daß er guter Laune ist oder daß es diplomatisch geschickt ist, jetzt mit Forderungen zu kommen. Damit schützen sie die ärztlichen Väter vor stärkeren Konflikten mit den Kindern, deren Part die Patienten übernehmen.

Die leitenden Frauen sind eher intransparent in ihren Machtstrukturen, sie gehen noch selten offen mit Macht und mit Konflikten um. Sie haben ein starkes Kontrollbedürfnis und neigen dazu, sehr eng zu führen, wenig Macht abzugeben und zum Teil wenig Selbständigkeit zuzulassen. Das erlebe ich als einen großen Hemmschuh im Pflegebereich, beim Versuch, veränderte Führungsstrukturen einzuführen.

Ich komme noch einmal auf die Wirtschaft zurück. Du hast vorhin gesagt, fünfzig Prozent Deiner Tätigkeit arbeitest Du in technisch orientierten Industrieunternehmen. Kommst Du als Frau überall rein?

Nein. Es gibt nach wie vor Industriebereiche, für die es von ihrer Kultur her zu fremd ist, wenn eine weibliche Beraterin - und dann noch dazu eine relativ junge - sie beraten würde. Ich kann das gut akzeptieren. Ich muß das jetzt nicht ertrotzen. Man müßte so lange darum kämpfen oder miteinander verhandeln, bis es zu einer Akzeptanz käme, das würde das Klientel schon so viel Geld kosten, daß es ineffizient wäre. Man geht ja immer davon aus, daß sich eine Organisationskultur schon ihre passenden Berater und Beraterinnen sucht; das macht sich in den Anfragen bei uns bemerkbar.

Kennst Du aus Deiner Beratungstätigkeit in der Wirtschaft Unternehmen, die explizit und ernsthaft an Frauenförderung interessiert sind und die etwas dafür tun?

Ja, das gibt es schon. An den Taten muß man sie messen. Ich erlebe in meiner Praxis, daß es Organisationen gibt, die wirklich daran interessiert sind und Frauenförderung aktiv angehen, auch im Sinne der Personalentwicklung Frauen in bestimmte Positionen hinein zu entwickeln und sie zu unterstützen. Sehr häufig ist es dann von den Geschäftsführenden, also von Personen in leitenden Positionen gewollt und wird im Unternehmen forciert.

Wie ist Deine eigene Karriere als Beraterin verlaufen, wie bist Du dazu gekommen?

Ich bin jetzt 35 Jahre alt und seit etwa sieben Jahren im Beratungsgeschäft tätig. Ich bin dazu gekommen, wenn ich es nicht besser wüßte, würde ich sagen durch Zufall. Aber den gibt es so ja nicht.

Ich bin von meiner Ausbildung her Sonderschullehrerin und Diplompädagogin und habe nach meinem Studium sehr gezweifelt, ob ich in den Schuldienst gehen will. Dazu kam, daß ich nach dem Studium relativ rasch eine gestaltpädagogische Zusatzausbildung über drei Jahre absolviert und in dieser Zeit auch Referendariat gemacht habe. Dadurch erlebte ich einen deutlichen Bruch zwischen einem ganzheitlichen Lernanspruch einerseits, wie ich ihn durch die Gestalt-Ausbildung kennengelernt habe, und anderseits den linearen, autoritären und sehr leistungsorientierten Ausbildungsstrukturen im Referendariat. Das war für mich so wenig vereinbar, daß spätestens nach dem Referendariat meine Entscheidung klar war, nicht in die Institution Schule zu gehen. Ich brauche grundsätzlich einen hohen Grad an Gestaltungsfreiheit in der Arbeit. Ich erlebe Institutionen, und speziell die Schule in dieser Hinsicht als sehr einschränkend.

Danach bin ich dann in der sozialen Landschaft etwas getingelt, habe in verschiedenen Einrichtungen gearbeitet und ein Projekt geleitet. Während meiner Gestalt-Ausbildung habe ich dann Wolfgang Looss kennengelernt, der damals schon sehr lange in der Organisationsberatung tätig war und der mich einlud, in diesen Bereich zu gehen.

Ich würde heute sagen, daß ich dieser Einladung erst einmal sehr unbedarft gefolgt bin, ohne allzu konkrete Vorstellungen von meinem zukünftigen Arbeitsfeld. Ich habe dann angefangen, projektbezogen mitzuarbeiten und einige kleine Projekte allein zu bearbeiten. Ich habe dadurch die Möglichkeit gehabt, in dieses Beratungsfeld hineinzuwachsen, was ich als einen sehr großen Vorteil erlebe. Im Laufe der Zeit konnte ich sehr bewußt entscheiden, ob ich diese Arbeit langfristig machen will. Es war von Anfang an klar, daß ich irgendwann in die Selbständigkeit gehen muß.

Ich war zwei Jahre angestellt, und dann habe ich mich sehr intensiv mit dieser Frage auseinandergesetzt, ob ich mich selbständig machen will und damit auch die gleichen Rechte und Pflichten wie meine Kollegen hier eingehen will. Ich habe mich dafür entschieden, und bin nun seit vier Jahren selbständig.

Wir haben eine kleine Beratungsfirma und sind drei Kollegen, mein Kollege Maximilian Lanzenberger in München, wo wir unser zweites Büro haben, mein Kollege Wolfgang Looss hier in Darmstadt, und ich als Dritte im Bunde. Wir sind eine Beratungssozietät für Personal- und Organisationsentwicklung und bearbeiten zum Teil Projekte gemeinsam, bilden also auch Beratungssysteme und haben aber alle drei unseren eigenen Arbeitsschwerpunkt, wo wir unabhängig von internen Kooperationen arbeiten. Wir sind alle selbständig, d.h. wir sind eine Gesellschaft bürgerlichen Rechts und wir haften füreinander.

Wir haben im Laufe der Jahre immer wieder umstrukturiert und versucht, für uns passende Strukturen zu finden, die unserem Arbeitsfeld vermittelbar und transparent sind. Wir tragen unsere Infrastruktur gemeinsam, jeder zu seinem Teil, machen gemeinsam Projekte, machen gemeinsam Fortbildung. Wir haben mittlerweile einen kleinen Verlag gegründet, wo wir eigene Veröffentlichungen machen, also konzeptionell auch gemeinsam arbeiten. Aber ansonsten ist jeder Herr und Frau seines und ihres eigenen Geschäfts.

Wie erlebst Du Eure Zusammenarbeit unter dem Aspekt der Geschlechterfrage?

Ich erlebe das bei uns hier in der Sozietät mit meinen beiden Kollegen als sehr positiv, auch sehr unterstützend, mit sehr viel Wertschätzung meiner Person und meiner Arbeit gegenüber. Ich würde schon sagen, daß ich zu den Frauen gehöre, die einen männlichen Förderer oder Mentor hatten, gerade was die Unterstützung durch meinen Kollegen Wolfgang Looss angeht. Er hat mir manchmal auch einen Tritt in den Hintern gegeben, etwas auszuprobieren, wo ich als Frau ja so sozialisiert bin, erst fünfmal zu überlegen, ob ich das schon kann, bevor ich es mache. Ich hatte Unterstützung, indem mir jemand von außen gesagt hat, Du kannst das, mach das. Ich habe auch meine Fehler gemacht und Prügel eingesteckt. Aber das waren für mich ganz wichtige Lernerfahrungen.

Ansonsten sind wir in unserem Beratungsnetzwerk verbunden mit befreundeten anderen Unternehmensberatungen in Österreich und der Schweiz, mit denen wir schon sehr lange kooperieren. Wir finden uns zu Beratungsprojekten zusammen und arbeiten konzeptionell gemeinsam an bestimmten Themen.

Ich würde sagen, die meisten Berater/-innen sind in irgendeiner Form ja narzißtisch geprägt. Man wählt den Beruf ja nicht umsonst. Beratung als Beruf hat sehr viel damit zu tun, daß man sich präsentieren muß, daß man auf den Laufsteg, auf die Bühne geht, weil man direkte Anerkennung braucht und will. Es gibt in unserem Beruf ein ausgeprägtes Diva-Verhalten, natürlich mit Einschränkungen. Ich glaube, daß man das auch braucht, um diese Arbeit machen zu können. Ich sage es mit aller Selbstironie, denn das betrifft mich genauso.

Es gibt auch eine Reihe von Kolleginnen in unserem Beratungsverbund. Da auch die Beraterzunft eher noch zu den männlich dominierten Bereichen gehört, gibt es jedoch nach wie vor zu wenig Frauen. Vor allem in der Industrie ist es sehr schwierig, daß zwei Kolleginnen dort zusammenarbeiten, was sicher auch damit zu tun hat, daß die Akzeptanz zweier Frauen als Beraterinnen in bestimmten Unternehmen nicht vorhanden ist.

Ansonsten habe ich den Eindruck, daß ich manchmal hier bei uns in der Beratungssozietät etwas stärker die Beziehungsseite forciere und auch die Kümmerer-Funktion immer wieder übernehme. Meine männlichen Kollegen gehen zum Teil anders mit Beziehungsarbeit um. Ich bekomme dafür Wertschätzung, es wird auch akzeptiert und gesehen. Manchmal geht es mir auf den Nerv, immer wieder für Verbindung und Verständnis zu sorgen. Ich tue es heute weniger als früher.

Du bist nicht nur erfolgreich in Deinem Beruf, sondern hast auch Familie. Vereinbarkeit von Familie und Beruf, was heißt das für Dich?

Das ist mein schwierigstes Projekt! Ich bin verheiratet und habe eine Tochter, die jetzt drei Jahre alt ist. Mittlerweile weiß ich, daß es möglich ist, Beraterin zu sein und Familie zu haben.

Ich hatte am Anfang große Zweifel an der Machbarkeit und viele meiner Kolleginnen und Kollegen stellen es sich ebenfalls äußerst schwierig vor und verzichten auch auf Kinder. Es ist auf jeden Fall ein Drahtseilakt, ein kleines Kind zu haben und 100 bis 120 Tage im Jahr wegzusein. In meiner Familie funktioniert es auch deshalb, weil mein Mann mich sehr unterstützt und weil es von vornherein klar war, daß er einen großen Teil der Familienarbeit übernimmt. Er war auch ein Jahr zu Hause, als unsere Tochter sehr klein war. Ich habe ungefähr ein halbes Jahr ausgesetzt, immer wieder auch mit Befürchtungen gelebt, ob der Wiedereinstieg gelingen wird. Es war am Anfang eine sehr anstrengende Zeit.

Ich habe mir mein Arbeitsfeld teilweise wieder neu erobern müssen. Für einige meiner Kunden war die Zuschreibung klar, wenn ich ein Kind bekomme, dann bin ich raus aus dem Geschäft und bin nicht mehr verfügbar. Das hat von mir relativ viel Einsatz gefordert, zu vermitteln, daß das nicht der Fall ist. Mittlerweile hat sich das gut eingespielt. Ich glaube nicht, daß die Geburt meiner Tochter, auf die ich sehr stolz bin, meiner Karriere einen Abbruch getan hat.

Familie und Kind haben mir dabei auch ein Stück mehr Distanz zu dieser Arbeit gebracht im positiven Sinne. Ich wäge heute anders ab, welche Bedeutung die Arbeit für mein Leben hat als das früher der Fall war. Dadurch erlebe ich mich lockerer und qualitativ besser in der Arbeit.

Was ich als sehr schwierig erlebt habe ist, daß ich kein gut funktionierendes Modell kenne, auf das ich mich gerade am Anfang hätte beziehen können, als ich Mutter geworden bin und gleichzeitig in der Beratung weiterarbeiten wollte. Ich mußte dieses Modell selbst entwickeln.

Wenn Du mich jetzt fragen würdest, ob ich es als gelungen erlebe, würde ich sagen in großen Teilen ja, aber es gibt einen Bereich, der absolut zu kurz kommt, und das bin ich selbst. Was an Zeit und Energie für mich und meine

Interessen jenseits von Arbeit und Familie und Kind übrig bleibt, das ist noch viel zu wenig.

Welche Reaktion erlebst Du aus Deinem sozialen Umfeld zu dieser Rollengestaltung?

Sehr gemischte. Das geht von Bewunderung über mein Organisationstalent bis hin zu der Aussage, man kann nicht alles haben, man kann nicht erfolgreich sein im Beruf und gleichzeitig noch ein Kind haben. Also auch sehr viel Kritik und Skepsis. Es gibt die Zuschreibung, daß ich da sehr egoistisch bin, meine berufliche Entwicklung in den Vordergrund stelle, und daß ich mich quasi über die Bedürfnisse meiner Familie hinwegsetze. Verblüffend finde ich übrigens immer wieder, daß solche Aussagen quer durch alle Altersgruppen gehen und nicht nur ein Thema der älteren Generation sind.

Und wie reagierst Du auf diese Zuschreibungen?

Ich versuche, mir mehr und mehr abzugewöhnen, mich zu erklären, zu legitimieren oder in eine schuldbeladene Haltung zu gehen. Ich kann es mir anhören, manchmal habe ich auch keine Lust mehr dazu, dann rede ich auch nicht mehr darüber. Ich versuche, mir die Personen zu suchen, bei denen ich das Gefühl habe, ich kann mich darüber auseinandersetzen auf dem Hintergrund einer Akzeptanz meiner Situation. Das gelingt mir am ehesten mit Menschen, die ähnliche Erfahrungen haben wie ich.

Die Autorinnen und Autoren

Ariane Bentner, geb. 1958. Dr. phil., Diplom-Pädagogin und Organisationsberaterin. Mitgründerin und ab 1987 mehrjährige Beratungs- und Geschäftsführungstätigkeit beim Verein Frauen helfen Frauen e.V. Darmstadt-Dieburg. Studienaufenthalte und Hospitationen in USA, Pakistan und Thailand. Danach Forschungstätigkeit an der Universität Heidelberg im Modellprojekt *Frauen in Führungspositionen - ein Modellversuch im Einzelhandel*. Seit 1994 wissenschaftliche Mitarbeiterin am Pädagogischen Institut der Universität Mainz. Schwerpunkte: Sozialmanagement, Sozial- und Frauenforschung. Lehrbeauftragte an der TH Darmstadt, Fachbereich Architektur für *Darstellen und Präsentieren*.

Trainerin und Beraterin im sozialen Bereich und in der Wirtschaft. Fortbildungen in Sprecherziehung/Rhetorik, Organisationsberatung, systemischer Beratung und Konfliktmanagement/Mediation.

Publikationen u.a.: *Durch die Welt zu fliegen und ziemlich frei zu sein - Beruf Stewardeß* (1992); *Kreative Lernmethoden* (1993); *Evaluation des Diplomstudiengangs Erziehungswissenschaft an der Universität Mainz. Bestandsaufnahme und Ansätze zur Veränderung aus der Sicht von Lehrenden und Studierenden* (1995)

Pia Gerber, geb. 1961. Diplom-Sozialpädagogin und Politikwissenschaftlerin. 1991 bis 1993 Kommunale Frauenbeauftragte in Rheinland-Pfalz. Freiberufliche Dozentin in der Erwachsenenbildung. Stipendiatin der Frauen-Anstiftung e.V. Seit Ende 1995 Mitarbeiterin am Sozialpädagogischen Fortbildungszentrum Mainz (SPFZ).

Gertrud Germann, geb. 1948. Lic phil I. Studium der Germanistik und Geschichte an den Universitäten Zürich und München. Zusatzausbildungen in Organisation (Schweizerische Gesellschaft für Organisation) und Organisationsentwicklung (Management Zentrum St. Gallen).

1975 bis 1989 Tätigkeiten in verschiedenen Funktionen (Lehrtätigkeit, Sekretariat, Sachbearbeitung, Projektarbeit in EDV-Projekten etc.) und Branchen (Schule, Unterhaltungsindustrie, Handel, Versicherungen). Daneben bis 1985 aktive politische Arbeit im Umfeld der Nach-68er Bewegung.

Seit 1989 Unternehmensberaterin und Ausbildnerin bei der Stiftung für Forschung und Beratung am Betriebswissenschaftlichen Institut der ETH Zürich. Schwerpunkte: Führung, Organisation, Kommunikation, Frauen. 1991 bis 1994 Leitung des von der Schweizerischen Regierung initiierten Projektes *Frauen im Kader*.

Wolfgang Looss, geb. 1943. Dr. rer.soc., studierte Betriebswirtschaft, Wirtschaftspädagogik und Psychologie. Fortbildungen in Gruppendynamik und Gestalttherapie. Arbeitete im Managementtraining, in der Lehrerfortbildung und als Einzelberater. Seit über zehn Jahren selbständig. Geschäftsführer der Beratungssozietät Lanzenberger, Dr. Looss, Stadelmann (Darmstadt/München). Ausbildungs- und Beratungschwerpunkte in Wirtschaftsunternehmen, Verwaltung und im sozialen Bereich.

Publikationen u.a: *Coaching für Manager. Problembewältigung unter 4 Augen* (1992).

Martha P. Kaufmann, geb. 1952. Handelsdiplom und Diplom in Krankenpflege und spitalexterner Gesundheitspflege.1974 bis 1977 Pflegefachfrau an der Universitätsklinik Zürich. 1977 bis 1990 Leiterin Haushilfe und interne Projektleiterin einer ambulanten Sozialorganisation für Senioren. Seit 1990 freiberufliche Beratungstätigkeit in Organsiationen des Gesundheits- und Sozialwesens. Ausbildung in Organsiationsentwicklung am Management Zentrum St. Gallen. Derzeit in Ausbildung für Eutonipädagogik und -therapie nach Gerda Alexander in Offenburg.

Birgit Meyer-Höflich, geb. 1963. Studium der Diplom-Pädagogik von 1982 bis 1987 in Mainz. Seit 1987 in der Erwachsenenbildung tätig. Zusatzqualifikation als Personalreferentin mit Schwerpunkt Personalentwicklung und Personalplanung. Lehrtätigkeit an der Fachhochschule Wiesbaden, Fachbereich Wirtschaft "Personalentwicklung - betriebliches Bildungswesen". Seit 1991 Trainerin in der Industrie mit Schwerpunkt Persönlichkeits- und Teamentwicklung. Ab 1993 Geschäftsführerin beim Zwischenbetrieblichen Verbund Mainz-Bingen e.V., Schwerpunkt Personalentwicklung, -beratung und -einsatzplanung.

Ursula Michel, geb. 1948. Nach einer dreijährigen Ausbildung als Laborantin arbeitete ich in verschiedenen Forschungslabors. Führungsaufgaben bekamen für mich allmählich mehr Anreiz als die praktische, inhaltliche Arbeit. Nach der Geburt von zwei Töchtern und fünf Jahren ausschließlicher Familienarbeit begann für mich eine berufliche Neuorientierung. Es folgten eine Ausbildung als Diplom-Erwachsenenbildnerin, eine gruppendynamische Zusatzausbildung und eine Weiterbildung in Organisationsberatung und Supervision. Seit zehn Jahren arbeite ich in meinem Ein-Frau-Unternehmen als Beraterin und Schulungsfrau. Schwerpunkte: Führungstrainings, Einführung von Qualifikationsgesprächen, Rhetorikseminare und Grundlagen der Kommunikation, Organisationsentwicklungsprozesse, Teamberatung und Coaching von Führungspersonen.

Kirsten Nazarkiewicz, geb. 1961, Sozialwissenschaftlerin. Von 1981 bis 1995 Tätigkeit als Flugbegleiterin und Kabinenchefin bei der Deutschen Lufthansa. Daneben von 1987 bis 1992 Studium der Soziologie, Volkswirtschaft und Philosophie an der Universität Frankfurt. Wechsel an die Justus-Liebig-Universität in Gießen, Diplom 1994.

Seit 1990 freiberufliche Redakteurin bei der Zeitschrift *Unbequem* (Bundesarbeitsgemeinschaft Kritischer Polizistinnen und Polizisten, Hamburger Signal e.V.). Seit 1993 dramaturgische Beratung des Theaterensembles *9. November* in Frankfurt/M.
Wissenschaftliche Mitarbeiterin in dem von der DFG geförderten Projekt "Formen den kommunikativen Konstruktion von Moral" an den Universitäten Konstanz und Gießen unter der Leitung von Jörg Bergmann und Thomas Luckmann. Lehrbeauftragte der Universität Gießen.

Susanne J. Petersen, geb. 1956, Diplom-Pädagogin und Organisationsberaterin. Studium der Erziehungswissenschaften und Tutorin an der Universität Frankfurt. Mehrjährige Tätigkeit im pädagogisch-psychologischen Bereich des Sonder- und Heilpädagogischen Instituts in Hofheim/Ts.

1986 Mitarbeiterin einer Personal- und Unternehmensberatung mit dem Schwerpunkt Outplacement-Beratung in Wiesbaden. Referentin und Beraterin für Führungskräfte in Wirtschaft und Verwaltung. 1988-1993 Lehrbeauftragte der Fachhochschule Wiesbaden. Mitveranstalterin und Leiterin verschiedener Projekte zur beruflichen Neuorientierung und Positionierung von Frauen im Dienstleistungssektor und in der Wirtschaft. 1990-1992 Aufbaustudium der Supervision in Kassel. Ausbildung in Organisationsentwicklung am Management Zentrum St. Gallen (MZSG). Zusatzqualifikation in Gestaltberatung. Derzeitige Arbeitsschwerpunkte: Personalentwicklung und Organisationsberatung in Profit und Nonprofit-Organisationen.

Eva-Maria Roer, geb. 1944. Studium der Volkswirtschaftslehre und Russisch in Frankfurt/M. und Vancouver, Canada. Danach Assistentin am Lehrstuhl für Statistik und Ökonometrie an der Universität Heidelberg. 1972 bis 1979 Dozentin für Volkswirtschaft an der Universitiy of Maryland. 1973 bis 1977 Mitarbeit in der Firma "Beratungsgemeinschaft für Führungsaufgaben" Roer & Partner.

1978 Aufbau der DT Bad Kissingen. Marktführerin in Deutschland, sechs Tochtergesellschaften im Ausland. Mitglied in mehreren Gremien, u.a. im Verband deutscher Unternehmerinnen (VdU) und der Auswahlkommission der Wissenschaftlichen Hochschule für Unternehmensführung Koblenz (WHU). 1991 Auszeichnung als Deutsche Unternehmerin des Jahres

Jochen Schweitzer, geb. 1954, Dr.rer.soc., Diplom-Psychologe. Arbeitet in der Abteilung Psychotherapie und Medizinische Psychologie der Universität Heidelberg sowie am Heidelberger Institut für Systemische Forschung. Lehrtherapeut der Internationalen Gesellschaft für Systemische Therapie. Schwerpunkte: Kooperationsprobleme im Gesundheits- und Sozialwesen; Team- und Organisationsberatung; Systemisches Arbeiten in Psychiatrie und Jugendhilfe; Kreative Methoden in der Systemischen Therapie.

Publikationen u.a.: *Dissozialität und Familie* (mit Gerlicher und Jungmann, 1986), *Therapie Dissozialer Jugendlicher* (1987), *Das Ende der Großen Entwürfe* und *Systemische Praxis und Postmoderne* (mit Fischer und Retzer, 1992).

Sabine Stadelmann, geb. 1960 in Deutschland. Sonderschullehrerin und Diplom-Pädagogin. Zusatzausbildung in Gestaltpädagogik. Fortbildungen in Gruppendynamik und systemischer Beratung. Seit 1990 Mitglied der Beratungssozietät Lanzenberger, Dr. Looss, Stadelmann mit Schwerpunkt Organisationsberatung, Personalentwicklung und Einzelberatung von Führungskräften in der Wirtschaft und im psychosozialen Bereich.